KOBIETY

CHARLES BUKOWSKI

KOBIETY

Przełożył
Lesław Ludwig

NOIR SUR BLANC

Wydanie siódme

Pierwsze wydanie w tej edycji

Tytuł oryginału
Women

Copyright © 1978 by Charles Bukowski
All rights reserved

For the Polish edition
Copyright © 2016, Noir sur Blanc, Warszawa
All rights reserved

ISBN 978-83-7392-510-6

Niejeden porządny facet wylądował
przez kobietę pod mostem.
HENRY CHINASKI

1

Miałem pięćdziesiątkę na karku i od czterech lat nie byłem w łóżku z kobietą. Nie miałem żadnych przyjaciółek. Kobiety widywałem jedynie na ulicy lub w innych miejscach publicznych, lecz patrzyłem na nie bez pożądania, z poczuciem, że nic z tego nie będzie. Onanizowałem się regularnie, ale myśl o jakimś związku z kobietą — nawet nieopartym na seksie — była mi obca. Miałem nieślubne dziecko, sześcioletnią córkę. Mieszkała z matką, a ja płaciłem alimenty. Dawno, dawno temu byłem żonaty. Miałem wówczas 35 lat, małżeństwo przetrwało dwa i pół roku. To ona się ze mną rozwiodła. Tylko raz w życiu byłem zakochany. Moja miłość zmarła z powodu przewlekłego alkoholizmu w wieku 48 lat. Ja miałem wtedy 38. Moja żona była ode mnie o 12 lat młodsza. Chyba też już nie żyje, chociaż nie mam pewności. Przez sześć lat po rozwodzie pisywała do mnie długie listy na Boże Narodzenie. Nigdy jej nie odpisałem.

Nie jestem pewien, kiedy po raz pierwszy ujrzałem Lydię Vance. Było to chyba jakieś sześć lat temu. Po dwunastu latach porzuciłem właśnie pracę na poczcie i próbowałem pisać. Byłem przerażony i piłem więcej niż zwykle. Pracowałem nad swoją pierwszą powieścią. Siedząc nad maszyną do pisania, wypijałem co wieczór pół litra whisky i dwanaście piw. Do bladego świtu paliłem tanie cygara, waliłem w maszynę, piłem i słuchałem muzyki klasycznej z radia. Postawiłem sobie za cel dziesięć stron dziennie, ale dopiero następnego dnia mogłem sprawdzić, ile naprawdę napisałem. Wstawałem rano, wymiotowałem i kierowałem się do frontowego pokoju, by zobaczyć, ile kartek leży na kanapie. Zawsze przekraczałem swój limit. Czasami było ich 17, 18, 23 lub 25. Rzecz jasna, fragmenty napisane w nocy trzeba było jeszcze poprawić albo wyrzucić do kosza. Napisanie mojej pierwszej powieści zajęło mi dwadzieścia jeden dni.

Właściciele domu, w którym wtedy mieszkałem, rozlokowali mnie od frontu, a sami rezydowali na tyłach budynku. Uważali mnie za wariata. Każdego ranka znajdowałem na ganku dużą brązową papierową torbę. Zawierała przeróżne wiktuały, zwykle były to pomidory, rzodkiewki, pomarańcze, zielone cebule, puszki zupy, czerwone cebule. Co drugą noc piłem z właścicielami piwo do 4, 5 nad ranem. On szybko odpadał, a ja i jego stara trzymaliśmy się za ręce i co jakiś czas całowaliśmy się. Przy drzwiach zawsze żegnałem ją głośnym całusem. Miała straszliwe zmarszczki, ale to przecież nie jej wina. Była katoliczką i słodko wyglądała w różowym kapelusiku, kiedy w niedzielny poranek wybierała się do kościoła.

Wydaje mi się, że Lydię Vance poznałem podczas mojego pierwszego wieczoru autorskiego — w księgarni Zwodzony Most na Kenmore Avenue. Znów byłem śmiertelnie przerażony. Czułem się lepszy, a mimo to strach ściskał mnie za gardło. Kiedy się tam zjawiłem, pozostały już tylko miejsca stojące. Peter, właściciel księgarni, który żył z czarną dziewczyną, miał przed sobą stertę banknotów.

— Kurwa — odezwał się do mnie — gdybym zawsze mógł zgromadzić taki tłum, miałbym dość forsy na kolejną podróż do Indii!

Na powitanie zgotowano mi owację. Jeśli chodzi o publiczne czytanie własnych wierszy, miałem za chwilę utracić dziewictwo.

Po półgodzinie czytania ogłosiłem przerwę. Byłem wciąż trzeźwy i czułem, jak z ciemności wpatrują się we mnie dziesiątki oczu. Kilka osób podeszło do mnie, żeby porozmawiać. Potem, w krótkiej chwili spokoju, zbliżyła się

Lydia Vance. Siedziałem przy stole, popijając piwo. Położyła obie dłonie na krawędzi stołu, pochyliła głowę i spojrzała mi prosto w oczy. Miała długie brązowe włosy, dość długi, nieco spiczasty nos i lekkiego zeza. Promieniowała żywotnością — człowiek wiedział, że ona stoi obok. Poczułem silne fluidy, które nas połączyły. Te dobre, te odpychające i jeszcze jakieś trudne do określenia, błądzące bezładnie, ale jednak fluidy. Przyglądała mi się, a ja spojrzałem na nią. Miała na sobie zamszową kurtkę kowbojską z frędzlami wokół szyi. Jej piersi wyglądały naprawdę nieźle. Powiedziałem do niej:

— Mam ochotę zerwać te frędzle z twojej kurtki. Od tego moglibyśmy zacząć!

Odwróciła się na pięcie i odeszła. Moja odzywka nie zadziałała. Nigdy nie umiałem rozmawiać z kobietami. Ależ miała dupcię! Gdy się oddalała, wpatrzyłem się w ten jej krągły tyłek. Niebieskie dżinsy opinały go pieszczotliwie. Nie byłem w stanie oderwać od niego wzroku.

Zakończyłem drugą część wieczoru i zapomniałem o Lydii, tak jak o kobietach mijanych na ulicy. Wziąłem pieniądze, złożyłem autografy na kilku serwetkach i skrawkach papieru, wyszedłem i pojechałem do domu.

Nadal co wieczór pracowałem nad moją pierwszą powieścią. Nigdy nie zaczynałem pisać przed 18.18. To o tej porze podbijałem na poczcie kartę zegarową. Zjawili się punktualnie o szóstej: Peter i Lydia.

— Popatrz tylko, Henry, kogo ci przyprowadziłem! — triumfalnie obwieścił Peter.

Lydia wskoczyła na stolik do kawy. Jej niebieskie dżinsy były jeszcze bardziej obcisłe niż poprzednio. Przechylała głowę z boku na bok i jej długie brązowe włosy falowały wraz z nią. Była szalona, doprawdy cudowna. Po raz pierwszy przyszło mi do głowy, że mógłbym się z nią kochać. Zaczęła recytować wiersze. Swoje własne. Fatalne. Peter próbował ją powstrzymać:

— *Nie! Żadnych rymów w domu Henry'ego Chinaskiego!*
— Zostaw ją, Peter.

Chciałem napatrzeć się do woli na jej pośladki. Przechadzała się tam i z powrotem po tym starym stoliku. Potem zatańczyła. Wymachiwała rękami. Jej wiersze były okropne. Jej ciało i szaleństwo — wręcz przeciwnie.

W końcu zeskoczyła na podłogę.

— Jak ci się podobało, Henry?
— Co?
— Wiersze.
— Tak sobie.

Stała na środku pokoju, ściskając w dłoniach swój maszynopis. Peter objął ją.

— Chodźmy się pieprzyć! — wychrypiał bezceremonialnie. — No, chodź!

Odepchnęła go.

— W porządku — parsknął. — Wychodzę!
— To idź. Mam tu swój samochód. Mogę sama wrócić do domu.

Peter pobiegł do drzwi. Zatrzymał się i odwrócił w moją stronę:

— Dobra, Chinaski! Nie zapomnij, kogo ci przyprowadziłem!

Trzasnął drzwiami i już go nie było. Lydia opadła na kanapę, blisko drzwi. Usiadłem tuż obok. Spojrzałem na nią. Wyglądała wspaniale. Bałem się. Wyciągnąłem rękę i dotknąłem jej długich włosów. Miały w sobie coś magicznego. Cofnąłem dłoń.

— Czy te wszystkie włosy są naprawdę twoje? — spytałem, choć przecież dobrze wiedziałem.

— Tak — odparła.

Ująłem ją pod brodę i niezgrabnie próbowałem zwrócić jej twarz ku sobie. W takich sytuacjach zawsze brakowało mi pewności siebie. Pocałowałem ją lekko.

Poderwała się z miejsca.

— Muszę już lecieć. Opłaciłam opiekunkę do dzieci.
— Zostań. Dam ci dla niej parę dolców ekstra. Zostań jeszcze chwilę.
— Nie, nie mogę. Muszę iść.

Podeszła do drzwi. Ruszyłem za nią. Otworzyła drzwi i odwróciła się. Objąłem ją po raz ostatni. Uniosła głowę i pocałowała mnie leciutko. Odsunęła się ode mnie i włożyła mi do ręki maszynopis. Drzwi się zamknęły. Usiadłem na kanapie z jej wierszami w ręku i słuchałem, jak uruchamia silnik samochodu.

Wiersze były spięte zszywką, odbite na powielaczu i zatytułowane „ONNNA". Przeczytałem kilka. Były interesujące, pełne humoru i erotyzmu, ale fatalnie napisane. Oprócz Lydii autorkami były jej trzy siostry — wszystkie tak samo wesołe, odważne i seksowne. Odłożyłem kartki i sięgnąłem po butelkę whisky. Na dworze było ciemno. Radio grało głównie Mozarta, Brahmsa i Beethovena.

2

Dzień lub dwa później otrzymałem pocztą wiersz od Lydii. Był bardzo długi i zaczynał się od słów:

> *Wychodź, stary trollu,*
> *Wyłaź ze swej mrocznej nory,*
> *Wyjdź na słońce razem z nami,*
> *Wepniemy ci we włosy stokrotki...*

W dalszej części była mowa o tym, jak wspaniale się poczuję, tańcząc na łąkach z łaniopodobnymi istotami, które dadzą mi radość prawdziwego poznania. Schowałem list do szuflady.

Następnego ranka obudziło mnie pukanie w oszklone drzwi frontowe. Dochodziło wpół do jedenastej.
— Wynocha!
— To ja, Lydia.
— Dobrze. Poczekaj chwilkę.

Wciągnąłem na siebie koszulę i spodnie i otworzyłem drzwi. Potem pobiegłem do łazienki i zwymiotowałem. Próbowałem umyć zęby, ale znowu chwyciły mnie torsje — od słodkiej pasty zrobiło mi się niedobrze. Wyszedłem z łazienki.
— Jesteś chory — zauważyła. — Chcesz, żebym sobie poszła?
— Och, nie, nic mi nie jest. Zawsze budzę się w ten sposób.

Wyglądała świetnie. Padało na nią słońce przeświecające przez zasłony. Trzymała w ręku pomarańczę, podrzucając ją co jakiś czas. Pomarańcza wirowała w świetle poranka.

— Nie mogę zostać, ale chcę cię o coś poprosić — powiedziała Lydia.

— Wal.

— Jestem rzeźbiarką. Chciałabym wyrzeźbić twoją głowę.

— Dobrze.

— Będziesz musiał przyjechać do mnie. Nie mam własnego atelier, więc będziemy musieli pracować u mnie w domu. Nie powinno cię to chyba zbić z tropu, co?

— Nie.

Zanotowałem jej adres i wskazówki, jak tam dojechać.

— Postaraj się przyjść przed jedenastą. Wczesnym popołudniem dzieciaki wracają ze szkoły i nie można się skupić.

— Będę o jedenastej — obiecałem.

Siedziałem naprzeciwko Lydii w jej kąciku jadalnym. Między nami leżała wielka bryła gliny. Zaczęła mnie wypytywać.

— Czy twoi rodzice żyją?

— Nie.

— Lubisz Los Angeles?

— To moje ulubione miasto.

— Dlaczego w taki sposób piszesz o kobietach?

— W jaki?

— Dobrze wiesz.

— Nie.

— Moim zdaniem to cholerna szkoda, że facet, który pisze tak dobrze jak ty, nic nie wie o kobietach.

Nie odpowiedziałem.

— Cholera! Gdzie też Liza to wetknęła? — Zaczęła przeszukiwać pokój. — Ach, ta mała psotnica! Zawsze chowa mi narzędzia!

W końcu znalazła coś innego.

— To będzie musiało wystarczyć. Nie ruszaj się teraz. Odpręż się, ale siedź bez ruchu.

Siedziałem zwrócony ku niej twarzą. Obrabiała bryłę gliny drewnianym przyrządem zakończonym drucianą pętlą.

Obserwowałem ją pilnie. Jej oczy wpatrywały się we mnie. Były ogromne, ciemnobrązowe. Nawet to jej oko, które zdawało się zerkać w inną stronę niż drugie, wyglądało dobrze. Patrzyłem na nią. Lydia pracowała. Czas mijał. Popadłem w jakiś odrętwiający trans. Nagle powiedziała:
— Co powiesz na krótką przerwę? Może piwo?
— Chętnie.
Kiedy wstała, żeby pójść do lodówki, ruszyłem za nią. Wyjęła butelkę i zamknęła drzwiczki. Gdy się odwracała, objąłem ją w pasie i przyciągnąłem do siebie. Przywarłem do niej ustami, napierając na nią całym ciałem. Trochę z boku, na długość wyprostowanego ramienia, wciąż trzymała butelkę. Pocałowałem ją. Potem jeszcze raz. Odepchnęła mnie.
— Już dobrze, wystarczy. Mamy dużo pracy.

Usiedliśmy ponownie przy stole, zacząłem sączyć piwo, Lydia zapaliła papierosa, między nami tkwił kawał gliny. Nagle zabrzęczał dzwonek u drzwi. Lydia się podniosła. W drzwiach stała jakaś otyła kobieta. W oczach miała desperację, a zarazem jakąś bezradność.
— To moja siostra, Glendoline.
— Cześć.
Glendoline przysunęła sobie krzesło i się rozgadała. O, potrafiła gadać. Nawijałaby tak i nawijała bez końca, nawet będąc kamiennym sfinksem. Zastanawiałem się, kiedy będzie miała dosyć i pójdzie sobie do diabła. Nawet kiedy przestałem słuchać, miałem wrażenie, że bombardują mnie małe ping-pongowe piłeczki. Glendoline nie miała poczucia czasu i nawet przez myśl jej nie przeszło, że mogłaby nam przeszkadzać. Rozgadała się na dobre.
— Posłuchaj — wtrąciłem w końcu. — Kiedy wreszcie sobie pójdziesz?
Wtedy między siostrzyczkami doszło do dzikiej awantury. Jedna mówiła przez drugą. Wstały, zaczęły wymachiwać rękami i przekrzykiwać się nawzajem. Groziły sobie rękoczynami. Wreszcie — o krok od końca świata — Glendoline wykonała zwrot gigantycznym tułowiem i jak czołg ruszyła do wyjścia. Trzasnęła z całej siły drzwiami i już jej nie było —

chociaż wciąż można było ją słyszeć, rozgorączkowaną i przeklinającą pod nosem, gdy toczyła się do swego mieszkania na tyłach domu. Wróciliśmy z Lydią do stołu i usiedliśmy. Wzięła do ręki to swoje narzędzie. Znów utkwiła we mnie wzrok.

3

Kilka dni później przyszedłem do niej wczesnym rankiem. Właśnie nadchodziła z drugiej strony. Wracała od swej przyjaciółki Tiny, która mieszkała w narożnym bloku. Wręcz promieniowała jakąś elektryzującą energią, zupełnie jak podczas pierwszej wizyty u mnie, gdy przyszła z pomarańczą.

— Oooch! — wykrzyknęła. — Masz nową koszulę!

Fakt. Kupiłem ją z myślą o niej, o spotkaniu z nią. Zdawałem sobie sprawę, że o tym wie i kpi sobie ze mnie, ale nie przeszkadzało mi to zbytnio. Lydia otworzyła drzwi i weszliśmy do środka. Glina leżała na środku stołu, przykryta wilgotną szmatką. Lydia ściągnęła szmatkę.

— Co o tym sądzisz?

Nie oszczędziła mnie. Wszystko było na swoim miejscu: blizny, nos alkoholika, małpie usta, głupawy, zadowolony uśmiech człowieka szczęśliwego, świadomego absurdu, jakim jest spotykające go szczęście, i wciąż roztrząsającego to samo pytanie: DLACZEGO? Ona miała 30 lat, ja — ponad 50. I co z tego?

— Tak — przyznałem. — Wyrzeźbiłaś mnie jak należy. Niewiele już zostało do roboty. Popadnę w rozpacz, jak skończysz. Przeżyliśmy razem kilka wspaniałych poranków i wieczorów.

— A co z twoim pisaniem? Nie przeszkadzało ci to pozowanie?

— Nie, piszę wyłącznie po zmroku. Nie potrafię pisać w ciągu dnia.

Lydia pozbierała ze stołu narzędzia i spojrzała na mnie.
— Nie martw się. Zostało mi jeszcze sporo pracy. Zależy mi na tym, żeby to dobrze wyszło.

Podczas pierwszej przerwy wyjęła z lodówki butelkę whisky.
— Ooo — mruknąłem.
— Ile? — zapytała, unosząc wysoką szklankę.
— Pół na pół.
Przyrządziła drinka, a ja wychyliłem go jednym haustem.
— Wiele o tobie słyszałam.
— Niby co takiego?
— Jak to zrzucasz facetów z ganku swego domu i tłuczesz swoje kobiety.
— Tłukę swoje kobiety?
— Tak, ktoś mi o tym opowiadał.
Przytuliłem ją i pocałowałem — był to najdłuższy z naszych pocałunków. Przycisnąłem ją do krawędzi zlewu i zacząłem ocierać się o nią kutasem. Odepchnęła mnie, ale objąłem ją ponownie na środku kuchni. Ujęła mnie za rękę i wsunęła ją sobie w dżinsy, pod majteczki. Opuszkiem palca wyczuwałem wejście do jej cipki. Była mokra. Nie przestając jej całować, wsunąłem palec głębiej, po czym cofnąłem rękę, odsunąłem się, wziąłem flaszkę i nalałem sobie następnego drinka. Usiadłem przy stole we wnęce kuchennej, a Lydia przeszła na drugą stronę, usiadła i wlepiła we mnie wzrok. Po chwili zaczęła formować glinę. Tym razem piłem powoli.
— Słuchaj — powiedziałem. — Wiem, na czym polega twój dramat.
— Co takiego?
— Znam przyczynę twojego dramatu.
— Co masz na myśli?
— Mniejsza z tym.
— Chcę wiedzieć.
— Nie chcę cię zranić.
— Do licha, chcę wiedzieć, o co ci idzie.
— W porządku, powiem ci, jeśli mi nalejesz jeszcze jednego drinka.

— Dobrze.

Wzięła ode mnie pustą szklankę i napełniła ją whisky, pół na pół z wodą. Wypiłem wszystko.

— No i?

— Do diabła, sama wiesz.

— Co wiem?

— Masz dużą cipę.

— *Co takiego?!*

— To nie taka znów rzadkość. Urodziłaś przecież dwoje dzieci.

Przez chwilę nadal w milczeniu formowała glinę, po czym odłożyła narzędzia. Poszła w kąt kuchni, blisko drzwi prowadzących na tył domu. Obserwowałem, jak się pochyla i zdejmuje buty. Ściągnęła dżinsy i majtki. Jej obnażona cipa wpatrywała się we mnie.

— Dobrze, ty skurczybyku. Pokażę ci, że się mylisz.

Zdjąłem buty, spodnie i gatki. Uklęknąłem na linoleum i delikatnie położyłem się na niej. Zacząłem ją całować. Szybko mi stwardniał i wszedłem w nią. Zacząłem ją posuwać. Raz, dwa, trzy...

Rozległo się pukanie do drzwi. Słabe, jakby ktoś kołatał dziecięcą piąstką, ale zarazem natarczywe. Lydia pospiesznie zepchnęła mnie z siebie.

— To Liza! Nie poszła dzisiaj do przedszkola! Była w...

Zerwała się na równe nogi i zaczęła wskakiwać w ubranie.

— Ubieraj się! — syknęła na mnie.

Zrobiłem to najszybciej, jak mogłem. Lydia podeszła do drzwi, za którymi stała jej pięcioletnia córeczka.

— MAMUSIU! MAMO! Zacięłam się w palec!

Wszedłem do frontowego pokoju. Lydia trzymała Lizę na kolanach.

— Oooo, daj mamusi obejrzeć. Oooo, mama pocałuje w paluszek. Zaraz przestanie boleć.

— MAMUSIU, to boli!

Spojrzałem na rankę. Była prawie niewidoczna.

— Słuchaj — zwróciłem się w końcu do Lydii — spotkajmy się jutro.

— Przykro mi.

— Wiem.

Liza spojrzała na mnie, a po policzkach strumieniem spływały jej łzy.

— Liza nie pozwoli, żeby mamusi przydarzyło się coś *złego* — zapewniła mnie Lydia.

Zamknąłem za sobą drzwi i ruszyłem do swego mercury'ego cometa, rocznik 1962.

4

W tym czasie wydawałem pisemko o nazwie „Strofy na Przeczyszczenie". W redakcji było nas trzech i mieliśmy poczucie, że drukujemy najlepszych poetów naszych czasów. Prawdę mówiąc, nie tylko najlepszych.

Jednym z redaktorów był Kenneth Mulloch, wysoki Murzyn, utrzymywany przez matkę i siostrę, odrobinę nienormalny chłopak, który nie zdołał skończyć ogólniaka. Drugim redaktorem był dwudziestosiedmioletni Żyd, Sammy Levinson, mieszkający z rodzicami, którzy go utrzymywali. Wydrukowaliśmy już cały nakład. Pozostawało tylko poskładać wszystkie kartki i oprawić je.

— Wiecie, co zrobimy? — zapytał Sammy. — Uporamy się z tym, urządzając małe przyjęcie. Będziemy serwować drinki i pleść różne bzdury, a goście odwalą za nas całą robotę.

— Nie znoszę przyjęć — stwierdziłem.

— Zaproszę kogo trzeba — zadeklarował Sammy.

— W porządku — zgodziłem się i zaprosiłem Lydię.

Wieczorem w dniu przyjęcia Sammy zjawił się z oprawionymi już egzemplarzami pisma. Należał do neurotyków, miał nawet tik nerwowy i nie mógł się wprost doczekać, żeby zobaczyć swoje wiersze w druku. Osobiście poszywał wszystkie numery „Strof na Przeczyszczenie" i oprawił je. Kenneth Mulloch nie przyszedł — albo trafił do pudła, albo zamknięto go w domu wariatów.

Zaczęli napływać goście. Znałem niewielu z nich. Zapukałem do gospodyni. Otworzyła mi.
— Wydaję wielkie przyjęcie, pani O'Keefe. Zapraszam państwa oboje. Mnóstwo piwa, precle, frytki...
— O Boże, nie!
— Dlaczego?
— Widziałam tych ludzi! Te brody, długie włosy i dziadowskie szmaty! Bransoletki, paciorki... Wyglądają na bandę komunistów! Jak pan może tolerować takie typy?
— Ja też ich nie znoszę, pani O'Keefe. Po prostu pijemy piwo i rozmawiamy. To zupełnie bez znaczenia.
— Uważaj pan na nich. Tacy potrafią ukraść nawet armaturę z łazienki.
Zatrzasnęła mi drzwi przed nosem.

Lydia zjawiła się późno. Wkroczyła do mieszkania jak gwiazda filmowa. Pierwsze, co zauważyłem, to jej wielki kowbojski kapelusz z fioletowym piórkiem. Nie zamieniła ze mną ani słowa, tylko od razu usiadła obok młodego księgarza i wdała się z nim w ożywioną dyskusję. Zacząłem wchłaniać więcej piwa, a moje wywody straciły nieco werwy i dowcipu. Ten księgarz był całkiem porządnym facetem, także próbował pisywać. Nazywał się Randy Evans, ale zanadto fascynował go Kafka, by stać go było na indywidualny styl. Opublikowaliśmy kilka jego rzeczy w „Strofach na Przeczyszczenie", nie chcąc ranić jego ambicji, choć prawdę mówiąc także i dlatego, by móc rozprowadzać pismo w jego księgarni.
Popijałem piwo i szwendałem się po mieszkaniu. Wyszedłem na tył domu, usiadłem na ganku i przyglądałem się, jak wielki czarny kot próbuje dostać się do kubła na śmieci. Ruszyłem w jego stronę. Na mój widok zwinnie zeskoczył. Obserwował mnie czujnie, zachowując bezpieczny dystans. Zdjąłem z kubła przykrywę. Smród był nieznośny. Narzygałem do środka. Rzuciłem przykrywę na chodnik. Kot wskoczył na kubeł i oparł się czterema łapami na jego krawędzi. Wahał się przez chwilę, po czym — lśniąc w blasku księżyca — skoczył na to wszystko, co znajdowało się w środku.

Lydia wciąż rozmawiała z Randym i zauważyłem, że stopą dotyka pod stołem jego nogi. Otworzyłem następne piwo. Sammy bawił wszystkich. Zwykle lepiej od niego potrafiłem rozruszać towarzystwo, ale tego wieczoru nie byłem w nastroju. Wśród obecnych było 15 lub 16 facetów i dwie kobiety — Lydia i April. April była na prochach. Ostry odjazd. Leżała wyciągnięta na podłodze. Po jakiejś godzinie wstała i wyszła z Karlem, ćpunem zniszczonym przez amfetaminę. Tak więc pozostało 15 czy 16 facetów i Lydia. Znalazłem w kuchni butelkę whisky, wziąłem ją ze sobą na ganek i łykałem co jakiś czas.

Robiło się coraz później i goście powoli zaczęli się rozchodzić. Wyszedł nawet Randy Evans. W końcu zostaliśmy we troje: Sammy, Lydia i ja. Lydia gawędziła z Sammym, który wprost tryskał dowcipem. Nawet ja się zaśmiewałem. Potem stwierdził, że musi już iść.

— Nie wychodź jeszcze, Sammy — poprosiła Lydia.

— Pozwól mu iść — powiedziałem.

— Tak, muszę już iść — powtórzył Sammy.

Po jego wyjściu zauważyła:

— Nie musiałeś go tak wypędzać. Jest zabawny, naprawdę prześmieszny. Sprawiłeś mu przykrość.

— Chcę porozmawiać z tobą sam na sam, Lydio.

— Podobają mi się twoi znajomi. Nie mam tylu okazji do spotykania się z ludźmi co ty. *Lubię* ludzi!

— Ja za nimi nie przepadam.

— Wiem. Ale ja ich *lubię*. Ludzie przychodzą, żeby się z tobą zobaczyć. Może gdyby nie przychodzili w tym celu, bardziej byś ich akceptował.

— Nie, im rzadziej ich widuję, tym bardziej ich lubię.

— Sprawiłeś Sammy'emu przykrość.

— Kurwa, przecież poszedł do domu, do matki.

— Jesteś zazdrosny, brak ci poczucia własnej wartości. Uważasz, że chcę się przespać z każdym facetem, z którym zaczynam rozmawiać.

— Wcale nie. Co powiesz na drinka?

Wstałem i przyrządziłem jej coś do picia. Zapaliła długiego papierosa i pociągnęła łyk ze szklaneczki.

— Bardzo dobrze ci w tym kapeluszu. To fioletowe piórko jest ekstra.
— To kapelusz mojego ojca.
— Nie zauważy jego zniknięcia?
— Nie żyje.

Pociągnąłem Lydię na kanapę i zacząłem ją całować. Opowiedziała mi o swoim ojcu. Umierając, zapisał każdej z 4 sióstr trochę forsy. Dzięki temu mogły się usamodzielnić, a Lydię było stać na rozwód. Powiedziała też, że przeżyła załamanie nerwowe i przez jakiś czas była w domu wariatów. Znów ją pocałowałem.

— Posłuchaj. Połóżmy się na łóżku — zaproponowałem. — Jestem zmęczony.

Ku mojemu zdziwieniu poszła za mną do sypialni. Wyciągnąłem się na łóżku i poczułem, jak siada obok. Zamknąłem oczy i słyszałem, jak ściąga buty. Najpierw upadł na podłogę jeden, potem drugi. Zacząłem rozbierać się na leżąco. Wyciągnąłem rękę, zgasiłem światło i rozbierałem się dalej. Zaczęliśmy się znowu całować.

— Jak długo nie miałeś kobiety?
— Cztery lata.
— Cztery lata?
— Tak.
— Chyba zasłużyłeś na odrobinę miłości. Śniłeś mi się niedawno. Otworzyłam twoją klatkę piersiową jak kredens, miała drzwi, a w środku zobaczyłam pełno różnych rzeczy — pluszowe misie, malutkie futrzane zwierzątka, te wszystkie miękkie stworki, które ma się ochotę przytulić. Potem przyśnił mi się ten drugi facet. Podszedł do mnie i podał mi jakieś kartki. Był pisarzem. Wzięłam te kartki i spojrzałam na nie. One miały raka. Jego utwory były chore na raka. Wiesz, kieruję się w życiu snami. Zasługujesz na trochę miłości.

Pocałowaliśmy się jeszcze raz.

— Słuchaj — powiedziała. — Kiedy już mi wsadzisz, wyciągnij go, zanim się spuścisz. Dobrze?
— Rozumiem.

Wsunąłem się na nią. Było to bardzo przyjemne. Coś się działo, coś prawdziwego, w dodatku z dziewczyną o 20 lat młodszą i naprawdę bardzo ładną. Zdążyłem wykonać jakieś 10 ruchów i... wytrysnąłem w jej wnętrzu.

Zerwała się na równe nogi.

— Ty sukinsynu! Spuściłeś mi się do środka!

— Lydio, nie robiłem tego od tak dawna... Było mi tak dobrze... Jakoś tak mi się wymsknęło... Na rany Chrystusa, nie mogłem się powstrzymać.

Pobiegła do łazienki i zaczęła lać wodę do wanny. Stała przed lustrem, rozczesując długie brązowe włosy. Naprawdę była ładna.

— Ty sukinsynu! Boże, zupełnie jak szczyl z ogólniaka. Idiota! W dodatku nie mogłeś wybrać gorszej chwili! No, to teraz będziemy musieli być razem! Nie ma wyjścia!

Podszedłem do niej.

— Lydio, kocham cię.

— Idź do diabła!

Wypchnęła mnie z łazienki, zamknęła drzwi, a ja stałem na korytarzu, słuchając, jak woda powoli wypełnia wannę.

5

Nie widziałem Lydii przez parę dni, chociaż udało mi się w tym czasie porozmawiać z nią kilka razy przez telefon. Nadszedł weekend. Jej były mąż Gerald zawsze zabierał wtedy dzieci do siebie.

Podjechałem po nią w sobotnie przedpołudnie, koło jedenastej. Zastukałem w drzwi. Miała na sobie błękitne dżinsy, wysokie buty i pomarańczową bluzkę. Jej oczy wydawały się bardziej ciemnobrązowe, a w słońcu, kiedy otworzyła drzwi, dostrzegłem naturalne rude pasemka pośród ciemnych włosów. Niesamowite. Pozwoliła mi się pocałować, po czym zamknęła drzwi na klucz i ruszyliśmy w stronę mojego wozu. Postanowiliśmy jechać na plażę. Nie po to, żeby się kąpać — był środek zimy — ale żeby jakoś spędzić czas.

Jechaliśmy przed siebie. Dobrze było mieć ją u swego boku w samochodzie.

— Ależ to było przyjęcie — powiedziała. — To miało być składanie numeru? Chyba raczej okazja do wycinania numerków!

Prowadziłem jedną ręką, a drugą położyłem na wewnętrznej stronie jej uda. Nie mogłem się powstrzymać. Jakby tego nie zauważyła. Wsunąłem dłoń głębiej. Lydia mówiła dalej. Nagle rzuciła:

— Zabieraj łapę. To moja cipka!

— Przepraszam.

Nie odzywaliśmy się do siebie aż do chwili, gdy zatrzymałem wóz na parkingu przy plaży Venice.

— Chcesz kanapkę i colę? A może coś innego? — spytałem.
— Dobra, może być.

Weszliśmy do małych żydowskich delikatesów, kupiliśmy co trzeba i poszliśmy na skrawek trawy z widokiem na morze. Mieliśmy kanapki, korniszony, frytki i napoje. Plaża była niemal wyludniona, a jedzenie naprawdę nam smakowało. Lydia nic nie mówiła. Byłem zdumiony szybkością, z jaką to wszystko pochłaniała. Żarłocznie wbijała zęby w kanapkę, piła colę dużymi łykami, jednym kęsem odgryzła połowę ogórka, wzięła garść frytek. Co do mnie, jadam zwykle bardzo powoli. Pasja, pomyślałem, robi wszystko z pasją.

— Jak kanapka? — zapytałem.
— Niezła. Byłam głodna.
— Przyrządzają tu niezłe kanapki. Chcesz coś jeszcze?
— Tak, jakiś batonik.
— Jaki?
— Och, wszystko jedno. Coś dobrego.

Ugryzłem kęs kanapki, łyknąłem trochę coli i poszedłem do sklepu. Kupiłem dwa batoniki, żeby miała jakiś wybór. Gdy wracałem, w stronę naszego pagórka zdążał wysoki czarnoskóry facet. Było chłodno, ale on zdjął koszulę, ukazując masę mięśni. Miał chyba dwadzieścia kilka lat. Szedł powoli, wyprostowany. Miał długą, szczupłą szyję i złoty kolczyk w lewym uchu. Przedefilował przed Lydią od strony morza. Wróciłem na swoje miejsce i usiadłem.

— Widziałeś tego gościa? — zapytała.
— Tak.
— Jezu, siedzę tu z tobą, a jesteś o dwadzieścia lat starszy ode mnie. Mogłabym mieć kogoś takiego. Co ze mną jest nie tak, u diabła?
— Masz. Tu są batoniki. Weź sobie jednego.

Wybrała jeden, zerwała opakowanie, ugryzła spory kęs, przez cały czas obserwując tego młodego czarnego faceta, który oddalał się wzdłuż brzegu.

— Mam już dosyć plaży — powiedziała. — Wracajmy do domu.

Trzymaliśmy się z dala od siebie przez tydzień. Potem wybrałem się do niej — leżeliśmy na łóżku i całowaliśmy się. Naraz odsunęła się.

— Nic nie wiesz o kobietach, prawda?
— Co masz na myśli?
— Znając twoje wiersze i opowiadania, jestem pewna, że nic nie wiesz o kobietach.
— Oświeć mnie nieco.
— Na przykład, żeby facet wzbudził moje zainteresowanie, musi lizać mi cipkę. Robiłeś to kiedyś?
— Nie.
— Przekroczyłeś pięćdziesiątkę i nigdy nie wylizałeś cipki?
— Nie.
— Teraz już za późno.
— Dlaczego?
— Nie można nauczyć starego psa nowych sztuczek.
— Ależ można.
— Za późno.
— Zawsze późno zaczynałem.

Wstała i przeszła do drugiego pokoju. Wróciła z ołówkiem i kartką.

— Spójrz, coś ci pokażę.

Zaczęła rysować.

— To jest cipka, a tu coś takiego, o czym pewnie nic nie wiesz. To łechtaczka. Najbardziej czułe miejsce u kobiety. Tylko od czasu do czasu się wysuwa, jest różowa i bardzo *wrażliwa*. Niekiedy chowa się zupełnie i trzeba umieć ją odnaleźć, wystarczy *dotknąć* koniuszkiem języka...
— W porządku. Wszystko jasne.
— Nie wydaje mi się, żebyś był do tego zdolny. Jak już mówiłam, nie da się nauczyć starego psa nowych sztuczek.
— Ściągnijmy ubrania i połóżmy się.

Zrzuciliśmy ciuchy i wyciągnęliśmy się na łóżku. Zacząłem ją całować. Przesunąłem usta z jej warg na szyję, a potem na piersi. Po chwili znalazłem się na wysokości pępka. Zsunąłem się niżej.

— Nie, *nie możesz* — próbowała mnie powstrzymać. — Stamtąd ciekną krew i mocz, pomyśl tylko, krew i siki...

Dotarłem tam ustami i zacząłem lizać. Wyrysowała mi to rzeczywiście dokładnie. Wszystko było na swoim miejscu. Słyszałem jej przyspieszony oddech, potem jęki. Podnieciło mnie to. Kutas mi stanął. Łechtaczka wysunęła się, ale właściwie nie była różowa, raczej purpurowa. Drażniłem ją językiem. Z cipki wypłynęły soki, zraszając delikatnie okalające ją włoski. Lydia jęczała coraz głośniej. Nagle usłyszałem odgłos otwieranych i zamykanych drzwi. Kroki. Podniosłem głowę. Przy łóżku stanął czarny pięciolatek.

— Czego, u licha, chcesz? — spytałem go.
— Nie macie jakichś pustych butelek?
— Nie, nie mamy pustych butelek.

Przeszedł z sypialni do pokoju, wyszedł przez frontowe drzwi i już go nie było.

— Boże — powiedziała Lydia. — Wydawało mi się, że drzwi są zamknięte. To był synek Bonnie.

Wstała i przekręciła klucz w zamku. Wróciła i przyjęła poprzednią pozycję. Dochodziła 4 po południu. Pochyliłem się nad nią.

6

Lydia uwielbiała przyjęcia. A Harry lubił je urządzać. Tak więc znajdowaliśmy się w drodze do mieszkania Harry'ego Ascota. Harry był wydawcą małego pisemka o nazwie „Riposta". Jego żona nosiła długie przezroczyste sukienki, pokazywała facetom swoje majtki i chodziła boso.

— Pierwsze, co mi się u ciebie spodobało — powiedziała Lydia — to brak telewizora. Mój były mąż oglądał telwizję co wieczór i przez całe weekendy. Musieliśmy nawet dostosowywać nasze ciupcianie do programu telewizyjnego.

— Mhm...

— W twoim mieszkaniu spodobało mi się też to, że zawsze panuje tam koszmarny bajzel. Butelki po piwie walają się po podłodze. Wszędzie leżą śmieci. Brudne naczynia, niedomyty sedes, zacieki w wannie. W umywalce pełno zardzewiałych żyletek. Wiedziałam, że strzelisz minetę.

— Oceniasz mężczyznę po jego otoczeniu, tak?

— Tak. Kiedy widzę faceta, który ma w domu wszystko na swoim miejscu, wiem, że coś z nim jest nie tak. A jeśli panuje u niego przesadny porządek, to pedał.

Zajechaliśmy na miejsce i wysiedliśmy. Mieszkanie Harry'ego było na górze. Dobiegała z niego głośna muzyka. Zadzwoniliśmy. Otworzył nam Harry. Uśmiechał się łagodnie i szeroko.

— Wejdźcie — powiedział.

W środku początkujący pisarze i miłośnicy literatury popijali wino i piwo zbici w małe grupki. Lydia była zachwycona.

Rozejrzałem się wokół i usiadłem na jakimś wolnym miejscu. Miano właśnie podać kolację. Harry był świetnym wędkarzem. Był lepszym wędkarzem niż pisarzem i o wiele lepszym wędkarzem niż redaktorem. Ascotowie żywili się głównie rybami, w oczekiwaniu aż talenty literackie Harry'ego zaczną przynosić pieniądze. Diana, jego żona, przyniosła na talerzach ryby i zaczęła podawać je gościom. Lydia usiadła obok mnie.

— Uwaga — powiedziała. — Oto jak należy jeść rybę. Pochodzę ze wsi. Spójrzcie tylko.

Rozkroiła rybę, zręcznie robiąc nożem coś z jej kręgosłupem. Ryba była podzielona na dwie zgrabne części.

— Och, ależ mi się to podobało! — wykrzyknęła Diana. — Mówiłaś, że skąd pochodzisz?

— Z Utah. Muleshead w Utah. Raptem setka mieszkańców. Wychowałam się na farmie. Mój nieżyjący już ojciec był alkoholikiem. Może dlatego związałam się z nim... — Wskazała kciukiem na mnie.

Zabraliśmy się do jedzenia. Gdy skończyliśmy, Diana wyniosła ości. Następnie pojawił się tort czekoladowy i mocne, tanie czerwone wino.

— Och, ten tort jest pyszny — powiedziała Lydia. — Mogę dostać jeszcze kawałek?

— Jasne, kochanie — odparła Diana.

— Panie Chinaski — zwróciła się do mnie ciemnowłosa dziewczyna z drugiego końca pokoju. — Czytałam w Niemczech tłumaczenia pańskich książek. Jest pan tam bardzo popularny.

— To miłe — przyznałem. — Szkoda tylko, że nie przysyłają mi honorariów...

— Słuchajcie — odezwała się Lydia. — Nie gadajmy o tych literackich bzdurach. ZRÓBMY COŚ!

Poderwała się na równe nogi i zaczęła poruszać biodrami.

— ZATAŃCZMY!

Harry przywołał na twarz swój łagodny, szeroki uśmiech i podszedł pogłośnić stereo. Rozkręcił na cały regulator.

Lydia wirowała po pokoju. Dołączył do niej młody blondynek z loczkami przylepionymi do czoła. Zaczęli tańczyć razem. Potem przyłączyli się inni. Nie ruszyłem się z miejsca. Obok mnie siedział Randy Evans. Zauważyłem, że także obserwuje Lydię. Zaczął coś do mnie mówić. Nawijał i nawijał. Dzięki Bogu nie słyszałem go. Muzyka była zbyt głośna. Przyglądałem się, jak Lydia tańczy z loczkowatym chłopakiem. Umiała się poruszać. W jej ruchach czaiły się seksualne podteksty. Spojrzałem na inne dziewczyny i odniosłem wrażenie, że tańczą trochę inaczej. To pewnie dlatego, że nie znam ich tak dobrze jak Lydii — pomyślałem. Randy wciąż coś do mnie mówił, choć nie odpowiadałem mu nawet monosylabami. Taniec się skończył i Lydia wróciła na miejsce.

— Ooooch, jestem wykończona. Chyba straciłam formę.

Następna płyta opadła na talerz gramofonu i Lydia znów puściła się w tany z chłopakiem o złotych loczkach. Popijałem i piwo, i wino. Płyt było sporo. Lydia długo tańczyła z blondynkiem na środku pokoju, a pozostali kręcili się wokół nich. Z każdym kolejnym tańcem ich kontakt stawał się coraz bardziej intymny. Pociągałem na przemian raz piwo, raz wino.

Przed oczyma miałem dzikie pląsy... Cherubinek uniósł obie ręce nad głowę. Lydia przyciskała się do niego. Było w tym dużo ekspresji i erotyzmu. Oboje trzymali ręce wysoko w górze i ocierali się o siebie. Ciało przy ciele. Blondynek kołysał się rytmicznie. Lydia robiła to samo. Patrzyli sobie w oczy. Musiałem przyznać, że są dobrzy. Płyta zdawała się nie mieć końca. Wreszcie muzyka umilkła. Lydia usiadła obok mnie.

— Naprawdę jestem wypompowana.

— Posłuchaj, chyba za dużo wypiłem. Może powinniśmy już iść.

— Widziałam, jak ostro pociągasz.

— Chodźmy. Będą jeszcze inne przyjęcia.

Podnieśliśmy się. Lydia porozmawiała przez chwilę z Harrym i Dianą. Wróciła do mnie i ruszyliśmy w stronę drzwi. Kiedy je otworzyłem, podszedł do mnie ten złotowłosy efeb.

— Hej, staruszku, co powiesz o naszym tańcu?

— Nieźle wam szło.

Na dworze zacząłem wymiotować, wylałem z siebie całe piwo i wino. Rozbryzgiwało się na krzakach, istny gejzer w świetle księżyca. W końcu wyprostowałem się i ręką otarłem usta.

— Ten facet zalazł ci za skórę, co? — zapytała.
— Tak.
— Dlaczego?
— Wyglądało trochę, jakby cię posuwał, może nawet lepiej.
— To nic nie znaczyło, to tylko *taniec*.
— A co byś powiedziała, gdybym zaczął obłapiać w ten sposób jakąś dziewczynę na ulicy? Czy wystarczy trochę muzyki, żeby takie rzeczy nie miały znaczenia?
— Nic nie rozumiesz. Po każdym tańcu wracałam, żeby usiąść przy tobie.
— Już dobrze. Zaczekaj chwilę.

Puściłem kolejnego pawia na czyjś usychający krzew. Zeszliśmy ze wzgórza w okolicach Echo Park, zdążając w stronę Hollywood Boulevard. Wsiedliśmy do samochodu. Silnik zaskoczył i ruszyliśmy bulwarem w kierunku Vermont Avenue.

— Wiesz, jak się mówi na takiego faceta jak ty? Takiego, który potrafi spieprzyć każde przyjęcie? — spytała Lydia.
— Nie.
— Drętwy smutas.

7

Zeszliśmy nisko nad Kansas City, pilot oznajmił, że temperatura wynosi minus sześć stopni, a ja miałem na sobie cienką sportową marynarkę i koszulę, do tego lekkie spodnie, letnie skarpety i dziury w butach. Kiedy wylądowaliśmy i samolot kołował do rampy, wszyscy powyciągali ciepłe okrycia, rękawiczki, czapki i szaliki. Zaczekałem, aż wysiądą, i dopiero wtedy zszedłem po dostawionych schodkach. Czekał na mnie Frenchy. Wykładał teatrologię i kolekcjonował książki, przede wszystkim moje.

— Witaj w Kansas Cipy, Chinaski! — rzucił na powitanie, podając mi butelkę tequili.

Pociągnąłem spory łyk i ruszyłem za nim na parking. Nie miałem bagażu, tylko skoroszyt pełen wierszy. W samochodzie było ciepło i przyjemnie, butelka krążyła z rąk do rąk. Drogi były oblodzone.

— Nie każdy potrafi jeździć na tym pieprzonym lodzie — zauważył Frenchy. — Trzeba się na tym znać.

Otworzyłem skoroszyt i zacząłem czytać Frenchy'emu wiersz miłosny, który Lydia wręczyła mi na lotnisku:

> *twój fioletowy kutas*
> *zawadiacko przekrzywia główkę*
> *(...)*
> *gdy wyciskam ci pryszcze,*
> *krople ropy tryskają jak sperma.*

— O KURWA! — ryknął Frenchy. Samochód wpadł w poślizg. Frenchy walczył z kierownicą.

— Frenchy — powiedziałem, podnosząc do ust butelkę tequili — chyba z tego nie wyjdziemy.

Zrzuciło nas z drogi i wjechaliśmy w dość głęboki rów rozdzielający autostradę. Podałem mu butelkę.

Wysiedliśmy. Zdołaliśmy jakoś wygramolić się z rowu. Próbowaliśmy zatrzymywać przejeżdżające samochody, osuszając pospołu flaszkę. W końcu zatrzymał się jakiś wóz. Za kółkiem siedział facet przed trzydziestką. Miał nieźle w czubie.

— Dokąd się wybieracie?
— Na wieczór poetycki — odparł Frenchy.
— Na wieczór poetycki?
— Tak, na uniwerku.
— Dobra. Wskakujcie.

Facet handlował alkoholem. Tylne siedzenie zawalone było skrzynkami piwa.

— Poczęstujcie się piwem. Podajcie mi jedno.

Dowiózł nas na miejsce. Wjechaliśmy w sam środek campusu i zaparkowaliśmy na trawniku przed audytorium. Spóźniliśmy się zaledwie o kwadrans. Wysiadłem, zwymiotowałem i razem ruszyliśmy naprzód. Zatrzymaliśmy się jeszcze, by kupić butelkę wódki, która powinna pomóc mi jakoś przetrzymać mój wieczór autorski.

Czytałem przez 20 minut, po czym odłożyłem wiersze.

— To gówno mnie nudzi — oświadczyłem. — Lepiej trochę pogadajmy.

Skończyło się na tym, że wykrzykiwałem coś do uczestników spotkania, a oni darli się na mnie. Niezła publika. Ostatecznie robili to za darmo. Po jakiejś półgodzinie kilku profesorów wyciągnęło mnie stamtąd.

— Mamy dla pana pokój, Chinaski — powiedział jeden z nich. — W żeńskim akademiku.

— W żeńskim akademiku?
— Właśnie. Bardzo ładny pokój.

Mówili prawdę. Pokój znajdował się na trzecim piętrze. Jeden z profesorów przyniósł flaszkę whisky. Inny wręczył mi czek za mój występ plus pieniądze na bilety lotnicze. Siedzieliśmy, popijając whisky i gadając. Urwał mi się film. Kiedy się ocknąłem, nikogo już nie było, ale w butelce pozostała połowa zawartości. Siedziałem, opróżniając flaszkę i myśląc sobie: hej, jesteś Chinaski, legendarny Chinaski. Cieszysz się zasłużoną sławą. A teraz siedzisz w żeńskim akademiku. Tuż obok — setki kobiet, dosłownie *setki* panienek.

Miałem na sobie tylko gatki i skarpety. Wyszedłem na korytarz i zapukałem do najbliższych drzwi.

— Hej, tu Henry Chinaski, pisarz, nieśmiertelny twórca! Otwierajcie! Chcę wam coś pokazać!

Odpowiedziały mi chichoty.

— No, do dzieła! Ile was tam jest? Dwie? Trzy? Nic nie szkodzi. Poradzę sobie i z trzema! Nie ma sprawy! Słyszycie? Otwierajcie! Mam przy sobie ten OGROMNY fioletowy przyrząd! Posłuchajcie, zaraz NIM zapukam!

Rąbnąłem pięścią w drzwi. Dziewczyny wciąż chichotały.

— A więc tak? Nie chcecie wpuścić Chinaskiego, co? Dobra, PIERDOLĘ WAS!

Załomotałem w następne drzwi.

— Hej, dziewczyny! Macie tu najlepszego poetę ostatnich 18 stuleci! Otwórzcie! Coś wam pokażę! Słodkie mięsko dla waszych żarłocznych cipek!

Podszedłem do następnych drzwi.

Dobijałem się do wszystkich pokojów na tym piętrze, a potem zszedłem niżej i próbowałem sforsować wszystkie drzwi na pierwszym i drugim piętrze. Miałem ze sobą whisky, toteż szybko straciłem energię. Wydawało mi się, że krążę tak od wielu godzin. Pociągałem z butelki i szedłem dalej. Nie powiodło mi się.

Zapomniałem, na którym piętrze znajduje się moje lokum. W końcu zapragnąłem jedynie znaleźć się w swoim pokoju. Zacząłem nieśmiało poruszać klamkami u wszystkich drzwi, tym razem po cichu, nagle świadom mego skąpego stroju. Nie powiodło mi się. „Wielcy ludzie są zawsze najbardziej samotni".

Po powrocie na trzecie piętro nacisnąłem pierwszą z brzegu klamkę. Drzwi się otworzyły. W środku leżał mój skoroszyt z wierszami... puste szklanki po whisky, pełne popielniczki...

moje spodnie, koszula, buty, marynarka... Piękny widok. Zamknąłem drzwi, usiadłem na łóżku i wykończyłem butelkę, którą nosiłem ze sobą.

Obudziłem się. Było jasno. Znajdowałem się w obcym, czystym pokoju z dwoma łóżkami, zasłonami w oknach, telewizorem, prysznicem. Przypominało to pokój w motelu. Wstałem i uchyliłem drzwi. Na dworze mnóstwo śniegu i lodu. Zamknąłem drzwi i rozejrzałem się. Nie wiedziałem, jak to wyjaśnić. Nie miałem pojęcia, gdzie jestem. Męczył mnie straszliwy kac i byłem przygnębiony. Sięgnąłem po telefon i zamówiłem rozmowę międzymiastową z Lydią w Los Angeles.

— Kochanie, nie wiem, gdzie jestem!
— Wydawało mi się, że poleciałeś do Kansas?
— Tak. Ale nie mam pojęcia, gdzie jestem TERAZ, rozumiesz? Wyjrzałem przez drzwi, a na zewnątrz nic, tylko zamarznięte drogi, lód i śnieg!
— Gdzie się zatrzymałeś?
— Ostatnie, co pamiętam, to pokój w żeńskim akademiku.
— Prawdopodobnie zrobiłeś z siebie idiotę i przenieśli cię do motelu. Nie przejmuj się. Z pewnością ktoś przyjdzie się tobą zająć.
— Jezu, nie potrafisz mi współczuć?
— Zrobiłeś z siebie głupka. Jak prawie zawsze.
— Co to znaczy „prawie zawsze"?
— Jesteś nędznym pijaczyną. Weź gorący prysznic.
Odłożyła słuchawkę.

Wyciągnąłem się na łóżku. Niebrzydki ten pokój, ale zupełnie bez wyrazu. Prędzej sczeznę, niż wezmę prysznic. Pomyślałem o włączeniu telewizora. W końcu usnąłem...

Zbudziło mnie pukanie do drzwi. Stało w nich dwóch bystrych młodych studentów, gotowych zabrać mnie na lotnisko. Usiadłem na skraju łóżka, mozolnie wzuwając buty.

— Będziemy mieli przed odlotem czas na parę głębszych w barze? — zapytałem.
— Jasne, panie Chinaski — powiedział jeden z nich. — Wszystko, czego pan sobie życzy.
— W porządku. Spierdalajmy stąd.

8

Wróciłem, kilka razy kochałem się z Lydią, później posprzeczaliśmy się i pewnego ranka odleciałem z lotniska w Los Angeles na wieczór poetycki do Arkansas. Miałem szczęście, że siedziałem sam. Dowódca załogi przedstawił się, o ile dobrze słyszałem, jako kapitan Winehead. Kiedy zjawiła się stewardesa, zamówiłem drinka.

Byłem pewien, że znam jedną ze stewardes. Mieszkała w Long Beach, czytała kiedyś moje książki i napisała do mnie list, dołączając swoje zdjęcie i numer telefonu. Poznałem ją po tej fotografii. Nigdy nie doszło do naszego spotkania, ale zadzwoniłem do niej kilka razy, a pewnego wieczoru, gdy się nieźle zaprawiłem, wydzieraliśmy się na siebie przez telefon.

Stała z przodu, udając, że mnie nie dostrzega, a ja gapiłem się na jej dupcię, łydki i piersi.

Zjadłem obiad i obejrzałem „Mecz Tygodnia". Wino podane do obiadu paliło mnie w gardle, zamówiłem więc dwie krwawe Mary.

Kiedy dotarliśmy do Arkansas, przesiadłem się do małego dwusilnikowca. Gdy tylko śmigła zaczęły się obracać, skrzydła wpadły w wibracje. Wyglądało na to, że mogą się urwać. Wznieśliśmy się jakoś w powietrze i stewardesa zapytała, czy ktoś ma ochotę na drinka. Po takich przejściach nam wszystkim należało się coś mocniejszego. Stewardesa chwiejnym krokiem szła między fotelami, serwując drinki. Nagle powiedziała głośno:

— PROSZĘ KOŃCZYĆ! ZARAZ LĄDUJEMY!
Posłusznie wychyliliśmy wszystko. Wylądowaliśmy. Po kwadransie znów byliśmy w powietrzu. Stewardesa zapytała, czy ktoś ma ochotę na drinka. Po takich przejściach nam wszystkim należało się coś mocniejszego. Wkrótce znów gromko zakomenderowała:
— PROSZĘ KOŃCZYĆ! ZARAZ LĄDUJEMY!
Wyszedł po mnie profesor Peter James z żoną Selmą. Wyglądała na aktoreczkę, ale miała więcej klasy.
— Świetnie wyglądasz — zauważył Pete.
— Twoja żona też.
— Do spotkania masz jeszcze dwie godziny.
Pojechaliśmy do niego. Dom miał dwie kondygnacje, pokój gościnny znajdował się na dole. Pete zaprowadził mnie do mojej sypialni.
— Chcesz coś zjeść? — zapytał.
— Nie, chyba muszę się wyrzygać.
Skierowaliśmy się na górę.
Tuż przed rozpoczęciem spotkania Pete napełnił dzbanek wódką z sokiem pomarańczowym.
— Wieczory autorskie prowadzi pewna starsza pani. Urządziłaby nieziemską awanturę, gdyby wiedziała, że pijesz. To miła staruszka, ale nadal uważa, że poezja powinna opiewać zachody słońca i gruchające gołąbki.
Wyszedłem do publiczności i zacząłem czytać. Zostały tylko miejsca stojące. Szczęście mnie nie opuściło. Publika była taka jak każda inna: nie bardzo wiedzieli, jak się zachować wobec niektórych dobrych kawałków, a podczas innych śmiali się w niewłaściwych momentach. Czytałem wiersze i nalewałem sobie koktajl z dzbanka.
— Co pan tak popija?
— Sok pomarańczowy zmieszany z eliksirem życia.
— Czy ma pan dziewczynę?
— Jestem prawiczkiem.
— Dlaczego chciał pan zostać pisarzem?
— Proszę o następne pytanie.
Przeczytałem jeszcze kilka wierszy. Opowiedziałem im o locie z kapitanem Wineheadem i o tym, że oglądałem „Mecz

Tygodnia". Wyznałem, że będąc w dobrej formie duchowej, jadam z jednego talerza, który zmywam zaraz po posiłku. Odczytałem znowu kilka wierszy. Czytałem tak długo, aż w dzbanku pokazało się dno. Oznajmiłem wówczas, że spotkanie dobiegło końca. Rozdawałem jeszcze przez chwilę autografy, a potem pojechaliśmy na przyjęcie do Pete'a.

Wykonałem swój indiański taniec, taniec brzucha i taniec Przetrąconego Tyłka na Wietrze. Trudno jest pić, kiedy się tańczy. I trudno jest tańczyć, gdy się pije. Pete znał się na rzeczy. Ustawił kanapy i krzesła tak, by oddzielić krąg tancerzy od pijących. Obie kategorie gości mogły robić swoje, nie wadząc sobie nawzajem.

Pete podszedł do mnie. Zlustrował wzrokiem panienki w pokoju.

— Na którą masz ochotę?
— To takie proste?
— Tak wygląda południowa gościnność.

Była taka jedna, którą akurat spostrzegłem, nieco starsza od pozostałych. Szczególnie rzucały się w oczy jej duże, wystające zęby. Wystawały w sposób wręcz doskonały, wypychając na zewnątrz wargi jak otwarty kwiat namiętności. Chciałem przykryć te wargi swoimi. Miała na sobie krótką spódniczkę, a rajstopy eksponowały niezłe nogi. To prowokująco zakładała nogę na nogę, kiedy się śmiała, pociągając zdrowo ze szklaneczki, to znów obciągała spódniczkę, która po prostu nie chciała pozostać na swoim miejscu. Usiadłem obok niej.

— Jestem... — zacząłem.
— Wiem, kim jesteś. Byłam na twoim wieczorze autorskim.
— Dzięki. Chciałbym ci wylizać cipkę. Mam już w tym sporą wprawę. Oszalejesz z rozkoszy.
— Co myślisz o Allenie Ginsbergu?
— Słuchaj, nie zmieniajmy tematu. Pragnę twoich ust, nóg, dupci.
— Dobrze.
— No to do zobaczenia. Będę w sypialni na dole.

Wstałem i poszedłem się napić. Podszedł do mnie młody, bardzo wysoki facet.

— Posłuchaj, Chinaski, nie wierzę w te wszystkie bzdury o tym, że mieszkasz w dzielnicy mętów i znasz wszystkich handlarzy narkotyków, alfonsów, dziwki, ćpunów, graczy na wyścigach, bokserów i pijaczków...

— To po części prawda.

— Gówno prawda. — Oddalił się.

Wiadomo, krytyk literacki.

Podeszła do mnie blondynka, jakieś 19 lat, okulary w drucianej oprawce i szeroki uśmiech, który nawet na chwilę nie schodził z jej liczka.

— Chcę się z tobą pieprzyć — powiedziała. — Ta twoja twarz...

— Co masz do mojej twarzy?

— Jest wspaniała. Chcę ją zniszczyć swoją cipką.

— Uważaj, bo może być odwrotnie.

— Nie bądź tego taki pewien.

— Masz rację. Cipy są niezniszczalne.

Wróciłem na kanapę i zacząłem pieścić nogi tamtej w krótkiej spódniczce. Miała usta wilgotne jak kwiaty i odpowiednie imię — Lillian.

Przyjęcie się skończyło i poszedłem z nią na dół. Rozebraliśmy się i usiedliśmy z poduszkami pod głową, popijając wódkę z sokiem. W pokoju stało radio i płynęła z niego muzyka. Lilly opowiadała, jak harowała latami, żeby jej mąż mógł skończyć studia, a potem, kiedy uzyskał profesurę, rozwiódł się z nią.

— To smutne — skomentowałem.

— Byłeś żonaty?

— Tak.

— Co się stało?

— Psychiczne znęcanie się. Tak przynajmniej brzmiało orzeczenie sądu.

— To prawda?

— Oczywiście. Tyle że mowa tu o wzajemnym znęcaniu się.

Pocałowałem Lilly. Smakowało tak dobrze, jak się spodziewałem. Jej usta rozchyliły się jak płatki kwiatu. Przytuliliśmy się, przyssałem się do jej zębów. Uwolniła się z moich objęć.

— Uważam cię — spojrzała na mnie swymi wielkimi, pięknymi oczyma — za jednego z dwóch lub trzech najlepszych współczesnych pisarzy.

Szybkim ruchem wyłączyłem światło nad łóżkiem. Całowałem ją, pieściłem jej piersi i całe ciało, po czym wziąłem się do minety. Byłem trochę wstawiony, ale chyba poszło mi nieźle. Później jednak nie byłem w stanie skończyć. Ujeżdżałem ją, galopowałem bez końca. Kutas stał mi jak trzeba, ale nie mogłem osiągnąć orgazmu. W końcu sturlałem się z niej i zasnąłem...

Rankiem Lilly leżała na brzuchu i pochrapywała. Poszedłem do łazienki, odlałem się, umyłem zęby i twarz, po czym wśliznąłem się z powrotem do łóżka. Odwróciłem Lilly ku sobie i zacząłem zabawiać się jej szparką. Zawsze na kacu jestem cholernie napalony, może nie aż tak, żeby robić minetę, ale dostatecznie mocno, by wystrzelić swoją porcyjkę białka. Pierdolenie jest najlepszym lekarstwem na kaca. Dzięki niemu wszystkie części znów chodzą jak w zegarku. Oddech miała tak nieświeży, że nie pragnąłem już tych różanych ust. Wsadziłem jej. Jęknęła cicho. Było bardzo przyjemnie, przynajmniej mnie. Nie wydaje mi się, bym pchnął ją więcej niż dwadzieścia razy, zanim się spuściłem.

Po jakimś czasie usłyszałem, jak wstaje i idzie do łazienki. Kiedy w końcu wróciła, leżałem odwrócony do niej plecami, niemal zasypiając.

Po kwadransie wstała z łóżka i zaczęła się ubierać.

— Co się dzieje? — spytałem.

— Muszę już iść. Trzeba zawieźć dzieciaki do szkoły.

Zamknęła za sobą drzwi i zbiegła po schodach.

Zwlokłem się z łóżka, poszedłem do łazienki i przez jakiś czas wpatrywałem się w swoje odbicie.

O dziesiątej poszedłem na górę na śniadanie. Pete i Selma już tam siedzieli. Selma wyglądała cudownie. Jak się zdobywa takie kobiety? Kundle tego świata nigdy nie kończą u boku jakiejś Selmy. Przypadają im w udziale jedynie skundlone suki. Selma podała nam śniadanie. Była prześliczna i stanowiła wyłączną własność jednego faceta, nie byle kogo, profesora college'u. Wydawało mi się to nie całkiem w porządku. Wykształcone, gładkie ważniaki. Wykształcenie stało się nowym bożkiem, a ci, którzy je zdobyli, przejęli rolę południowych plantatorów sprzed wojny secesyjnej.

— Śniadanko ekstra — przyznałem. — Wielkie dzięki.
— Jak tam Lilly? — spytał Pete.
— Była znakomita.
— Masz dziś następny wieczór autorski. W nieco mniejszym college'u, bardziej konserwatywnym.
— W porządku. Będę uważał.
— Co masz zamiar przeczytać?
— Chyba jakieś stare wiersze.

Dopiliśmy kawę i przeszliśmy do frontowego pokoju.
Zadzwonił telefon. Pete odebrał, rozmawiał przez chwilę, po czym zwrócił się do mnie:
— Facet z miejscowej gazety chce przeprowadzić z tobą wywiad. Co mu powiedzieć?
— Powiedz, że się zgadzam.

Pete przekazał odpowiedź, podszedł do stołu i wziął do ręki mój ostatni tomik i pióro.
— Pomyślałem, że może zechcesz napisać coś dla Lilly.
Otworzyłem książeczkę na stronie tytułowej.
Droga Lilly — napisałem. — *Zawsze pozostaniesz cząstką mojego życia...*

Henry Chinaski

9

Z Lydią kłóciliśmy się nieustannie. Lubiła flirtować, co mnie irytowało. Kiedy jedliśmy kolację w restauracji, byłem przekonany, że wpatruje się w faceta siedzącego w drugim końcu sali. Kiedy odwiedzali mnie znajomi, a Lydia była w domu, słyszałem, jak kieruje rozmowę na tory coraz bardziej osobiste, na sprawy seksu. Zawsze siadała blisko, jak najbliżej rozmówców.

Lydię z kolei wyprowadzało z równowagi moje picie. Uwielbiała seks, a moje chlanie włazło w paradę naszym łóżkowym zabawom. „Albo jesteś zbyt napruty, żeby robić to w nocy, albo zbyt chory, żeby robić to rano" — mawiała. Wpadała w szał, jeśli wypiłem w jej obecności choćby butelkę piwa. Co najmniej raz w tygodniu rozstawaliśmy się „na dobre", lecz zawsze potrafiliśmy się jakoś pogodzić. Dawno już skończyła rzeźbienie mojej głowy i podarowała mi swoje dzieło. Kiedy się wyprowadzała, brałem głowę do samochodu, kładłem obok siebie na siedzeniu, zawoziłem do jej domku i zostawiałem na ganku. Później szedłem do budki telefonicznej i dzwoniłem do niej: „Ta twoja cholerna głowa leży pod drzwiami!". Głowa wędrowała wciąż tam i z powrotem...

Po raz kolejny się rozstaliśmy i znów odwiozłem jej głowę. Piłem, byłem znowu wolnym człowiekiem. Miałem młodego kumpla, Bobby'ego, dosyć pospolitego szczeniaka, który pracował w księgarni porno i dorabiał fotografowaniem. Mieszkał o kilka przecznic ode mnie wraz z żoną Valerie. Przeżywali kłopoty małżeńskie i pewnego wieczoru Bobby zatelefonował, komunikując mi, że przywiezie Valerie. Chciał, żebym ją przenocował. Nie miałem nic przeciwko temu. Valerie miała 22 lata i była absolutnie prześliczna: długie blond włosy, szalone niebieskie oczy i piękne ciało. Podobnie jak Lydia miała za sobą krótki epizod w domu wariatów. Po jakimś czasie usłyszałem, jak zajechali na trawnik przed moim mieszkaniem. Valerie wysiadła. Przypomniałem sobie, jak Bobby opowiadał mi kiedyś, że gdy przedstawiał Valerie swoim rodzicom, rzucili jakąś pochlebną uwagę o jej sukience. „Tak? A co powiecie o reszcie?" — zapytała. I uniosła kieckę do góry. Nie miała na sobie majtek.

Valerie zapukała do drzwi. Słyszałem, jak Bobby odjeżdża. Wpuściłem ją do środka. Wyglądała wspaniale. Nalałem dwie szkockie z wodą. Wypiliśmy w milczeniu. Nalałem następne dwa drinki. Potem zaproponowałem:

— Chodź, pojedziemy do baru.

Wsiedliśmy do mego wozu. Bar Glue Machine był tuż za rogiem. Wprawdzie nie obsłużono mnie tam po pijaku kilka dni temu, ale nikt nie powiedział złego słowa, kiedy weszliśmy do środka. Nadal nie rozmawialiśmy ze sobą. Po prostu wpatrywałem się w te szalone niebieskie oczy. Siedzieliśmy obok siebie i pocałowałem ją. Jej usta były chłodne i rozchylone. Pocałowałem ją jeszcze raz, a nasze nogi przywarły do siebie. Bobby miał miłą żoneczkę. Chyba zwariował, podsyłając ją innym.

Postanowiliśmy zjeść kolację. Zamówiliśmy po steku, popijaliśmy i całowaliśmy się w oczekiwaniu na główne danie. Barmanka zauważyła:

— Och, ależ jesteście w sobie zakochani!

Roześmialiśmy się. Kiedy przyniesiono steki, Valerie stwierdziła:

— Właściwie wcale nie mam na to ochoty.

— Ja też nie.

Piliśmy jeszcze przez godzinę i postanowiliśmy wrócić do mnie. Zajeżdżając pod dom, dostrzegłem na podjeździe jakąś kobietę. Lydia. Trzymała w ręku kopertę. Wysiedliśmy z wozu, a Lydia obrzuciła nas uważnym spojrzeniem.

— Kto to taki? — spytała Valerie.
— Kobieta, którą kocham — odpowiedziałem.
— Co to za dziwka?! — krzyknęła Lydia.

Valerie odwróciła się i pobiegła w dół ulicy. Słyszałem stukot jej wysokich obcasów na chodniku.

— Wejdź do środka — zaproponowałem Lydii. Poszła za mną.

— Przyszłam tylko oddać ci ten list, ale wygląda na to, że wybrałam odpowiednią chwilę. Kto to był?
— Żona Bobby'ego. Jesteśmy przyjaciółmi, nic więcej.
— Chciałeś ją przelecieć, prawda?
— Słuchaj, przecież powiedziałem jej, że cię kocham.
— Chciałeś ją przelecieć, może nie?
— Słuchaj, mała...

Nagle mnie popchnęła. Stałem obok stolika, który był blisko kanapy. Zatoczyłem się do tyłu i wpadłem między stolik a kanapę. Usłyszałem trzaśnięcie drzwiami. Gdy wstawałem, dobiegł mnie odgłos uruchamianego silnika. Odjechała.

Kurwa mać, pomyślałem, oto najpierw mam dwie kobiety, a dosłownie po chwili — żadnej.

10

Następnego ranka zdziwiłem się, kiedy do moich drzwi zapukała April. April to była ta ćpunka, która wyszła z przyjęcia u Harry'ego Ascota z amatorem amfetaminy. Była jedenasta. April weszła do środka i usiadła.

— Zawsze podziwiałam twoje utwory.

Przyniosłem piwo. Dla siebie i dla niej.

— Bóg jest zawijasem na niebie — powiedziała.

— *Niezłe.*

Była przy kości, ale nie tłusta. Miała duże uda, wielkie dupsko i długie, proste włosy. W jej posturze było coś dzikiego — jakby była w stanie poradzić sobie z gorylem. Jej ociężałość umysłową uważałem za pociągającą, ponieważ nie uprawiała żadnych gier. Skrzyżowała nogi, pokazując mi ogromne, białe połcie ud.

— Posadziłam nasiona pomidorów w piwnicy mojego domu — oznajmiła.

— Chętnie wezmę kilka, kiedy wzejdą.

— Nigdy nie miałam prawa jazdy. Moja matka mieszka w New Jersey.

— Moja nie żyje.

Podszedłem i usiadłem obok niej na kanapie. Objąłem ją i pocałowałem. Przez cały czas patrzyła mi prosto w oczy. Puściłem ją.

— Chodź, zrobimy sobie małe dymanko — zaproponowałem.

— Mam infekcję.

— Co takiego?
— Jakiś grzybek. Nic poważnego.
— Mogę to od ciebie złapać?
— Taka mleczna wydzielina.
— Mogę to złapać?
— Chyba nie.
— To chodź się rżnąć.
— Nie jestem pewna, czy mam ochotę.
— Będzie przyjemnie. Chodźmy do sypialni.

April weszła do sypialni i zaczęła się rozbierać. Ja też zrzuciłem ciuchy. Wślizgnęliśmy się pod kołdrę. Zacząłem pieścić intymne zakątki jej ciała i całować ją. Wlazłem na nią. Miałem dziwne uczucie. Jakby miała pizdę w poprzek. Wiedziałem, że jestem w środku, czułem to, ale wciąż ześlizgiwałem się w bok, na lewo. Mimo to posuwałem ją dalej.

Było to podniecające. Wreszcie skończyłem i zsunąłem się z niej.

Gdy ją odwiozłem, zaprosiła mnie do siebie. Długo rozmawialiśmy. Zanotowałem sobie jej adres i wyszedłem. Przechodząc przez hol, rozpoznałem skrzynki na listy. Będąc listonoszem, nieraz doręczałem pocztę do tego domu. Wsiadłem do wozu i odjechałem.

11

Lydia miała dwójkę dzieci: Tonto, ośmioletniego chłopaka, i Lizę, tę małą pięciolatkę, która przerwała nasze pierwsze rżnięcie. Pewnego wieczoru siedzieliśmy razem przy kolacji. Między nami wszystko układało się dobrze, toteż prawie co wieczór zostawałem na kolacji i spałem z Lydią. Następnego dnia, zwykle koło jedenastej, jechałem do siebie, żeby przejrzeć pocztę i móc spokojnie pisać. Dzieci sypiały w sąsiednim pokoju na łóżku wodnym. Ten niewielki stary dom Lydia wynajmowała od byłego japońskiego zapaśnika, który teraz handlował nieruchomościami. Nie ulegało wątpliwości, że interesuje się Lydią. Nie przeszkadzało mi to specjalnie. Dom był bardzo ładny.

— Tonto — powiedziałem podczas kolacji. — Wiesz, że kiedy mama krzyczy w nocy, to nie dlatego, że ją biję? Wiesz, kto tak naprawdę jest w tarapatach?

— Tak, wiem.

— To dlaczego nie przybiegniesz mi na pomoc?

— Hmmm... Za dobrze ją znam.

— Posłuchaj, Hank — wtrąciła Lydia. — Nie podburzaj dzieciaków przeciwko mnie.

— To najbrzydszy facet *na świecie* — zapiszczała Liza.

Lubiłem ją. Powinna wyrosnąć na atrakcyjną cizię o wyrazistej osobowości. Po kolacji szliśmy z Lydią do sypialni, żeby wyciągnąć się na łóżku. Miała fioła na punkcie wągrów i pryszczy. Mam fatalną cerę. Przysuwała lampę blisko mej twarzy i zabierała się do dzieła. Lubiłem to. Dostawałem gęsiej skórki, a niekiedy wzwodu. Bardzo intymne przeżycie. Czasami między jednym wyciskaniem a drugim Lydia dawała mi całusa. Zawsze zaczynała od twarzy, a potem zabierała się do pleców i piersi.

— Kochasz mnie?
— Tak.
— Oooch, spójrz na tego!
Był to wągier z długim żółtym ogonkiem.
— Ładny.
Leżała płasko na mnie. Przestała wyciskać i spojrzała mi w oczy.
— Wpędzę cię do grobu, ty tłusty jebako!
Roześmiałem się. Pocałowała mnie.
— A ja zapędzę cię z powrotem do domu wariatów.
— Odwróć się. Muszę dobrać się do twoich pleców.
Położyłem się na brzuchu. Wyciskała mi coś na karku.
— Oooch, ten jest niezły! Wystrzelił mi prosto w oko!
— Powinnaś zakładać gogle.
— Sprawmy sobie małego *Henry'ego*! Pomyśl tylko, mały Henry Chinaski!
— Poczekajmy z tym jeszcze.
— Chcę mieć dziecko. *Teraz!*
— Zaczekajmy trochę.
— Nic nie robimy, tylko śpimy, jemy, wylegujemy się w wyrze i pieprzymy się na okrągło. Jesteśmy jak ślimaki. Ślimacza miłość.
— Mnie to odpowiada.
— Dawniej potrafiłeś pisać także tutaj. Często byłeś zajęty. Przynosiłeś tusz i rysowałeś. A teraz idziesz do siebie i tam robisz najciekawsze rzeczy. Tutaj tylko jesz i sypiasz, a potem z samego rana wychodzisz. To nudne.
— Mnie się to podoba.
— Od miesięcy nie byliśmy na żadnym przyjęciu! Lubię składać wizyty! Jestem *znudzona*! Tak znudzona, że zaraz zwariuję! Chcę coś robić! Chcę TAŃCZYĆ! Chcę żyć!
— O rany!
— Jesteś za stary. Nic, tylko byś tkwił w miejscu, krytykując wszystko i wszystkich. Na nic nie masz ochoty. Nic nie jest dla ciebie dostatecznie dobre!

Sturlałem się z łóżka i wstałem. Zacząłem wkładać koszulę.
— Co ty robisz? — spytała.
— Wychodzę.
— No właśnie! Gdy tylko coś idzie nie po twojej myśli, zrywasz się na równe nogi i wylatujesz jak z procy. Nigdy nie chcesz o niczym dyskutować. Po prostu jedziesz do domu, upijasz się, a nazajutrz jesteś chory i wydaje ci się, że umierasz. *Wtedy* do mnie dzwonisz!
— Cholera jasna, wynoszę się stąd!
— Dlaczego?
— Nie mam ochoty przebywać tam, gdzie mnie nie chcą.
Lydia odczekała chwilę, po czym odezwała się pojednawczo:
— Już dobrze. Chodź, połóż się. Zgasimy światło i poleżymy sobie spokojnie.

Rozebrałem się do naga i wsunąłem pod koc. Przysunąłem się bokiem do Lydii. Oboje leżeliśmy na plecach. Słyszałem świerszcze za oknem. Miła dzielnica. Minęło kilka minut. Nagle Lydia powiedziała:
— Będę wspaniała.
Nie zareagowałem. Minęło jeszcze kilka minut. Naraz wyskoczyła z łóżka. Wyrzuciła oba ramiona w górę, pod sam sufit, i powtórzyła głośno:
— BĘDĘ WSPANIAŁA! NAPRAWDĘ WSPANIAŁA! NIKT NIE MA POJĘCIA, DO JAKIEGO STOPNIA WSPANIAŁA!
— W porządku — powiedziałem.
Potem dodała nieco ciszej:
— Nie rozumiesz. Będę wspaniała. Tkwi we mnie większy *potencjał* niż w tobie.
— Potencjał nic nie znaczy. Trzeba coś robić. Niemal każdy osesek w kołysce ma większy potencjał ode mnie.
— Dokonam tego! BĘDĘ NAPRAWDĘ WSPANIAŁA!
— W porządku. A tymczasem wracaj do łóżka.
Wróciła. Nie pocałowaliśmy się. Nie zanosiło się na seks.
Czułem wielkie zmęczenie. Wsłuchiwałem się w cykanie świerszczy. Nie mam pojęcia, ile czasu upłynęło. Już zasypiałem, kiedy Lydia gwałtownie usiadła na łóżku. Krzyknęła. Bardzo głośno.

— O co chodzi?
— Cicho — syknęła.

Czekałem. Siedziała bez ruchu przez jakieś dziesięć minut. Potem opadła z powrotem na poduszkę.

— Ujrzałam Boga. Przed chwilą ujrzałam Boga.

— Posłuchaj, dziwko, chyba chcesz mnie doprowadzić do szału!

Wstałem i zacząłem się ubierać. Byłem wściekły. Nie mogłem znaleźć gaci. Do diabła z nimi, pomyślałem. Niech sobie leżą tam, gdzie są. Poza tym byłem już na wpół ubrany i siedziałem na krześle, wzuwając buty na gołe stopy.

— Co ty robisz? — spytała Lydia.

Nie byłem w stanie odpowiedzieć. Poszedłem do frontowego pokoju. Na krześle leżała moja marynarka, włożyłem ją. Lydia wbiegła do pokoju. Miała na sobie błękitny szlafrok i majtki. Była boso. Miała grube łydki. Zwykle zakładała wysokie buty, by je ukryć.

— NIGDZIE NIE PÓJDZIESZ! — ryknęła.

— Kurwa, wynoszę się stąd.

Rzuciła się na mnie. Przeważnie mnie atakowała, kiedy byłem wstawiony. Teraz byłem trzeźwy. Uchyliłem się, a ona upadła na podłogę i przetoczyła się na plecy. Przeszedłem nad nią, zdążając w kierunku drzwi. Zaplułą się z wściekłości, wyszczerzyła zęby, ściągnęła wargi. Wyglądała jak lamparcica. Spojrzałem na nią z góry. Czułem się bezpiecznie, gdy tak leżała na podłodze. Warknęła i kiedy zrobiłem krok w stronę drzwi, wbiła pazury w rękaw mojej marynarki, szarpnęła i urwała mi go.

— Jezu! — krzyknąłem. — Spójrz tylko, co zrobiłaś z moją nową marynarką! Dopiero co ją kupiłem.

Otworzyłem drzwi i dałem susa na zewnątrz z jednym odsłoniętym ramieniem. Ledwo zdążyłem otworzyć drzwi wozu, kiedy usłyszałem za plecami plaśnięcia jej bosych stóp na asfalcie. Wskoczyłem i zdążyłem zablokować drzwi. Przekręciłem kluczyk w stacyjce.

— *Zabiję ten samochód!* — ryknęła. — *Zamorduję go!*

Waliła pięściami w maskę, dach i szyby. Ruszyłem powoli, żeby nie zrobić jej krzywdy. Mój mercury comet, rocznik '62, rozleciał się niedawno i kupiłem garbusa z 67. Regularnie myłem go i woskowałem, a nawet trzymałem w schowku szczotkę. Odjeżdżając, słyszałem łomot pięści Lydii na karoserii. Kiedy wreszcie została w tyle, wrzuciłem drugi bieg. Zerknąłem w lusterko i zobaczyłem, jak stoi samotnie w świetle księżyca, w swoim błękitnym szlafroku i majtkach, skamieniała niczym osobliwy posąg. Poczułem, że bebechy mi się przewracają. Zrobiło mi się niedobrze, ogarnął mnie jakiś dziwny smutek i poczucie, że jestem do niczego. Kochałem ją.

12

Pojechałem do siebie i zasiadłem nad butelką. Włączyłem radio i znalazłem muzykę klasyczną. Wyciągnąłem z szafy lampion kupiony niegdyś na wyprzedaży. Zgasiłem światło i siedziałem, zabawiając się jak dzieciak. Lubiłem manipulować lampionem, obserwując, jak rozgrzany knot to przygasa, to zapala się na nowo. Przyjemnie było wpatrywać się w światło. Pociągałem z flaszki i paląc cygaro, wbijałem wzrok w migotliwy płomyk, dając się ponieść muzyce...

Zadzwonił telefon. Lydia.

— Co porabiasz?

— Tak sobie siedzę.

— Siedzisz sobie, pijesz, słuchasz muzyki poważnej i bawisz się tym cholernym lampionem?

— Tak.

— Wrócisz do mnie?

— Nie.

— W porządku, chlej sobie, ile tylko chcesz! Pij i rzygaj! Wiesz, że to świństwo już raz omal cię nie wykończyło. Pamiętasz pobyt w szpitalu?

— Nigdy go nie zapomnę.

— A więc dobrze, pij sobie. PIJ! ZAPIJ SIĘ NA ŚMIERĆ! GÓWNO MNIE TO OBCHODZI!

Odłożyła słuchawkę. Zrobiłem to samo. Coś mi podpowiadało, że nie tyle martwi ją możliwość mojej śmierci, co brak perspektyw na bzykanie. Potrzebowałem odpoczynku. Lydia lubiła, gdy ją kotłowałem przynajmniej pięć razy w tygodniu. Mnie zupełnie wystarczały trzy. Wstałem i poszedłem do wnęki w kuchni, w której stała na stole moja maszyna do pisania. Włączyłem światło, usiadłem i napisałem do Lydii czterostronicowy list. Poszedłem do łazienki, wziąłem stamtąd żyletkę, wróciłem do stołu i zdrowo pociągnąłem. Wbiłem żyletkę w środkowy palec prawej ręki. Pociekła krew. Podpisałem się krwią.

Poszedłem do skrzynki pocztowej na rogu i wrzuciłem list.

Telefon dzwonił kilka razy. Lydia wykrzykiwała różne rzeczy.

— Idę POTAŃCZYĆ! Nie mam zamiaru siedzieć tu sama, kiedy ty będziesz się zachlewał!

— Zachowujesz się, jakby moje picie było tym samym co skok w bok.

— To coś jeszcze gorszego!

Rzuciła słuchawkę.

Piłem dalej. Nie chciało mi się spać. Wkrótce zrobiła się północ, potem pierwsza, druga... Ognik w lampionie pełgał sobie wesoło...

O 3.30 zadzwonił telefon. Znowu Lydia.

— Nadal chlejesz?

— Jasne.

— Ty cholerny skurwysynu!

— W gruncie rzeczy, kiedy zadzwoniłaś, otwierałem właśnie flaszkę Cutty Sark. Jest prześliczna. Szkoda, że nie możesz jej zobaczyć!

Z trzaskiem cisnęła słuchawkę. Przygotowałem kolejnego drinka. Radio nadawało dobrą muzykę. Usiadłem wygodniej, odchyliłem się do tyłu. Czułem się naprawdę świetnie.

Nagle drzwi otworzyły się z łoskotem i do pokoju wpadła Lydia. Rozejrzała się, dysząc ciężko. Butelka stała na stoliku do kawy. Zdołała ją dopaść pierwsza, ale jednym susem znalazłem się przy niej. Gdy byłem ubzdryngolony, a ona miała swój napad szału, mieliśmy mniej więcej równe szanse. Trzymała butelkę wysoko nad głową, poza moim zasięgiem, zmierzając w kierunku drzwi. Zdążyłem chwycić ją za rękę. Tę, w której trzymała butelkę.

— TY KURWO! NIE MASZ PRAWA! ODDAJ TĘ PIEPRZONĄ BUTELKĘ!

Znaleźliśmy się na ganku i siłowaliśmy się. Potknęliśmy się na schodach i oboje zwaliliśmy się ciężko na chodnik. Butelka roztrzaskała się na betonie. Lydia podniosła się i uciekła. Usłyszałem rozrusznik jej samochodu. Leżałem na chodniku, przyglądając się rozbitej butelce. Leżała niedaleko. Lydia odjechała. Wciąż świecił księżyc. Na dnie roztrzaskanej butelki dojrzałem kilka kropel whisky. Nie zmieniając pozycji, wyciągnąłem rękę i uniosłem ten okruch szkła do ust. Długi szklany sopel omal nie wbił mi się w oko, kiedy wypijałem tę żałosną resztkę. Podniosłem się i wszedem do mieszkania. Czułem straszliwe pragnienie. Szwendałem się po pokoju, podnosząc butelki po piwie i wypijając resztki, jakie w nich pozostały. Raz nałykałem się popiołu, ponieważ zwykle używałem pustych butelek jako popielniczek. Była 4.14. Usiadłem i wpatrzyłem się w zegar. Czułem się, jakbym znów pracował na poczcie. Czas stanął w miejscu, a istnienie było pulsującą, nieznośną męczarnią. Czekałem i czekałem. W końcu zegar wskazał 6. Poszedłem do sklepiku na rogu. Właśnie go otwierano. Sprzedawca wpuścił mnie do środka. Kupiłem następną butelkę Cutty Sark. Wróciłem do domu, zamknąłem drzwi na klucz i zatelefonowałem do Lydii.

— Mam przed sobą nową butelczynę Cutty Sark, którą właśnie otwieram. Chyba się napiję. A monopolowy będzie jeszcze otwarty przez 20 godzin.

Odłożyła słuchawkę. Wychyliłem jednego drinka, poszedłem do sypialni, wyciągnąłem się na łóżku i zasnąłem w ubraniu.

13

Tydzień później jechałem z Lydią Hollywood Boulevard. Pewien kalifornijski tygodnik kulturalny zamówił u mnie artykuł o życiu pisarza w Los Angeles. Napisałem go i jechałem teraz, by złożyć tekst w redakcji. Zostawiliśmy wóz na parkingu przy Mosley Square. Mieściły się tu drogie bungalowy, wykorzystywane na biura przez wydawców muzycznych, agentów show-biznesu, speców od reklamy i temu podobnych. Opłaty za wynajem były tu bardzo wysokie.

Weszliśmy do jednego z bungalowów. Za biurkiem siedziała ładna dziewczyna, wykształcona i pewna siebie.

— Nazywam się Chinaski. Oto mój artykuł.

Rzuciłem go na biurko.

— Och, panie Chinaski, zawsze podziwiałam pańskie utwory!

— Macie tutaj coś do picia?

— Chwileczkę...

Wspięła się po wyściełanych dywanem schodach i wróciła z butelką drogiego czerwonego wina. Odkorkowała ją i z ukrytego barku wyciągnęła kieliszki. Ależ bym chciał wylądować z nią w łóżku, pomyślałem. Żadnych szans. A przecież ktoś regularnie ją dmucha.

Siedzieliśmy naprzeciw siebie, powoli sącząc wino.

— Zawiadomimy pana, co z pańskim artykułem. Jestem przekonana, że go wykorzystamy. A swoją drogą, zupełnie inaczej sobie pana wyobrażałam...

— Co pani ma na myśli?

— Ma pan taki łagodny głos. Jest pan taki miły.

Lydia parsknęła śmiechem. Dopiliśmy wino i wyszliśmy z biura. W drodze do samochodu usłyszałem okrzyk:

— Hank!

Obejrzałem się. W nowym mercedesie siedziała Dee Dee Bronson. Podszedłem do niej.

— Jak leci, Dee Dee?

— Całkiem nieźle. Odeszłam z Capitol Records. Teraz prowadzę tamto biuro. — Wskazała ręką.

Była to inna firma muzyczna, dosyć znana, z siedzibą w Londynie. Dee Dee często wpadała do mnie ze swoim przyjacielem, kiedy on i ja prowadziliśmy własne rubryki w jednym z kalifornijskich pisemek literackich.

— Jezu, świetnie ci się wiedzie — zauważyłem.

— Tak, chociaż...

— Chociaż co?

— Potrzebuję faceta. Dobrego faceta.

— Daj mi swój numer telefonu, rozejrzę się za kimś.

— Dobrze.

Dee Dee zapisała mi numer na kartce, którą włożyłem do portfela. Podeszliśmy z Lydią do mojego starego garbusa i wsiedliśmy.

— Sam chcesz do niej zadzwonić — powiedziała. — Jestem tego pewna.

Włączyłem silnik i wyjechaliśmy z powrotem na Hollywood Boulevard.

— Wiem, że sam do niej zadzwonisz.

— Nie gadaj bzdur!

Zapowiadał się jeszcze jeden fatalny wieczór.

14

Znów się pokłóciliśmy. Wylądowałem w swoim mieszkaniu i nie miałem ochoty pić samotnie. Odbywały się właśnie wieczorne wyścigi kłusaków. Wziąłem flaszkę i poszedłem na tor. Zjawiłem się wcześnie i przejrzałem wyniki. Kiedy skończyła się pierwsza gonitwa, ze zdziwieniem zauważyłem, że połowa whisky już zniknęła. Mieszałem ją z gorącą kawą. Wchodziła gładko.

Wygrałem w trzech z pierwszych czterech biegów. Później wygrałem jeszcze, obstawiając dubla, i po piątej gonitwie byłem 200 dolców do przodu. Poszedłem do baru i zagrałem w totalizatora. Tego wieczoru poszczęściło mi się. Lydia sfajdałaby się z wrażenia, gdyby zobaczyła, jak zgarniam taką forsę. Nie lubiła, kiedy wygrywałem na wyścigach, zwłaszcza gdy jej samej nie wiodło się zbyt dobrze.

Popijałem i obstawiałem konie. Kiedy dziewiąta gonitwa dobiegła końca, byłem bogatszy o 950 dolarów i miałem nieźle w czubie. Schowałem portfel do jednej z bocznych kieszeni i wolno poszedłem do wozu. Siedziałem, obserwując, jak przegrani wyjeżdżają z parkingu. Poczekałem, aż się trochę rozrzedzi, i dopiero wtedy ruszyłem. Zaraz za torem znajdował się supermarket. Zauważyłem oświetloną budkę telefoniczną na skraju parkingu, podjechałem i wysiadłem. Wykręciłem numer Lydii.

— Słuchaj — zacząłem. — Słuchaj, ty dziwko. Poszedłem wieczorem na wyścigi kłusaków i wygrałem prawie 1000 dolarów. Wygrywam! Zawsze będę wygrywał! Nie zasługujesz na kogoś takiego jak ja, ty zdziro! Tylko się mną bawisz! Ale to już koniec! Mam dosyć! Koniec! Nie potrzebuję ciebie i twoich cholernych kaprysów! Kapujesz? Dociera to do ciebie? A może masz mózg bardziej otłuszczony od łydek?

— Hank...
— Tak?
— To ja, Bonnie. Lydii nie ma. Pilnuję jej dzieciaków. Wyszła gdzieś wieczorem.

Odwiesiłem słuchawkę i wróciłem do samochodu.

15

Rano zadzwoniła do mnie Lydia.

— Zawsze jak się upijasz, wychodzę potańczyć. Poszłam wczoraj do Czerwonej Parasolki i zapraszałam facetów do tańca. Kobieta ma do tego prawo.

— Jesteś zwyczajną kurwą.

— Tak? Jeśli jest coś gorszego od kurwy, to taki nudziarz jak ty.

— Nudziarz i tak jest lepszy od kurwy bez polotu.

— Skoro nie chcesz już mojej cipki, oddam ją komuś innemu.

— Masz do tego pełne prawo.

— Poszłam do Marvina. Chciałam od niego dostać adres jego dziewczyny i pójść ją odwiedzić. Wiesz, tej Francine. Sam poszedłeś do niej któregoś wieczoru.

— Posłuchaj, nigdy jej nie przeleciałem. Po prostu byłem wtedy zbyt zalany, żeby dojechać z przyjęcia do domu. Nawet się nie pocałowaliśmy. Pozwoliła mi się przespać na kanapie i rano wróciłem do siebie.

— Tak czy inaczej, kiedy dotarłam do Marvina, postanowiłam nie prosić o adres Francine.

Starzy Marvina mieli duży szmal. On sam miał dom nad morzem. Był poetą, naprawdę dobrym poetą. Lubiłem go.

— Mam nadzieję, że dobrze się bawiłaś — skwitowałem.

Odłożyłem słuchawkę. Ledwie spoczęła na widełkach, telefon znów zadzwonił. To był Marvin.

— Hej, zgadnij, kto mnie odwiedził wczoraj późnym

wieczorem. Lydia. Zapukała w okno i wpuściłem ją. Stanął mi na jej widok.
— W porządku. Rozumiem. Nie mam do ciebie pretensji.
— Nie jesteś wściekły?
— Nie na ciebie.
— To dobrze...

Zapakowałem swoją wyrzeźbioną głowę do samochodu. Pojechałem do Lydii i położyłem głowę na progu. Nie nacisnąłem dzwonka. Zacząłem się wycofywać. Ni stąd, ni zowąd na ganku pojawiła się Lydia.
— Dlaczego jesteś takim osłem? — spytała. Odwróciłem się.
— Nie jesteś specjalnie wybredna. Dla ciebie jeden facet nie różni się od drugiego. Mam dosyć twoich kretyńskich wybryków i ciebie.
— Ja też mam cię dosyć, palancie! — krzyknęła, zatrzaskując drzwi.
Poszedłem do samochodu, wsiadłem i włączyłem silnik. Wrzuciłem jedynkę. Garbus nawet nie drgnął. Spróbowałem dwójki. Nic. Ponownie wrzuciłem jedynkę. Sprawdziłem, czy hamulec ręczny jest zwolniony. Samochód nie chciał ruszyć z miejsca. Spróbowałem wstecznego. Wóz ruszył do tyłu. Zahamowałem i ponownie wrzuciłem jedynkę. Wóz ani drgnął. Wciąż byłem wściekły na Lydię. Niech tam, pomyślałem, pojadę tym kurewstwem do domu na wstecznym. Pomyślałem o gliniarzach, na pewno mnie zatrzymają i zapytają, co ja, do kurwy nędzy, wyprawiam. No cóż, panowie, pokłóciłem się ze swoją dziewczyną, a jedynie w ten sposób mogę wrócić do domu.
Złość na Lydię nieco mi przeszła. Wygramoliłem się i podszedłem do drzwi jej domu. Zdążyła już zabrać moją głowę do środka. Zapukałem. Otworzyła drzwi.
— Słuchaj, czy musisz być taką wiedźmą?
— Wiedźmą? Ależ skąd, jestem zwykłą kurwą. Zapomniałeś?
— Musisz odwieźć mnie do domu. Mój wóz jeździ tylko *tyłem*. Chyba rzuciłaś jakiś zły urok na to przeklęte paskudztwo.

— Mówisz serio?
— Chodź, pokażę ci.
Poszła ze mną do samochodu.
— Biegi chodziły jak trzeba. I nagle działa tylko wsteczny. Miałem już zamiar pojechać do domu tyłem.
Wsiadłem.
— Popatrz tylko.
Zapaliłem silnik, wrzuciłem jedynkę i zwolniłem sprzęgło. Wóz skoczył do przodu. Przeszedłem na drugi bieg. Wszedł gładko i samochód pojechał szybciej. Wrzuciłem trójkę. Gnał do przodu aż miło. Zawróciłem i zatrzymałem się po drugiej stronie ulicy. Podeszła do mnie Lydia.
— Słuchaj, musisz mi uwierzyć. Przed chwilą ten samochód jeździł tylko do tyłu. Teraz jest w porządku. Uwierz mi.
— Wierzę. To palec opatrzności. Wierzę w takie rzeczy.
— Coś musi się za tym kryć.
— Na pewno.
Wysiadłem z garbusa. Weszliśmy do domu.
— Zdejmij koszulę i buty i połóż się na łóżku. Najpierw chcę ci powyciskać wągry.

16

Były japoński zapaśnik, zajmujący się teraz handlem nieruchomościami, sprzedał dom, w którym mieszkała Lydia. Czekała ją wyprowadzka. W Los Angeles większość właścicieli mieszkań do wynajęcia wywiesza tę samą tabliczkę: TYLKO DOROŚLI. A przecież Lydia miała Tonto, Lizę i na dodatek psa. Wabił się Robak. Ciężka sprawa. Mogła jej pomóc jedynie uroda. Trzeba znaleźć dom, którego właścicielem będzie facet.

Woziłem ich po całym mieście. Beznadziejna sprawa. Potem siedziałem w wozie i się nie pokazywałem. Nic z tego. Podczas jazdy Lydia krzyczała przez okno:

— Czy w tym mieście nie ma *nikogo*, kto wynajmie mieszkanie kobiecie z dwójką dzieci i psem?

Niespodziewanie zwolniło się miejsce na podwórzu przed moim domem. Widziałem, jak lokatorzy się wyprowadzają, i natychmiast zszedłem na dół, by porozmawiać z panią O'Keefe.

— Proszę posłuchać. Moja przyjaciółka szuka jakiegoś lokum. Ma dwoje dzieci i psa, ale wszyscy są dobrze wychowani. Pozwoli im pani się wprowadzić?

— Widziałam tę kobietę — stwierdziła pani O'Keefe. — Przyjrzał się pan jej oczom? Ona jest szalona.

— Wiem, ale mi na niej zależy. Ma wiele zalet, naprawdę.

— Jest dla pana za młoda! Co pan robi z taką młodą kobietą?

Roześmiałem się. Za plecami żony stanął pan O'Keefe. Patrzył na mnie przez siatkowe drzwi.

— Przecież on ma fioła na punkcie cipy, ot i wszystko. Prosta sprawa, ma bzika na tym punkcie.
— Co pani na to? — spytałem.
— Dobrze — zgodziła się pani O'Keefe. — Niech się wprowadzi...

Tak więc Lydia wynajęła przyczepę i przewiozłem jej rzeczy: głównie ubrania, wyrzeźbione przez nią głowy i dużą pralkę.
— Nie podoba mi się pani O'Keefe — zdradziła mi. — Jej mąż robi miłe wrażenie, ale ona mi się nie podoba.
— To dobra katoliczka. A zresztą musisz gdzieś mieszkać.
— Nie chcę, żebyś z nimi pił. Oni próbują cię zniszczyć.
— Płacę tylko 85 dolców miesięcznie. Traktują mnie jak syna. Muszę od czasu do czasu wypić z nimi piwo.
— Jak syna?! Przecież jesteś, kurwa, prawie w tym samym wieku.

Minęły jakieś trzy tygodnie. Był późny sobotni ranek. Nie spędziłem poprzedniej nocy z Lydią. Wziąłem kąpiel, wypiłem piwo i ubrałem się. Nie lubię weekendów. Wszyscy wylęgają na ulice, grają w ping-ponga, strzygą trawniki, pucują swoje samochody, jeżdżą do supermarketu, na plażę lub do parku. Wszędzie tłumy ludzi. Moim ulubionym dniem tygodnia jest poniedziałek. Wszyscy idą z powrotem do roboty i nie muszę na nich patrzeć. Pomimo tłumów postanowiłem jechać na wyścigi. Zawsze to jakiś sposób na spędzenie tej soboty. Zjadłem jajko na twardo, wypiłem jeszcze jedno piwo i wychodząc na ganek, zamknąłem drzwi na klucz. Przed domem Lydia bawiła się z Robakiem.
— Cześć — powiedziała.
— Cześć. Jadę na wyścigi.
Podeszła do mnie.
— Posłuchaj, wiesz, co robi z tobą tor wyścigowy.
Miała na myśli, że zawsze jestem zbyt zmęczony, by się z nią później kochać.
— Zalałeś się wczoraj w trupa. Byłeś straszny. Przestraszyłeś Lizę. Musiałam cię wyrzucić.
— Jadę na wyścigi.

— W porządku, jedź sobie. Ale jak wrócisz, mnie tu już nie będzie.

Wsiadłem do wozu zaparkowanego na trawniku przed domem. Opuściłem szybę i uruchomiłem silnik. Lydia stała na podjeździe. Pomachałem jej na do widzenia i wyjechałem na ulicę. Był przyjemny letni dzień. Pojechałem do Hollywood Park. Opracowałem nowy system. Każdy nowy system przybliża mnie do fortuny. To tylko kwestia czasu.

Przegrałem 40 dolarów i wróciłem do domu. Postawiłem samochód na trawniku i wysiadłem. Gdy obchodziłem ganek w drodze do drzwi, na podjeździe pojawił się pan O'Keefe.

— Nie ma jej!
— Kogo?
— Pańskiej dziewczyny. Wyprowadziła się.

Nie odpowiedziałem.

— Wynajęła przyczepę i załadowała swoje rzeczy. Była wściekła. Zna pan tę wielką pralkę?
— Tak.
— Ciężka jak cholera. Nie mogłem jej unieść. Nie pozwoliła, żeby pomógł jej syn. Po prostu chwyciła ją i postawiła na przyczepie. Potem wzięła dzieciaki, psa i odjechała. Komorne miała opłacone jeszcze za tydzień.
— Dobrze, panie O'Keefe. Dzięki.
— Przyjdzie pan dzisiaj napić się z nami?
— Nie wiem.
— Zapraszamy.

Otworzyłem drzwi i wszedłem do środka. Pożyczyłem kiedyś Lydii wentylator. Tkwił teraz na krześle przed szafą. Leżała na nim kartka i para niebieskich majteczek. Kartkę pokrywały bazgroły napisane ręką rozwścieczonej kobiety.

Skurwielu, masz swój wentylator. Wynoszę się. Znikam na dobre, ty skurwysynu! Jeśli dokuczy ci samotność, możesz spuścić się w te majtki. Lydia.

Podszedłem do lodówki i wyjąłem piwo. Wypiłem je i ponownie zbliżyłem się do krzesła, na którym stał wentylator. Wziąłem do ręki jej majtki i stałem, zastanawiając się, czy będę umiał to zrobić. W końcu powiedziałem: „Kurwa!" — i cisnąłem je na podłogę.

Podszedłem do telefonu i wykręciłem numer Dee Dee Bronson. Była w domu.

— Halo? — powiedziała.
— Dee Dee, tu Hank...

17

Dee Dee mieszkała w Hollywood Hills. Dzieliła dom z koleżanką, inną kobietą sukcesu. Miała na imię Bianka i zajmowała górne piętro, a Dee Dee dolne. Zadzwoniłem do drzwi. Była dokładnie 20.30, kiedy Dee Dee stanęła w progu. Miała około czterdziestki, czarne, krótko obcięte włosy, była Żydówką o bitnikowskich ciągotach, zwariowaną i ekstrawagancką. Przede wszystkim interesował ją Nowy Jork, znała wszystkie nazwiska: modnych wydawców, najlepszych poetów, najbardziej utalentowanych karykaturzystów, najbardziej radykalnych rewolucjonistów, każdego, dosłownie wszystkich. Bez przerwy popalała trawkę i zachowywała się tak, jakby wciąż trwały wczesne lata sześćdziesiąte, orgiastyczny okres, kiedy to zdobyła pewną sławę i była o wiele ładniejsza.

Załatwiła ją w końcu długa seria nieudanych romansów. I oto przygnało mnie pod jej drzwi. Jej ciało zachowało wiele dawnego powabu. Niewysoka, ale zgrabna, jędrna i cycata. Niejedna młoda dziewczyna pozazdrościłaby jej figury. Wszedłem za nią do środka.

— A więc Lydia ulotniła się? — spytała.

— Chyba pojechała do Utah. W Muleshead zbliża się coroczny festyn z okazji Czwartego Lipca, a ona nigdy go nie opuszcza.

Usiadłem w kąciku jadalnym. Dee Dee odkorkowała butelkę czerwonego wina.

— Tęsknisz za nią?

— O Chryste, tak. Chce mi się płakać. Bebechy mi się przewracają. Nie wiem, czy się z tego wykaraskam.

— Wykaraskasz się. Pomożemy ci przeboleć tę stratę. Wyciągniemy cię z depresji.

— Wyobrażasz sobie, jak się czuję?

— Każdy musi przez to przejść kilka razy w życiu.

— Tej dziwce nigdy na mnie nie zależało.

— Ależ tak, zależało. I nadal zależy.

Zdecydowałem, że lepiej siedzieć w wielkim domu Dee Dee w Hollywood Hills niż u siebie spędzać samotnie czas na rozmyślaniach.

— Chyba sobie nie radzę z kobietami — powiedziałem.

— Radzisz sobie całkiem nieźle. I jesteś fantastycznym pisarzem.

— Wolałbym mieć więcej szczęścia z kobietami.

Dee Dee paliła papierosa. Poczekałem, aż skończy, po czym pochyliłem się nad stołem i pocałowałem ją.

— Dobrze mi z tobą. Działasz na mnie kojąco. Wiesz, Lydia zawsze była w natarciu.

— To nie musi oznaczać tego, co ty w tym widzisz.

— Ale może być bardzo nieprzyjemne.

— Jasne, że tak.

— Znalazłaś już sobie jakiegoś faceta?

— Jeszcze nie.

— Podoba mi się tutaj. Ale jakim cudem utrzymujesz tu taki porządek?

— Mamy pokojówkę.

— Tak?

— Spodoba ci się. Jest duża i czarna i po moim wyjściu kończy pracę najszybciej, jak może. Potem wchodzi do łóżka, chrupie ciasteczka i ogląda telewizję. Co wieczór znajduję okruszki w swoim łóżku. Jutro rano poproszę ją, żeby ci przyrządziła śniadanie, kiedy wyjdę.

— Świetnie.

— Nie, poczekaj. Przecież jutro jest niedziela, a ja nie pracuję w niedziele. Zjemy na mieście. Znam takie jedno miejsce. Spodoba ci się.

— W porządku.

— Wiesz, chyba zawsze się w tobie kochałam.
— Co takiego?
— Od wielu lat. Kiedy cię odwiedzałam, najpierw z Berniem, a później z Jackiem, pragnęłam tylko ciebie. Ale ty nigdy mnie nie dostrzegałeś. Zawsze tylko przysysałeś się do butelki albo ulegałeś jakimś obsesjom.
— Chyba byłem wariatem. Szaleństwo listonosza. Przepraszam za to niedopatrzenie.
— Możesz to teraz naprawić.
Dee Dee znów nalała wina. Bardzo dobre wino. Lubiłem ją. Dobrze jest mieć miejsce, do którego można pójść, gdy nic się nie układa. Pamiętam dawne czasy, kiedy wszystko się waliło i nie miałem dokąd iść. Może nawet dobrze mi to zrobiło. Przynajmniej wówczas. Ale teraz nie dbam o to, co jest dla mnie dobre. Interesują mnie wyłącznie własne uczucia i to, jak wydobyć się z depresji, kiedy coś pójdzie nie tak; jak na powrót poczuć się dobrze.
— Nie chciałbym zrobić cię na szaro, Dee Dee — powiedziałem. — Nie zawsze jestem dobry dla kobiet.
— Mówiłam ci już, że cię kocham.
— Nie rób tego. Nie kochaj mnie.
— Dobrze. Nie będę cię kochała. Tylko *odrobinkę*. Tak będzie lepiej?
— O wiele lepiej.
Skończyliśmy wino i poszliśmy do łóżka...

18

Rankiem Dee Dee zawiozła mnie na śniadanie na Sunset Strip. Jej czarny mercedes lśnił w słońcu. Mijaliśmy po drodze wielkie tablice reklamowe, nocne kluby i wykwintne restauracje. Siedziałem skulony w fotelu, krztusząc się papierosem. Pomyślałem: cóż, bywało gorzej. Przemknęły mi przez głowę sceny z przeszłości. Pewnej zimy siedziałem zmarznięty w Atlancie, była północ, nie miałem forsy ani miejsca do spania i wszedłem na schody prowadzące do kościoła, mając nadzieję wejść do środka i trochę się ogrzać. Drzwi były zamknięte. Innym razem, w El Paso, gdy spałem na ławce w parku, obudził mnie rano gliniarz, waląc pałką w podeszwy moich stóp. Wciąż jeszcze myślałem o Lydii. Miałem wrażenie, że to, co było dobre w naszym związku, krąży we mnie teraz jak wygłodniały szczur i wgryza się w moje trzewia.

Dee Dee zatrzymała wóz przed ekskluzywną knajpką. Był tam taras z krzesłami i stolikami, gdzie ludzie siedzieli, jedząc, rozmawiając i popijając kawę. Przeszliśmy obok czarnego faceta w wysokich butach, dżinsach, z ciężkim srebrnym łańcuchem owiniętym wokół szyi. Na stole leżał jego hełm motocyklowy, gogle i rękawice. Była z nim chuda blondynka w dresie w kolorze mięty; siedziała, ssąc swój mały palec. Restauracja była zatłoczona. Wszyscy wyglądali młodo, byli odpicowani i pełni ogłady. Nikt na nas nie spojrzał. Wszyscy pogrążeni byli w przyciszonych rozmowach.

Weszliśmy do środka. Blady, szczupły chłopak o płaskich pośladkach, w obcisłych srebrnych spodniach i błyszczącej złotej koszuli, przepasany szerokim pasem nabijanym ćwiekami, posadził nas przy stoliku. Miał przekłute uszy i nosił w nich maleńkie niebieskie kolczyki. Jego cieniutki, jakby narysowany długopisem wąsik połyskiwał fioletowo.

— Dee Dee, co podać? — spytał.
— Śniadanie, Donny.
— I coś do picia — dodałem.
— Wiem, czego mu trzeba, Donny. Podaj mu podwójny golden flower.

Zamówiliśmy śniadanie i Dee Dee powiedziała:
— Trochę to potrwa. Wszystko tu robią na zamówienie.
— Nie wydawaj za dużo, Dee Dee.
— To wszystko wchodzi w koszty.

Wyjęła z torebki mały czarny notes.
— Popatrzmy tylko. Kogóż to zaprosiłam dziś na śniadanie? Eltona Johna?
— Czy on przypadkiem nie jest teraz w Afryce?
— Ach, masz rację. Co powiesz na Cata Stevensa?
— Co to za jeden?
— Nie wiesz?
— Nie.
— Ostatecznie to *ja* go odkryłam. Możesz być Catem Stevensem.

Donny przyniósł mój koktajl i rozmawiał przez chwilę z Dee Dee. Wyglądało na to, że mają wspólnych znajomych. Nie znam nikogo z tych ludzi. Nic mnie nie obchodzą. Nie lubię Nowego Jorku. Nie lubię Hollywood. Nie lubię muzyki rockowej. Niczego nie lubię. Może to ze strachu. Właśnie tak, boję się. Pragnę siedzieć sam w pokoju przy opuszczonych roletach. Delektuję się tym. Jestem świrem. Jestem kompletnym wariatem. A Lydia odeszła.

Dokończyłem drinka i Dee Dee zamówiła następnego. Zacząłem się czuć jak utrzymanek i było to wspaniałe uczucie. Pomogło mi uporać się z chandrą. Nie ma nic gorszego niż być bez grosza i zostać porzuconym przez kobietę. Nie ma nic do picia, nie ma pracy, tylko siedzenie w czterech ścianach i wpatrywanie się w nie pośród natłoku myśli. Właśnie w ten sposób kobiety biorą odwet, ale to również rani i osłabia je same. Przynajmniej wygodnie jest mi w to wierzyć.

Śniadanie bardzo mi smakowało. Jajka przybrane owocami: ananasami, brzoskwiniami, gruszkami, trochę kruszonych orzechów, przyprawy. Pycha! Skończyliśmy jeść i Dee Dee zamówiła dla mnie jeszcze jednego drinka. Myśl o Lydii wciąż mnie nie opuszczała, ale Dee Dee robiła, co mogła, żebym się rozchmurzył. Starała się mnie rozbawić Potrafiła wywołać mój śmiech, a tego bardzo potrzebowałem. Śmiech tkwił we mnie, gotów wybuchnąć: CHA-CHA-CHA-CHA-CHA, o Boże, słodki Jezu, CHA-CHA-CHA-CHA. Jak dobrze się poczułem, kiedy wreszcie się uwolnił. Dee Dee wiedziała co nieco o życiu. Wiedziała, że to, co przydarza się jednemu człowiekowi, spotyka większość z nas. Życie ludzi nie różni się aż tak bardzo — chociaż jesteśmy skłonni wierzyć w swoją niepowtarzalność.

Ból jest dziwnym uczuciem. Kot zabijający ptaka, wypadek samochodowy, pożar... Ból zjawia się nagle — trach! — i już jest, przygniata cię, aż nadto rzeczywisty. A w oczach postronnego obserwatora wyglądasz na głupca. Jakbyś nagle zidiociał. Nie ma na to lekarstwa, jeśli nie znasz nikogo, kto zrozumie, jak się czujesz, i wie, jak ci pomóc. Wróciliśmy do samochodu.

— Znam takie miejsce, gdzie odzyskasz dobry humor — obiecała Dee Dee.

Nie odpowiedziałem. Troszczyła się o mnie, jakbym był inwalidą. Bo też i byłem. Poprosiłem ją, żeby zatrzymała się przed jakimś barem. Wybrała jeden z tych, które sama odwiedzała. Barman ją znał.

— Przesiaduje tutaj wielu scenarzystów — wyjaśniła mi. — I ludzie z małych teatrów.

Natychmiast poczułem do nich wszystkich niechęć — udają mądrali i wywyższają się nad innych. Sprowadzają siebie wzajemnie do zera. Najgorszą rzeczą dla pisarza jest znajomość z innym pisarzem, a jeszcze gorszą — znajomość z kilkoma pisarzami. To jak chmara much na jednym kawałku gówna.

— Znajdźmy sobie stolik — zaproponowałem.

I tak oto siedziałem tutaj, pisarz zarabiający 65 dolarów tygodniowo w sali pełnej pisarzy zarabiających 1000 dolarów. Lydio, pomyślałem, jestem coraz bliżej żłobu. Jeszcze pożałujesz. Pewnego dnia będę chodził do ekskluzywnych restauracji, a ludzie będą mnie rozpoznawać. Będzie czekał na mnie stolik dla uprzywilejowanych, w głębi, w pobliżu kuchni.

Wzięliśmy swoje drinki. Dee Dee spojrzała na mnie.

— Świetnie robisz minetę. Najlepiej ze wszystkich znanych mi facetów.

— Lydia mnie nauczyła. Potem sam już udoskonaliłem nieco technikę.

Ciemnoskóry chłopak zerwał się z miejsca i podszedł do naszego stolika. Dee Dee przedstawiła nas sobie. Pochodził z Nowego Jorku, pisywał do „Village Voice" i innych nowojorskich gazet. Przez jakiś czas licytowali się nazwiskami znanych ludzi, po czym on zapytał:

— Czym się zajmuje twój mąż?

— Mam stajnię bokserów — odparłem. — Czterech Meksykanów plus jeden czarny, prawdziwy artysta ringu. Ile ważysz?

— 72. Sam też byłeś bokserem? Twoja twarz wygląda, jakbyś sporo oberwał.

— Bo i sporo oberwałem. Mógłbym się tobą zająć. Potrzebny mi leworęczny zawodnik wagi średniej.

— Skąd wiesz, że jestem leworęczny?

— Trzymasz papierosa w lewej ręce. Przyjdź do sali gimnastycznej na Main Street. W poniedziałek rano. Zaczniemy trenować. Musisz rzucić palenie. Zgaś natychmiast to gówno!

— Posłuchaj, stary, jestem pisarzem. Siedzę przy maszynie do pisania. Nigdy nie czytałeś moich rzeczy?

— Czytam wyłącznie nowojorskie dzienniki — o morderstwach, gwałtach, wynikach walk, oszustwach, katastrofach samolotów i rubrykę Ann Landers.

— Dee Dee — powiedział. — Za pół godziny mam wywiad z Rodem Stewartem. Muszę lecieć.

Wyszedł. Dee Dee zamówiła następną kolejkę.

— Dlaczego nie możesz być miły dla ludzi? — spytała.
— Ze strachu.

— Jesteśmy na miejscu — powiedziała, wjeżdżając na cmentarz w Hollywood.
— Ładnie tu, słowo daję. Całkiem zapomniałem o śmierci. Krążyliśmy po cmentarzu. Większość grobowców stanowiły okazałe betonowe konstrukcje. Przypominały małe domy, z kolumienkami i schodkami. Każdy zaopatrzono w zamykane na klucz żelazne wrota. Dee Dee zatrzymała wóz i wysiedliśmy. Spróbowała otworzyć jedne z tych żelaznych drzwi. Obserwowałem, jak kręci tyłkiem, zmagając się z nimi. Pomyślałem o Nietzschem. Byliśmy tu tylko we dwoje — niemiecki ogier i żydowska klacz. Moja ojczyzna byłaby ze mnie dumna.

Wsiedliśmy z powrotem do jej mercedesa i przystanęliśmy ponownie przed jednym z większych grobowców. Umarlaków wmurowano rzędami w ściany. Przed niektórymi stały w małych wazonach kwiaty, przeważnie zwiędłe. Większość wnęk pozbawiona była kwiatów. Tu i ówdzie małżonkowie spoczywali razem. Niekiedy jedna wnęka była pusta i czekała na lokatora. We wszystkich tych przypadkach mąż był tym, który już odszedł.

Dee Dee wzięła mnie za rękę i zaprowadziła kawałek dalej. Leżał tu, na dole, blisko ziemi. Rudolph Valentino. Zmarł w 1926 roku. Nie pożył zbyt długo. Postanowiłem dociągnąć do osiemdziesiątki. Pomyśleć tylko: w wieku 80 lat rżnąć osiemnastki! Jeśli jest jakiś sposób oszukania igraszek śmierci, to właśnie na tym on polega.

Dee Dee podniosła jeden z wazonów i wrzuciła go do torebki. Stara zabawa. Trzeba ściągnąć wszystko, co nie jest przywiązane. Wszystko jest czyjąś własnością. Wyszliśmy na zewnątrz i Dee Dee powiedziała:
— Chcę posiedzieć chwilę na ławeczce Tyrone'a Powera. Był moim ulubieńccm. Uwielbiałam go.

Usiedliśmy na ławeczce koło jego grobu. Potem wstaliśmy i podeszliśmy do grobowca Douglasa Fairbanksa Seniora. Istne cudo. Z własnym podświetlanym basenem z przodu.

Pełno w nim było lilii wodnych i kijanek. Weszliśmy na jakieś schody z tyłu i znaleźliśmy miejsce do siedzenia. Usiedliśmy. Dostrzegłem szczelinę w murze grobowca, wychodziły z niej i na powrót znikały w jej wnętrzu małe czerwone mrówki. Obserwowałem je przez chwilę, po czym objąłem Dee Dee i pocałowałem ją. Był to dobry, bardzo długi pocałunek. Wyglądało na to, że zostaniemy dobrymi przyjaciółmi.

19

Dee Dee musiała odebrać syna z lotniska. Wracał z Anglii na wakacje do domu. Miał 17 lat, a jego ojciec był w przeszłości pianistą, który często dawał recitale — jak mi wyznała Dee Dee. Polubił jednak amfetaminę i kokę, a później poparzył sobie palce w jakimś wypadku. Nie mógł już grać. Rozwiedli się przed kilku laty.

Syn miał na imię Renny. Dee Dee wspomniała mu o mnie w trakcie kilku międzykontynentalnych rozmów telefonicznych, jakie z nim przeprowadziła. Dojechaliśmy na lotnisko akurat w chwili, kiedy pasażerowie opuszczali samolot. Dee Dee i Renny padli sobie w objęcia. Chłopak był wysoki i chudy, bardzo blady. Nad jednym okiem zwisał mu loczek. Wymieniliśmy uścisk dłoni.

Poszedłem po bagaże, kiedy zaczęli ze sobą rozmawiać. Nazywał ją „mamusią". Kiedy dotarliśmy do samochodu, usiadł na tylnym siedzeniu i zapytał:

— Mamusiu, kupiłaś mi ten rower?
— Zamówiłam. Odbierzemy go jutro.
— Czy to dobry rower, mamusiu? Chcę mieć taki z dziesięcioma biegami, hamulcem ręcznym i noskami na pedałach.
— To dobry rower, Renny.
— Jesteś pewna, że będzie na jutro gotowy?

Pojechaliśmy do domu. Zostałem na noc. Renny miał własną sypialnię.

Rano siedzieliśmy wszyscy w jadalni, czekając na przybycie pokojówki. W końcu Dee Dee podniosła się, żeby sama przyrządzić śniadanie. Renny zapytał:

— Mamusiu, jak się rozbija jajko?

Dee Dee spojrzała na mnie. Dobrze wiedziała, co sobie myślę. Zachowałem milczenie.

— Dobrze, Renny, chodź tutaj, to ci pokażę.

Renny podszedł do kuchenki. Dee Dee wzięła do ręki jajko.

— Widzisz, tłuczesz skorupkę, uderzając jajkiem o brzeg patelni... o tak... i pozwalasz jajku wypłynąć na patelnię, widzisz, w ten sposób...

— Aha.

— To proste.

— A jak się je gotuje?

— Smaży się je. Na maśle.

— Mamusiu, nie mogę zjeść tego jajka.

— Dlaczego?

— Bo żółtko się rozlało!

Dee Dee odwróciła się i rzuciła mi spojrzenie mówiące: „Hank, błagam, tylko nic nie mów..."

Kilka dni później znów siedzieliśmy przy stole. Jedliśmy śniadanie, a pokojówka robiła coś w kuchni. Dee Dee powiedziała do Renny'ego:

— Masz już teraz swój rower. Chciałabym, żebyś w wolnej chwili przywiózł ze sklepu karton z 6 butelkami coli. Po powrocie do domu chcę wypić jedną lub dwie coca-cole.

— Ależ, mamusiu, te butelki są ciężkie! Nie możesz ich sama kupić?

— Renny, pracuję przez cały dzień i jestem zmęczona. Ty możesz je kupić.

— Ale, mamusiu, sklep jest na górce. Będę musiał pedałować pod górę.

— Nie ma tam żadnej górki. O czym ty mówisz?

— No, może nie widać jej tak od razu, *gołym okiem*, ale to naprawdę pod górkę...

— Renny, masz kupić colę, rozumiesz?

Renny wstał, poszedł do sypialni i trzasnął drzwiami.

Dee Dee odwróciła wzrok.
— Wystawia mnie na próbę. Chce się przekonać, czy go kocham.
— Ja kupię colę — powiedziałem.
— Już dobrze. Ja to zrobię.
W końcu żadne z nas jej nie kupiło...

Kilka dni później byłem z Dee Dee w swoim mieszkaniu, żeby odebrać pocztę i zobaczyć, jak się sprawy mają, kiedy zadzwonił telefon. Usłyszałem głos Lydii.
— Cześć — powiedziała. — Jestem w Utah.
— Dostałem twoją kartkę.
— Jak się miewasz? — spytała.
— Wszystko w porządku.
— W Utah jest pięknie latem. Powinieneś tu przyjechać. Wybierzemy się gdzieś z namiotem. Wszystkie moje siostry są tutaj.
— Nie mogę w tej chwili wyjechać.
— Dlaczego?
— Wiesz, jestem z Dee Dee.
— Z Dee Dee?
— Tak...
— Wiedziałam, że skorzystasz z tego numeru telefonu. Mówiłam ci to!
Dee Dee stanęła obok mnie.
— Proszę, powiedz jej — szepnęła — żeby dała mi czas do września.
— Zapomnij o niej — powiedziała Lydia. — Do diabła z nią. Przyjeżdżaj do mnie.
— Nie mogę rzucić wszystkiego tylko dlatego, że zadzwoniłaś. Poza tym daję Dee Dee czas do września.
— Do września?
— Tak.
Lydia krzyknęła. Krzyczała długo i głośno. Potem odłożyła słuchawkę.

Po tym incydencie Dee Dee trzymała mnie z dala od mojego mieszkania. Raz, kiedy byliśmy u mnie, przeglądając pocztę, zauważyłem, że słuchawka jest odłożona.

— Nie rób tego nigdy więcej — ostrzegłem ją.

Dee Dee zabierała mnie na długie przejażdżki po wybrzeżu i na wycieczki w góry. Chodziliśmy na wyprzedaże, do kina, na koncerty rockowe, do kościołów, do przyjaciół, na kolacje i obiady, na pokazy magii, na pikniki i do cyrku. Jej znajomi fotografowali nas razem.

Wycieczka na Catalinę była okropna. Czekałem z Dee Dee na nabrzeżu. Ależ miałem kaca! Dee Dee przyniosła mi alka-selzer i szklankę wody. Jednak wyleczyć mnie mogła tylko młoda dziewczyna siedząca naprzeciwko. Miała piękne ciało, długie, ładne nogi i była w minispódniczce. Włożyła do niej pończochy, pas, a spod czerwonej spódniczki widać było różowe majtki. Miała nawet pantofle na wysokich obcasach.

— Gapisz się na nią, co? — spytała Dee Dee.
— Nie mogę się powstrzymać.
— To dziwka.
— Jasne.

Dziwka podniosła się i zagrała w bilard, kręcąc dupcią, żeby pomóc kulkom wpaść do otworów. Potem usiadła, pokazując jeszcze więcej niż dotąd.

Podpłynął hydroplan, wysadził pasażerów, a później już czekaliśmy, żeby wsiąść do środka. Hydroplan, rocznik 1936, pomalowany na czerwono, miał dwa śmigła, jednego pilota i 8 czy 10 foteli dla pasażerów. Jeśli się nie porzygam w tym czymś, pomyślałem, odniosę zwycięstwo nad całym światem. Dziewczyna w mini nie wsiadła. Jak to się dzieje, że za każdym razem, kiedy widzisz taką cizię jak ona, jesteś z inną?

Wsiedliśmy i zapięliśmy pasy.

— Och — wykrzyknęła Dee Dee — jestem taka podekscytowana! Idę usiąść koło pilota!

— W porządku.

Wystartowaliśmy więc, a Dee Dee zajęła miejsce obok pilota. Widziałem, jak buzia się jej nie zamyka. Naprawdę kocha życie, a przynajmniej sprawia takie wrażenie. Ostatnimi czasy nie znaczyło to dla mnie zbyt wiele — mam na myśli jej entuzjastyczną reakcję na wszelkie przejawy życia — niekiedy nawet nieco mnie irytowało, ale na ogół przyjmowałem to obojętnie. Nie mogę nawet powiedzieć, żeby mnie to nudziło.

Dolecieliśmy na miejsce i wodolot zszedł nisko wzdłuż nadbrzeżnych skał. Zetknięcie z powierzchnią morza było gwałtowne, hydroplan podskakiwał i wzbijał w powietrze bryzgi wody. Przypominało to rejs ścigaczem. Potem dopłynęliśmy do nabrzeża. Dee Dee wróciła do mnie i opowiedziała mi o rozmowie z pilotem. W podłodze hydroplanu był wycięty kawał poszycia. Zapytała pilota: „Czy ten gruchot jest bezpieczny?". A on na to: „Niech mnie diabli, jeśli to wiem".

Dee Dee zamówiła dla nas pokój w hotelu nad samym morzem, na najwyższym piętrze. Nie było lodówki, więc zdobyła plastikowy pojemnik wypełniony lodem, żebym mógł trzymać w nim piwo. W pokoju stał czarno-biały telewizor, była też łazienka. Klasa.

Poszliśmy na spacer wzdłuż wybrzeża. Turyści należeli do dwóch kategorii — byli albo bardzo młodzi, albo bardzo starzy. Starzy snuli się parami, w sandałach, ciemnych okularach, słomkowych kapeluszach, szortach i wdziankach w jaskrawych kolorach. Byli otyli i bladzi, mieli błękitne żyły na łydkach, a ich twarze wydawały się spuchnięte i trupio blade w promieniach słońca. Wszystko mieli obwisłe, fałdy skóry zwisały im z kości policzkowych i podbródków.

Młodzi byli szczupli i sprawiali wrażenie, jakby zrobiono ich z gumy. Dziewczęta pozbawione były piersi, miały niewielkie dupcie, a chłopcy mieli sympatyczne, nijakie, szeroko uśmiechnięte buźki, rumienili się i śmiali donośnie. Wszyscy jednak wyglądali na zadowolonych, i dzieciaki z ogólniaka, i starcy. Niewiele mieli do roboty, toteż cieszyli się słońcem i sprawiali wrażenie szczęśliwych.

Dee Dee zajrzała do kilku sklepów. Była zachwycona, kupując paciorki, popielniczki, plastikowe pieski, widokówki, naszyjniki i statuetki. Wszystko sprawiało jej ogromną frajdę.

— Oooch, *spójrz tylko!*

Rozmawiała z właścicielami sklepików. Jednej pani obiecała, że napisze do niej po powrocie na stały ląd. Miały wspólnego znajomego — faceta grającego na perkusji w jakiejś grupie rockowej.

Dee Dee kupiła klatkę z dwiema papużkami nierozłączkami i wróciliśmy do hotelu. Otworzyłem piwo i włączyłem telewizor. Wybór był dość ograniczony.

— Chodźmy jeszcze na spacer — zaproponowała Dee Dee. — Na dworze jest tak ładnie.

— Chcę tu posiedzieć i trochę odpocząć.

— Nie będziesz miał nic przeciwko temu, że pójdę sama?

— Skądże.

Pocałowała mnie i wyszła. Wyłączyłem telewizor i otworzyłem następne piwo. Na tej wyspie nie ma co robić, pozostaje tylko się upić. Podszedłem do okna. Dee Dee siedziała na plaży obok jakiegoś młodego człowieka, paplała wesoło, uśmiechała się i gestykulowała. On też się uśmiechał. Dobrze było nie być wplątanym w coś takiego. Byłem zadowolony, że nie jestem ani zakochany, ani pogodzony ze światem. Tak, lubię być w konflikcie z całym światem. Ludzie zakochani stają się często drażliwi, wręcz niebezpieczni. Tracą poczucie dystansu i poczucie humoru. Robią się nerwowi, przypominają ponurych psychopatów. A niekiedy nawet stają się mordercami.

Dee Dee nie było przez jakieś 2, 3 godziny. Oglądałem trochę telewizję i na walizkowej maszynie napisałem kilka wierszy. Były to wiersze miłosne — dla Lydii. Schowałem je w walizce. Wypiłem jeszcze trochę piwa.

Potem zapukała Dee Dee.

— Och, ależ świetnie się bawiłam! Najpierw poszłam na statek ze szklanym dnem. Widzieliśmy w morzu najróżniejsze ryby, dosłownie wszystko! Potem natrafiłam na inną łódkę, która zabiera ludzi na jachty zakotwiczone dalej od brzegu. Ten młody człowiek pozwolił mi godzinami pływać z nim — za dolara! Miał plecy spalone od słońca, więc natarłam mu je kremem. Strasznie się spiekł. Zabieraliśmy ludzi na ich jachty. Żałuj, że ich nie widziałeś! Przeważnie nieokrzesane staruchy, w towarzystwie młodych dziewcząt. One miały na nogach botki i były pijane lub naćpane, znerwicowane, wrzaskliwe. Kilku starcom towarzyszyli młodzi chłopcy, ale większość miała młode dziewczyny, czasami dwie lub trzy. Każdy jacht śmierdział prochami, wódą i rozpustą. To było cudowne!

— Brzmi to fascynująco. Chciałbym mieć twój dar wyszukiwania ciekawych ludzi.
— Możesz jutro wybrać się na taką przejażdżkę. Będziesz mógł pływać za dolara przez cały dzień.
— Nie skorzystam.
— Napisałeś coś dzisiaj?
— Trochę.
— Dobre?
— Tego nigdy się nie wie przed upływem 18 dni.

Dee Dee podeszła do klatki i przyglądała się papużkom, przemawiała do nich. Dobra z niej dziewczyna. Lubię ją. Naprawdę troszczy się o mnie, pragnie, żeby mi się powiodło, żeby dobrze mi szło pisanie, żebym dobrze się pieprzył i dobrze wyglądał. Czułem to. W to mi graj. Może pewnego dnia polecimy razem na Hawaje. Zaszedłem ją od tyłu i pocałowałem w szyję, tuż pod prawym uchem.

— Och, *Hank* — powiedziała.

Po tygodniu na Catalinie wróciliśmy do Los Angeles. Pewnego dnia siedzieliśmy w moim mieszkaniu, co należało raczej do rzadkości. Był późny wieczór. Leżeliśmy nadzy na łóżku, kiedy w pokoju obok zabrzęczał telefon. Dzwoniła Lydia.

— Hank?
— Tak?
— Gdzie byłeś?
— Na Catalinie.
— Z nią?
— Tak.
— Posłuchaj, kiedy mi o niej powiedziałeś, wpadłam w szał. Miałam romans — z homoseksualistą. To było straszne.
— Tęsknię za tobą, Lydio.
— Chcę wrócić do Los Angeles.
— Świetnie.
— Jeśli wrócę, zerwiesz z nią?
— To dobra dziewczyna, ale jeśli wrócisz, zerwę z nią.
— Wracam. Kocham cię, staruchu.
— Ja też cię kocham.

Rozmawialiśmy jeszcze jakiś czas, nie mam pojęcia, jak długo. Kiedy skończyliśmy, wróciłem do sypialni. Dee Dee sprawiała wrażenie pogrążonej we śnie.
— Dee Dee? — odezwałem się.
Uniosłem jej rękę. Była bezwładna. Ciało miała jak z gumy.
— Przestań się wygłupiać, Dee Dee, wiem, że nie śpisz.
Nawet nie drgnęła. Rozejrzałem się wokół i spostrzegłem pustą fiolkę po tabletkach nasennych. Przedtem była pełna. Sam próbowałem kiedyś tych pigułek. Wystarczyła jedna, żeby zasnąć, tyle że bardziej przypominało to uderzenie obuchem w głowę i pogrzebanie żywcem.
— Wzięłaś te tabletki?
— Wszystko... mi... jedno... wracasz do niej... nic mnie już... nie obchodzi...
Przyniosłem z kuchni garnek i postawiłem go na podłodze koło łóżka. Przesunąłem głowę Dee Dee na skraj łóżka i wsunąłem jej palce do gardła. Zwymiotowała. Uniosłem ją nieco i pozwoliłem chwilę odetchnąć, po czym powtórzyłem operację. Zrobiłem to jeszcze kilka razy. Dee Dee wciąż wymiotowała. Raz, kiedy uniosłem jej głowę, wypadła jej proteza. Leżała na prześcieradle, górna i dolna.
— Oooch... moje zęby — powiedziała, a właściwie usiłowała powiedzieć.
— Nie martw się o nie.
Ponownie wsunąłem jej palce do gardła. Uniosłem ją lekko.
— Nie chcę, żebyś widział moje zęby...
— Są fajne, Dee Dee. Naprawdę są fajne.
— Ooooch...
Ocknęła się na tyle, żeby włożyć z powrotem sztuczną szczękę.
— Zawieź mnie do domu. Chcę wrócić do domu.
— Zostanę z tobą. Nie zostawię cię dzisiaj samej.
— Ale w końcu mnie zostawisz, prawda?
— Ubierzmy się.

Valentino zatrzymałby obie: Lydię i Dee Dee. Dlatego umarł tak młodo.

20

Lydia wróciła i znalazła sobie ładne mieszkanie w dzielnicy Burbank. Sprawiała wrażenie, jakby bardziej jej na mnie zależało niż przed naszym rozstaniem.

— Mój mąż miał wielkiego kutasa i to był jego jedyny atut. Nie miał osobowości. Nic, żadnej aury. Miał potężnego chuja i myślał, że to wystarczy. Jezu, straszny był z niego nudziarz! Gdybyś wiedział, jak czuję twoje wibracje... To jakieś elektryczne sprzężenie, które nie ma końca.

Leżeliśmy oboje na łóżku.

— A ja nawet nie wiedziałam, że ma dużego, bo to był pierwszy kutas, jakiego widziałam. — Przyglądała mi się uważnie. — Myślałam, że wszystkie są takie.

— Lydio...
— O co chodzi?
— Muszę ci coś powiedzieć.
— Co takiego?
— Muszę spotkać się z Dee Dee.
— *Spotkać się z Dee Dee?!*
— Nie bądź śmieszna. Mam ważny powód.
— Mówiłeś, że to skończone.
— To prawda. Ale nie mogę jej tak porzucić, bez słowa wyjaśnienia. Ludzie są dla siebie zbyt bezwzględni. Nie chcę, żeby wróciła, chcę tylko wytłumaczyć, co się stało, żeby łatwiej jej było to zrozumieć.
— Chcesz się z nią pieprzyć.

— Nie, nie chcę. Ledwo miałem na nią ochotę, kiedy byliśmy razem. Chcę się tylko wytłumaczyć.
— Nie podoba mi się to. Brzmi to jakoś... *podejrzanie*.
— Pozwól mi. Chcę po prostu wszystko wyjaśnić. Niedługo wrócę.
— Dobrze. Ale niech to naprawdę nie trwa za długo.

Wsiadłem do garbusa, wjechałem na Fountain Avenue, po kilku milach skręciłem na północ w Bronson i znalazłem się w dzielnicy wysokich czynszów. Zatrzymałem się przed domem Dee Dee i wysiadłem. Wszedłem po stromych schodach i zadzwoniłem do drzwi. Otworzyła Bianka. Przypomniał mi się wieczór, kiedy otworzyła mi naga, a ja chwyciłem ją i zaczęliśmy się całować, a wtedy z góry zeszła Dee Dee, pytając: „Co się tu, do diabła, dzieje?".

Tym razem wyglądało to zupełnie inaczej. Bianka spytała:
— Czego chcesz?
— Chcę się zobaczyć z Dee Dee. Muszę z nią porozmawiać.
— Jest chora, bardzo chora. Nie sądzę, że powinieneś z nią rozmawiać po tym, jak ją potraktowałeś. Straszny z ciebie skurwysyn.
— Chcę tylko przez chwilę z nią porozmawiać, wyjaśnić wszystko.
— W porządku. Jest w sypialni.

Poszedłem korytarzem do jej sypialni. Dee Dee leżała na łóżku w samych majteczkach. Jedną ręką zasłaniała oczy. Jej piersi wyglądały apetycznie. Obok łóżka stała butelka po whisky i miska. Miska śmierdziała rzygowinami i alkoholem.
— Dee Dee...

Uniosła rękę.
— Co? Hank, wróciłeś?
— Nie, poczekaj, chcę tylko porozmawiać...
— Och, Hank, straszliwie za tobą tęskniłam. Omal nie oszalałam, ból był nieznośny...
— Chcę ci pomóc. Po to przyszedłem. Może jestem głupi, ale nie uznaję okrucieństwa...
— Nie masz pojęcia, jak się czułam...
— Mam. Sam to przechodziłem.

— Chcesz się napić? — Wskazała palcem butelkę.

Uniosłem pustą flaszkę i ze smutkiem odstawiłem na miejsce.

— Świat jest taki nieczuły — stwierdziłem. — Gdyby tylko ludzie rozmawiali o swoich problemach, byłoby o wiele lepiej.

— Zostań ze mną, Hank. Nie wracaj do niej, proszę. Błagam. Już dostatecznie długo żyję na tym świecie, żeby wiedzieć, jak być odpowiednią partnerką. Wiesz o tym. Będę dla ciebie dobra.

— Lydia niesamowicie mnie pociąga. Nie potrafię tego wytłumaczyć.

— Flirtuje ze wszystkimi. Jest impulsywna. Zostawi cię w końcu.

— Może na tym także polega jej atrakcyjność.

— Chcesz mieć dziwkę. Boisz się miłości.

— Pewnie masz rację.

— Pocałuj mnie tylko. Czy żądam zbyt wiele?

— Nie.

Wyciągnąłem się obok niej. Objęliśmy się. Poczułem zapaszek wymiotów. Pocałowała mnie, całowaliśmy się, a ona tuliła się do mnie. Najłagodniej, jak potrafiłem, wysunąłem się z jej objęć.

— Hank. Zostań ze mną! Nie wracaj do niej! *Spójrz, jakie mam ładne nogi!*

Uniosła jedną nogę i podsunęła mi.

— I mam też ładne łydki! Popatrz!

Pokazała mi swoje łydki. Siedziałem na brzegu łóżka.

— Nie mogę z tobą zostać, Dee Dee...

Uniosła się i zaczęła mnie okładać pięściami. Były twarde jak kamienie. Siedziałem bez ruchu, a ona waliła gdzie popadnie. Trafiła mnie w brew, w oko, w czoło i w policzki. Dostałem nawet w gardło.

— Och, ty skurwielu! NIENAWIDZĘ CIĘ, SKURWYSYNU!

Chwyciłem ją za przeguby.

— Już dobrze, Dee Dee, wystarczy.

Opadła na łóżko, ja zaś wstałem i wyszedłem, minąłem korytarz i zamknąłem za sobą drzwi.

Kiedy wróciłem do domu, Lydia siedziała w fotelu. Twarz miała nachmurzoną.
— Długo cię nie było. Spójrz mi w oczy! Rżnąłeś ją, prawda?
— Nie.
— Cholernie długo cię nie było. A to co?! Podrapała ci twarz!
— Powtarzam ci, nic nie było.
— Ściągnij koszulę. Chcę obejrzeć twoje plecy!
— Kurwa, daj spokój, Lydio.
— Ściągaj koszulę i podkoszulek.
Zdjąłem. Zaszła mnie od tyłu.
— Co to za zadrapanie?
— Jakie zadrapanie?
— Takie długie, pozostawione przez kobiecy paznokieć.
— Skoro tam jest, to ty je zrobiłaś...
— W porządku. Znam tylko jeden sposób, żeby się przekonać.
— Jaki?
— Chodźmy do łóżka.
— Chętnie!

Zdałem egzamin, ale potem pomyślałem: jak facet może sprawdzić wierność kobiety? Wydaje się to niesprawiedliwe.

21

Od jakiegoś czasu pisywała do mnie kobieta mieszkająca o milę od mojego domu. Podpisywała się Nicole. Twierdziła, że przeczytała kilka moich książek i bardzo jej się podobały. Odpisałem jej kiedyś, a ona zaprosiła mnie do siebie. Pewnego popołudnia, nie mówiąc nic Lydii, wsiadłem do garbusa i pojechałem tam. Zajmowała mieszkanie nad pralnią chemiczną na Santa Monica Boulevard. Wchodziło się od ulicy i przez szybę widziałem schody do jej mieszkania. Zadzwoniłem do drzwi.

— Kto tam? — zapytał kobiecy głos z małego blaszanego głośnika.

— Chinaski — odpowiedziałem.

Zabrzęczał domofon i pchnąłem drzwi.

Nicole stała u szczytu schodów, spoglądając na mnie. Miała szlachetną, w jakiś sposób tragiczną twarz, a na sobie długi zielony szlafrok z głębokim wycięciem z przodu. Wyglądało na to, że ma świetne ciało. Spoglądała na mnie wielkimi ciemnobrązowymi oczami. Wokół nich miała pełno malutkich zmarszczek, być może od zbyt częstego picia lub płaczu.

— Jesteś sama? — spytałem.

— Tak — uśmiechnęła się. — Chodź na górę.

Poszedłem. Mieszkanie było duże — dwie sypialnie, niewiele mebli. Zauważyłem małą półkę z książkami i stojak pełen płyt z muzyką klasyczną. Usiadłem na kanapie. Zajęła miejsce obok mnie.

— Właśnie skończyłam czytać *Życie Picassa*.
Na stoliku leżało kilka numerów „New Yorkera".
— Zrobić ci herbatę? — zapytała.
— Pójdę kupić coś mocniejszego.
— Nie musisz. Mam coś.
— Co?
— Dobre czerwone wino.
— Chętnie bym się napił.
Wstała i poszła do kuchni. Obserwowałem, jak się porusza. Zawsze lubiłem kobiety w długich sukniach. Poruszała się z gracją, miała klasę. Wróciła z dwoma kieliszkami i butelką wina. Nalała. Poczęstowała mnie papierosami Benson and Hedges. Zapaliłem jednego.
— Czytujesz „New Yorkera"? — spytała. — Zamieszczają niezłe opowiadania.
— Nie zgodziłbym się.
— A co w nich według ciebie jest nie tak?
— Są przeintelektualizowane.
— Mnie się podobają.
— Mniejsza z tym.
Siedzieliśmy, popijając i paląc.
— Podoba ci się moje mieszkanie?
— Tak, ładne.
— Przypomina mi moje mieszkania w Europie. Lubię przestrzeń i światło.
— W Europie?
— Tak, w Grecji, we Włoszech... Przede wszystkim w Grecji.
— Paryż?
— O tak, podobał mi się Paryż. Za to Londyn ani trochę.
Opowiedziała mi o sobie. Jej rodzina mieszkała w Nowym Jorku. Ojciec był komunistą, matka szwaczką w jakiejś zapyziałej manufakturze. Pracowała na głównej maszynie, była numerem jeden, najlepszą pracownicą. Była twarda i dała się lubić. Nicole wychowała się w Nowym Jorku, nie miała formalnego wykształcenia, jakimś cudem poznała znanego lekarza, wyszła za niego, żyła z nim przez dziesięć lat, rozwiodła się. Dostawała teraz tylko 400 dolarów alimentów miesięcznie i trudno było się z tego utrzymać. Nie stać jej

było na to mieszkanie, ale zanadto je lubiła, by się wyprowadzić.

— Twoje utwory są takie surowe — powiedziała. — Przypominają młot pneumatyczny, a przecież wiele w nich humoru i czułości...

— Masz rację — zgodziłem się.

Odstawiłem kieliszek i spojrzałem na nią. Ująłem jej twarz w dłonie i przyciągnąłem do siebie. Pocałowałem ją leciutko.

Opowiadała dalej. Robiła to w sposób bardzo zajmujący. Postanowiłem wykorzystać kilka motywów w swoich opowiadaniach i wierszach. Zerkałem na jej piersi, kiedy się pochylała, żeby nalać wina. To przypomina film, pomyślałem, jakiś pieprzony film. Wydało mi się to zabawne. Czułem się, jakbym siedział przed kamerą. Podobało mi się to. To lepsze od wyścigów konnych i meczów bokserskich. Niespiesznie popijaliśmy wino. Nicole otworzyła następną butelkę. Wciąż opowiadała. Miała talent narracyjny. W każdej jej opowieści tkwiła mądrość i trochę śmiechu. Nicole robiła na mnie większe wrażenie, niż przypuszczała. Trochę mnie to martwiło.

Wyszliśmy z kieliszkami na werandę i obserwowaliśmy popołudniowy ruch na ulicy. Mówiła teraz o Huxleyu i Lawrensie we Włoszech. Niezłe numery. Powiedziałem jej, że Knut Hamsun był największym pisarzem na świecie. Spojrzała na mnie, jakby zdziwiona, że o nim słyszałem, po czym przyznała mi rację. Pocałowaliśmy się. Czułem spaliny dolatujące z ulicy. Dotyk jej przytulonego ciała sprawiał mi przyjemność. Wiedziałem, że nie będę jej od razu posuwał, ale wiedziałem również, że tu wrócę. Ona też to wiedziała.

22

Siostra Lydii, Angela, przyjechała z Utah, żeby zobaczyć jej nowy dom. Lydia zapłaciła pierwszą ratę, a miesięczne spłaty były bardzo niskie. To był udany zakup. Właściciel był przeświadczony, że wkrótce umrze, toteż sprzedał go niemal za bezcen. Na górze był pokój dziecinny, a wyjątkowo duże podwórko porastały drzewa i kępy bambusów.

Angela była najstarszą i najrozsądniejszą z czterech sióstr. Miała najbardziej realistyczne spojrzenie na życie i najlepsze ciało. Zajmowała się sprzedażą nieruchomości. Pojawił się problem, gdzie ją ulokować. Nie mieliśmy dla niej miejsca. Lydia zaproponowała mieszkanie Marvina.

— U Marvina? — zdziwiłem się.
— Tak — potwierdziła Lydia.
— W porządku, jedźmy do niego.

Wpakowaliśmy się wszyscy do pomarańczowego „potwora" Lydii. Tak nazywała swój samochód. Wyglądał jak czołg, był bardzo stary i brzydki. Zrobiło się późno. Zadzwoniliśmy przedtem do Marvina, który powiedział, że przez cały wieczór będzie w domu.

Pojechaliśmy na plażę, gdzie stał jego malutki domek.
— Och — wykrzyknęła Angela. — Jaki piękny!
— Do tego facet jest bogaty — dodała Lydia.
— I pisze dobre wiersze — uzupełniłem.

Wysiedliśmy. Marvin czekał na nas, otoczony akwariami pełnymi morskich rybek i obrazami swego autorstwa. Malował całkiem dobrze. Jak na faceta pochodzącego z nadzianej rodziny nieźle dawał sobie radę, posiadł sztukę przetrwania. Dokonałem prezentacji. Angela rozejrzała się. Spore wrażenie zrobiły na niej obrazy Marvina.

— Och, jakie piękne.

Angela również malowała, ale — prawdę mówiąc — tak sobie. Przyniosłem trochę piwa i w kieszeni marynarki schowałem butelkę whisky, z której pociągałem od czasu do czasu. Marvin przyniósł jeszcze trochę piwa i zaczął flirtować z Angelą. Był chyba napalony, ale Angela zbywała go żartami. Podobał się jej, ale nie na tyle, żeby od razu chciała wylądować z nim w wyrze. Popijaliśmy i rozmawialiśmy. Marvin miał bongosy, fortepian i trochę trawki. Jego dom był ładny i wygodny. W takim domu lepiej by mi się pisało, pomyślałem, miałbym więcej szczęścia. Zza okna dobiegał szum oceanu i nie było sąsiadów, którzy narzekaliby na stukot maszyny do pisania. Pociągałem whisky. Posiedzieliśmy jeszcze 2, 3 godziny i odjechaliśmy. Lydia skierowała się na autostradę.

— Lydio — powiedziałem. — Pieprzyłaś się z Marvinem, prawda?

— O czym ty mówisz?

— A o tym, że kiedyś sama złożyłaś mu nocną wizytę.

— Odczep się, nie chcę o tym słyszeć!

— Cóż, kiedy to prawda, pieprzyłaś się z nim!

— Posłuchaj, nie będę tego dłużej znosić. Przestań!

— Pieprzyłaś się z nim.

Angela wyglądała na przestraszoną. Lydia zjechała na pobocze, zatrzymała wóz i pchnięciem otworzyła drzwi z mojej strony.

— Wysiadaj! — wrzasnęła.

Wysiadłem. Samochód odjechał. Ruszyłem poboczem przed siebie. Wyciągnąłem piersiówkę i pociągnąłem łyk. Maszerowałem przez jakieś 5 minut, kiedy podjechał do mnie pomarańczowy „potwór" Lydii. Otworzyła drzwi.

— Wsiadaj.

Wsiadłem.

— Tylko nie mów ani słowa.

— Pieprzyłaś się z nim. Jestem pewien.

— O Chryste!

Zjechała ponownie na pobocze i pchnęła drzwi z mojej strony.

— Wysiadaj!

Wysiadłem. Szedłem przez jakiś czas, aż dotarłem do zjazdu z autostrady prowadzącego na jakąś wyludnioną ulicę. Było bardzo ciemno. Zajrzałem w okna kilku domów. Najwidoczniej znalazłem się w dzielnicy czarnych. Dostrzegłem jakieś światła na skrzyżowaniu przede mną. Stał tam kiosk z hot dogami. Podszedłem. Za ladą stał czarnoskóry facet. W pobliżu nie było żywej duszy. Zamówiłem kawę.

— Przeklęte baby — powiedziałem do niego. — Są całkiem niepoczytalne. Moja dziewczyna wysadziła mnie na autostradzie. Napijesz się?

— Jasne.

Pociągnął zdrowo i oddał mi flaszkę.

— Masz telefon? — spytałem. — Zapłacę.

— Czy to miejscowa rozmowa?

— Tak.

— Nie musisz płacić.

Wyjął aparat telefoniczny spod lady i podsunął mi. Pociągnąłem z butelki i podałem mu. Znów golnął sobie ostro.

Zadzwoniłem do firmy Yellow Cab i podałem im adres. Mój nowy kumpel miał miłą, inteligentną twarz. Dobroć można niekiedy znaleźć w środku piekła. Czekając na taksówkę, zabijaliśmy czas, podając sobie z rąk do rąk butelkę. Kiedy nadjechała taksówka, usiadłem z tyłu i podałem kierowcy adres Nicole.

23

Potem urwał mi się film. Pewnie wypiłem więcej whisky, niż sądziłem. Nie pamiętam, jak dotarłem do Nicole. Rano obudziłem się w nieznanym mi łóżku, odwrócony do kogoś plecami. Spojrzałem na przeciwległą ścianę, na której wisiała ozdobna litera N. Musiała oznaczać „Nicole". Zebrało mi się na wymioty. Poszedłem do łazienki. Skorzystałem ze szczoteczki do zębów Nicole, zakrztusiłem się. Umyłem twarz, uczesałem się, wysrałem, umyłem ręce i wypiłem dużo wody prosto z kranu, po czym wróciłem do łóżka. Nicole wstała, zrobiła sobie poranną toaletę i przyszła do mnie. Zwróciła ku mnie twarz. Zaczęliśmy się całować i pieścić.

Jestem właściwie niewinny, Lydio — pomyślałem. — Na swój sposób pozostaję ci wierny.

Żadnego seksu oralnego. Mój żołądek był zbyt poruszony. Wsunąłem się na byłą żonę sławnego lekarza. Na tę wykształconą podróżniczkę. Na półce miała książki sióstr Brontë. Oboje lubiliśmy też Carson McCullers. *Serce to samotny myśliwy*. Pchnąłem ją dość bezceremonialnie 3 lub 4 razy. Jęknęła. Teraz ma okazję poznać z bliska pisarza. Wprawdzie niezbyt znanego pisarza, ale przecież udaje mi się opłacać komorne, co mnie samego zadziwia. Pewnego dnia trafi na karty jednej z moich książek. Pierdoliłem ostro tę dziwkę zbzikowaną na punkcie kultury. Czułem, że zbliża się orgazm. Wsunąłem język w jej usta, pocałowałem ją i doszedłem. Sturlałem się z niej, czując się trochę głupio. Tuliłem ją przez chwilę, a potem ona poszła do łazienki. Może lepiej pieprzyłaby się w Grecji. Jeśli idzie o erotyczne igraszki, Ameryka jest po prostu do dupy.

Odwiedzałem Nicole 2, 3 razy w tygodniu, zwykle wczesnym popołudniem. Piliśmy wino, rozmawialiśmy, a później szliśmy do łóżka. Nawet nie tak bardzo mnie rajcowała, ale przynajmniej miałem coś do roboty. Następnego dnia pogodziłem się z Lydią. Wypytywała mnie, co robiłem popołudniami.

— Chodziłem do supermarketu — odpowiadałem.

Była to najświętsza prawda. Zawsze najpierw szedłem do supermarketu.

— Nie pamiętam, żebyś tak długo przesiadywał w supermarkecie.

Pewnego wieczoru zalałem się w dym i wspomniałem Lydii o tym, że znam Nicole. Wyznałem jej, gdzie mieszka, dodając na wszelki wypadek, że „niewiele między nami zaszło". Sam nie wiem, dlaczego to zrobiłem, ale kiedy człowiek pije, rzadko zachowuje zdolność logicznego myślenia...

Pewnego popołudnia prosto ze sklepu monopolowego skierowałem się do Nicole. Niosłem ze sobą karton z 6 butelkami piwa i flaszkę whisky. Znów pokłóciliśmy się z Lydią i postanowiłem spędzić noc z Nicole. Szedłem sobie spokojnie, odrobinę już wstawiony, kiedy usłyszałem, jak ktoś podbiega do mnie z tyłu. Odwróciłem się. To była oczywiście Lydia.

— Ha! — wykrzyknęła. — Ha!

Wyrwała mi z ręki torbę z alkoholem i zaczęła wyciągać butelki piwa. Roztrzaskiwała jedną po drugiej na chodniku. Eksplodowały z hukiem. Santa Monica Boulevard jest bardzo ruchliwym miejscem. Właśnie zaczynał się popołudniowy szczyt. Wszystko to działo się tuż przed drzwiami Nicole. W końcu Lydia doszła do butelki whisky. Uniosła ją do góry i wykrzyknęła triumfalnie:

— Ha! Miałeś zamiar to wychlać, a potem ją PIEPRZYĆ!

Roztrzaskała whisky na chodniku. Drzwi do Nicole były otwarte i Lydia wbiegła po schodach. Nicole stała u szczytu schodów. Lydia zaczęła okładać Nicole swoją wielką torbą na długim pasku. Wywijała nią z całych sił.

— To *mój* facet! *Mój!* Trzymaj się od niego z daleka!

Po chwili przebiegła obok mnie i wypadła na ulicę.

— Dobry Boże! — wykrzyknęła Nicole. — Kto to był?

— Lydia. Daj mi miotłę i dużą papierową torbę.

Wróciłem na ulicę i zacząłem zmiatać odłamki szkła, wrzucając je do torby. Tym razem ta dziwka posunęła się za daleko, pomyślałem. Pójdę kupić kilka flaszek. Zostanę na noc z Nicole, może nawet na kilka nocy.

Stałem pochylony, zbierając okruchy szkła, kiedy usłyszałem za sobą dziwny dźwięk. Obejrzałem się. Za kierownicą „potwora" siedziała Lydia. Jechała chodnikiem prosto na mnie, z prędkością jakichś 30 mil na godzinę. Odskoczyłem na bok i wóz przemknął może o cal ode mnie. Dojechała chodnikiem do pierwszej przecznicy, sturlała się z krawężnika, pomknęła dalej ulicą, na najbliższym skrzyżowaniu skręciła w prawo i już jej nie było.

Wróciłem do zmiatania szkła. Kiedy wszystko już uprzątnąłem, sięgnąłem do swojej papierowej torby i znalazłem jedną nieuszkodzoną butelkę piwa. Wyglądała bardzo dobrze. To piwo było mi naprawdę potrzebne. Miałem już zdjąć kapsel, kiedy ktoś wyrwał mi butelkę z ręki. To znów Lydia. Podbiegła do drzwi mieszkania Nicole i rzuciła butelką w ich oszkloną część. Cisnęła ją z taką siłą, że butelka przeszła przez szybę jak pocisk, nie roztrzaskując szkła, tylko zostawiając niewielki, okrągły otwór.

Lydia oddaliła się biegiem, a ja wszedłem po schodach. Nicole nadal tam stała.

— Na Boga, Chinaski, idź sobie, zanim ona wszystkich pozabija!

Odwróciłem się na pięcie i zszedłem po schodach. Lydia siedziała w swoim aucie z włączonym silnikiem. Otworzyłem drzwi i wsiadłem. Odjechała. Żadne z nas nie powiedziało ani słowa.

24

Zacząłem dostawać listy od pewnej dziewczyny z Nowego Jorku. Miała na imię Mindy. Wpadło jej w ręce kilka moich książek, ale najbardziej podobało mi się w jej listach to, że rzadko wspominała o literaturze, co najwyżej po to, by podkreślić, że sama nie jest pisarką. Pisała dość ogólnikowo, głównie o mężczyznach i seksie. Miała 25 lat, nie używała maszyny do pisania, a charakter jej pisma świadczył o osobowości silnej, niepozbawionej rozsądku i poczucia humoru. Chętnie jej odpisywałem i zawsze mnie cieszyło, gdy znalazłem w skrzynce list od niej. Większość ludzi lepiej potrafi wypowiedzieć się w listach niż podczas rozmowy, a niektórzy potrafią pisać wręcz literackie, skrzące się pomysłami listy, ale gdy spróbują napisać wiersz, opowiadanie lub powieść, stają się pretensjonalni.

Mindy przysłała mi później kilka swoich zdjęć. Jeśli wiernie przedstawiały jej liczko, była całkiem, całkiem. Pisywaliśmy do siebie jeszcze przez kilka tygodni, a potem wspomniała, że wkrótce weźmie dwa tygodnie urlopu.

— Może przylecisz tutaj? — zaproponowałem.
— Zgoda.

Zaczęliśmy do siebie telefonować. W końcu podała mi datę i godzinę swego przylotu do Los Angeles.

— Wyjadę po ciebie na lotnisko — obiecałem. — Nic mnie nie powstrzyma.

25

Pamiętałem o tym spotkaniu. Nigdy nie miałem problemów z doprowadzeniem do rozstania z Lydią. Byłem z natury samotnikiem, zadowolonym z tego, że żyję z kobietą, jadam z nią, sypiam, spaceruję ulicami. Nie pragnąłem rozmów ani wypraw dokądkolwiek, chyba że chodziło o wyścigi konne lub mecze bokserskie. Nie rozumiałem telewizji. Wydawało mi się głupie, żeby płacić za pójście do kina, siedzieć tam pośród obcych i wspólnie coś z nimi przeżywać. Przyjęcia przyprawiały mnie o mdłości. Nienawidziłem tych gierek, intryg, flirtów, pijaków-nieudaczników i hord zwykłych nudziarzy.

Tymczasem przyjęcia, tańce i banalne pogaduszki wprost elektryzowały Lydię. Uważała się za dziewczynę niezwykle atrakcyjną. Tyle że zbytnio się z tym obnosiła. Tak więc nasze kłótnie często brały się stąd, że moje pragnienie: „żadnych ludzi", kolidowało z jej pragnieniem: „jak najwięcej ludzi, i to jak najczęściej".

Na kilka dni przed przyjazdem Mindy zabrałem się do wywołania sprzeczki. Leżeliśmy w łóżku.

— Lydio, Jezus Maria, dlaczego jesteś taka tępa? Czy nie rozumiesz, że jestem odludkiem? Muszę taki być, żeby pisać.

— Jak możesz dowiedzieć się czegoś o ludziach, skoro się z nimi nie spotykasz?

— Wszystko już o nich wiem.

— Nawet kiedy idziemy do restauracji, masz spuszczoną głowę, *nie patrzysz* na nikogo.

— Po co mam się wkurzać?
— Ja *obserwuję* ludzi. Pilnie im się przypatruję.
— Kurwa, daj spokój!
— Boisz się ludzi!
— Nienawidzę ich.
— Jak możesz być pisarzem? Za grosz nie masz daru obserwacji!
— No dobra, nie zwracam uwagi na ludzi, ale jestem w stanie utrzymać się z pisania. To lepsze od wypasania owiec.
— Nie przetrwasz w tym fachu. Nigdy nie odniesiesz sukcesu. Źle się do tego zabierasz.
— Właśnie dlatego jakoś mi się udaje.
— Udaje ci się? A któż, do diabła, słyszał o tobie? Czy jesteś sławny jak *Mailer*? Jak *Capote*?
— Oni nie potrafią pisać.
— Ale ty potrafisz! Tylko ty, Chinaski, umiesz pisać!
— Tak, właśnie tak to widzę.
— Zdobyłeś sławę? Gdybyś pojechał do Nowego Jorku, czy ktoś by cię poznał na ulicy?
— Posłuchaj, nie dbam o to. Chcę tylko dalej pisać. Niepotrzebne mi fanfary.
— Och, nie udawaj, chętnie byś ich posłuchał.
— Może.
— Lubisz udawać, że już jesteś sławny.
— Zawsze tak się zachowywałem, zanim jeszcze zacząłem pisać.
— Jesteś najmniej znanym sławnym facetem, jakiego znam.
— Po prostu brak mi ambicji.
— Wcale nie, jesteś tylko leniwy. Chcesz zdobyć wszystko bez wysiłku. A tak w ogóle, to kiedy ty piszesz? Kiedy, co? Wiecznie tylko wylegujesz się w wyrze, chlejesz bez opamiętania albo grasz na wyścigach.
— Nie wiem. To nieważne.
— Co w takim razie jest ważne?
— Ty mi powiedz.
— Dobrze, powiem ci, co jest ważne! Od dawna nie urządziliśmy żadnego przyjęcia. Od dawna nie widziałam żadnych

ludzi. Ja LUBIĘ ludzi! Moje siostry UWIELBIAJĄ przyjęcia! Przejechałyby tysiąc mil, żeby trafić na przyjęcie! Tak nas wychowano w Utah! Przyjęcia to nic złego. Ludzie po prostu *rozluźniają się* i dobrze się bawią! A ty wbiłeś sobie do łba jakieś bzdury i uważasz, że dobra zabawa musi kończyć się *dymaniem*! Jezu, inni ludzie zachowują się *przyzwoicie*! Po prostu nie umiesz się bawić!

— Nie lubię ludzi.

Lydia wyskoczyła z łóżka.

— Jezu, rzygać mi się chce, gdy cię słucham!

— W porządku, dam ci trochę luzu.

Opuściłem nogi na podłogę i zacząłem wkładać buty.

— Trochę luzu? Co przez to rozumiesz?

— Chcę powiedzieć, że się wynoszę!

— Dobrze, ale posłuchaj, jeśli teraz wyjdziesz, nigdy mnie już nie zobaczysz!

— Zgoda — uciąłem dyskusję.

Wstałem, podszedłem do drzwi, otworzyłem je, zamknąłem za sobą i skierowałem się do swego volkswagena garbusa. Włączyłem silnik i odjechałem. Cóż, zrobiłem trochę miejsca dla Mindy.

26

Siedziałem na lotnisku, czekając na jej samolot. Byłem zdenerwowany jak diabli. Nie można polegać na zdjęciach, nigdy nie można mieć pewności. Chciało mi się rzygać. Zapaliłem papierosa i zakrztusiłem się. Po co robię takie rzeczy? Wcale jej teraz nie chcę. A ona przylatuje aż z Nowego Jorku. Przecież znam wiele kobiet. Po co mi ciągle nowe? Co usiłuję osiągnąć? Nowe przygody są ekscytujące, ale oznaczają też ciężką harówę. W pierwszym pocałunku i w pierwszym stosunku tkwi pewna doza dramatyzmu. Ludzie z początku wydają się interesujący, ale potem, stopniowo, lecz nieodwracalnie, wychodzą na jaw wszystkie ich wady i odchylenia od normy. Kobiety. Zawsze w końcu przestaję je obchodzić, a i one tracą dla mnie znaczenie.

Jestem stary i brzydki. Może właśnie dlatego tak lubię wsadzać młodym dziewczętom. Jestem King Kongiem, a one kruchymi, delikatnymi istotami. Czy w ten sposób próbuję się wymknąć i wyruchać śmierć? Czy szukając towarzystwa młodych dziewcząt, próbuję zachować poczucie, że stawiam opór upływowi czasu, że nie jestem jeszcze taki stary? Po prostu nie chcę brzydko stetryczeć, poddać się, stać się martwy jeszcze przed nadejściem śmierci.

Samolot Mindy wylądował i podkołował do budynku terminalu. Czułem, że jestem w niebezpieczeństwie. Kobiety zdążyły już mnie poznać, czytały przecież moje książki. Odkrywałem się. Tymczasem ja nic o nich nie wiedziałem. Byłem prawdziwym hazardzistą. Mogłem zostać zgładzony albo stracić jaja. Chinaski bez jaj. *Liryki miłosne eunucha.*

Stałem, czekając na Mindy. Pasażerowie zaczęli wychodzić przez bramkę.

Och, mam nadzieję, że to nie ta.

Ani ta.

A tym bardziej ta.

O, ta byłaby w porządku! Spójrz tylko na te nogi, tę dupcię, te oczy...

Jedna z nich szła w moją stronę. Miałem nadzieję, że to ona. Była najlepsza z całego stadka. Niemożliwe, żebym miał aż takie szczęście. Podeszła do mnie z uśmiechem na ustach.

— Jestem Mindy.

— Cieszę się, że to ty jesteś Mindy.

— Ja się cieszę, że to ty jesteś Chinaski.

— Musimy zaczekać na twój bagaż?

— Tak, przywiozłam mnóstwo ciuchów.

— Poczekajmy więc w barze.

Znaleźliśmy wolny stolik. Mindy zamówiła wódkę z tonikiem, ja wódkę z 7-Up. Działamy prawie na tej samej fali. Podałem jej ogień. Wyglądała wspaniale. Niemal dziewiczo. Nie wierzyłem własnym oczom. Była niską, doskonale zbudowaną blondynką. Miała w sobie więcej naturalności niż wyrachowania. Odkryłem, że łatwo mi przychodzi patrzeć w jej błękitnozielone oczy. W jej uszach połyskiwały dwa malutkie kolczyki. I była na wysokich obcasach. Powiedziałem jej kiedyś, że podniecają mnie wysokie obcasy.

— I co, boisz się? — zapytała.

— Już nie tak bardzo. Podobasz mi się.

— Wyglądasz o wiele lepiej niż na zdjęciach. Wcale nie jesteś brzydki.

— Dzięki.

— Och, nie twierdzę, że jesteś przystojny, przynajmniej nie w potocznym wyobrażeniu. Ale masz taką ujmującą twarz. A twoje oczy... Są po prostu piękne. Dzikie, szalone, jakby należały do jakiegoś zwierzęcia osaczonego przez pożar lasu. Boże, coś w tym rodzaju. Nie umiem ładnie mówić.

— Uważam, że jesteś śliczna. I bardzo miła. Czuję się świetnie w twoim towarzystwie. Chyba dobrze się stało, że jesteśmy razem. Wypij. Przyda nam się jeszcze jedna kolejka. Jesteś taka jak twoje listy.

Wypiliśmy następnego drinka i poszliśmy odebrać bagaż. Dumny byłem, że mam obok siebie Mindy. Stąpała z gracją, miała klasę. Tyle kobiet o niezłych ciałach po prostu człapie, garbiąc się jak objuczone wielbłądy. Mindy płynęła.

To zbyt piękne, żeby było prawdziwe, powtarzałem sobie bezgłośnie. To niemożliwe, nieprawdopodobne.

Gdy znaleźliśmy się u mnie, Mindy wykąpała się i przebrała. Wyszła z łazienki w jasnoniebieskiej sukience. Zmieniła odrobinę uczesanie. Usiedliśmy na kanapie z wódką i koktajlami.

— Cóż, nadal się boję — powiedziałem. — Chyba muszę się trochę upić.

— Twoje mieszkanie wygląda tak, jak je sobie wyobrażałam.

Patrzyła na mnie z uśmiechem. Wyciągnąłem rękę i dotknąłem jej karku, przygarnąłem ją do siebie i leciutko pocałowałem.

Zadzwonił telefon. Lydia.

— Co porabiasz?

— Mam gościa.

— To kobieta, prawda?

— Lydio, nasz związek to przeszłość. Dobrze o tym wiesz.

— TO KOBIETA, PRAWDA?

— Tak.

— No cóż, nie ma sprawy.

— Nie ma sprawy. Do widzenia.

— Do widzenia.

Jej ton nagle złagodniał. Poczułem się lepiej. Jej gwałtowność mnie przerażała. Zawsze twierdziła, że to ja jestem zazdrosny, i rzeczywiście często bywałem, ale kiedy widziałem, że okoliczności sprzysięgły się przeciwko mnie, zniechęcałem się i dawałem za wygraną. Lydia była inna. Zawsze reagowała ostro. Grała pierwsze skrzypce w Orkiestrze Wielkiej

Przemocy. Tym razem jednak w jej głosie pobrzmiewała tylko rezygnacja, ani śladu rozwścieczenia. Znałem ten głos.
— Moja eks — wyjaśniłem Mindy.
— To już skończone?
— Tak.
— Czy ona wciąż cię kocha?
— Tak sądzę.
— To znaczy, że nic nie jest skończone.
— Jest.
— Mam zostać?
— Oczywiście. Proszę.
— Czy ty nie chcesz mnie wykorzystać? Czytałam te wszystkie twoje wiersze miłosne... dla Lydii.
— *Byłem* zakochany. I naprawdę nie chcę cię wykorzystać.

Mindy przytuliła się i pocałowała mnie. Był to długi pocałunek. Mój kutas podniósł się ochoczo. Ostatnio zażywałem dużo witaminy E. Miałem własne przemyślenia na temat seksu. Bez przerwy byłem napalony i ciągle się masturbowałem. Po nocach kochałem się z Lydią, a rano wracałem do domu i zaczynałem się zawzięcie brandzlować. Myśl o seksie jako o czymś zakazanym niesłychanie mnie podniecała. Zupełnie jakby jedno zwierzę zmuszało drugie do podporządkowania się jego woli.

Kiedy się spuszczałem, miałem wrażenie, że tryskam spermą na wszystko, co przyzwoite, że ścieka ona nawet na głowy i dusze moich nieżyjących rodziców. Gdybym urodził się kobietą, z pewnością zostałbym prostytutką. Ponieważ jestem mężczyzną, nieustannie pożądam kobiety. Im dłużej tkwiła w rynsztoku, tym lepiej. A przecież kobiety — uczciwe kobiety — przerażają mnie, ponieważ w ostatecznym rozrachunku pragną mojej duszy, a ja chcę zachować dla siebie to, co z niej zostało. W gruncie rzeczy tęsknię za prymitywnymi dziwkami, odpornymi i nieokrzesanymi właśnie dlatego, że niczego dobrego nie można się po nich spodziewać, a i one niczego nie oczekują. Kiedy odchodzą, człowiek nie odczuwa straty. A przecież jednocześnie pragnę kobiety łagodnej i wrażliwej, pomimo niesłychanej ceny, jaką przychodzi nieraz za to płacić. Tak czy inaczej, znajduję się na straconej pozycji. Silny facet zrezygnowałby z obu tych możliwości. Nie byłem jednak dostatecznie silny, toteż wciąż zmagałem się z kobietami, z samą istotą kobiecości.

Wysączyliśmy flaszkę i poszliśmy do łóżka. Całowałem Mindy przez chwilę, potem przeprosiłem ją i odsunąłem się. Byłem zbyt napruty, żeby coś z tego wyszło. Też mi kochanek! Obiecałem jej wiele niezapomnianych doznań w najbliższej przyszłości i zasnąłem, obejmując ją przytuloną do mego boku.

O poranku czułem się dosyć paskudnie. Spojrzałem na Mindy leżącą nago obok mnie. Nawet teraz, po ostrej popijawie, wyglądała urzekająco. Nigdy nie znałem młodej dziewczyny, która byłaby tak piękna, a zarazem tak łagodna i inteligentna. Co się stało z jej mężczyznami? W czym ją zawiedli?

Poszedłem do łazienki, chcąc doprowadzić się do ładu. Ogoliłem się i natarłem kremem po goleniu. Zmoczyłem włosy i uczesałem się. Otworzyłem lodówkę, wyjąłem 7-Up i wypiłem całą puszkę.

Wróciłem do łóżka. Mindy była gorąca, ciało miała rozpalone. Wyglądała na pogrążoną we śnie. Spodobało mi się to. Delikatnie muskałem ją wargami. Mój korzeń zaczął się prężyć i rozrastać. Czułem jej piersi na swoim ciele. Zacząłem ssać jedną sutkę. Czułem, jak twardnieje. Mindy poruszyła się. Sięgnąłem ręką w dół, powoli przesuwałem dłonią po jej gładkim brzuchu, zmierzając w kierunku szparki. Zacząłem delikatnie pocierać jej cipkę.

Zupełnie jakby otwierać pączek róży, pomyślałem. Tak, to ma sens. Jest dobre. Jak dwa owady w ogrodzie zbliżające się powoli do siebie. Samiec roztacza swoją magię. Samiczka powoli się otwiera. O tak, lubię to. Dwa owady. Mindy się otwiera, robi się wilgotna. Jest piękna. Kładę się na niej. Wsuwam go, z ustami na jej ustach.

27

Piliśmy przez cały dzień i wieczorem znów spróbowałem kochać się z Mindy. Z konsternacją odkryłem, że ma dużą cipę. Największy rozmiar. Nie zauważyłem tego poprzedniego wieczoru. Tragedia. Kobieta nie może mieć większej wady. Zasuwałem jak głupi. Mindy leżała pode mną i wyglądało na to, że jest jej przyjemnie. Na Boga, miałem nadzieję, że tak jest naprawdę. Zacząłem się pocić. Rozbolały mnie plecy. Byłem rozgorączkowany, półprzytomny, niemal chory. Jej cipa robiła się coraz większa. Nic nie czułem. Tak jakbym próbował rżnąć wielką papierową torbę. Ledwie dotykałem ścianek pochwy. Koszmar, ciężka harówa bez żadnej nagrody. Czułem się jak potępieniec. Nie chciałem zranić jej uczuć. Rozpaczliwie pragnąłem osiągnąć orgazm. Wiedziałem, że to nie z powodu picia. Spisywałem się lepiej niż większość facetów zaglądających do kieliszka. Słyszałem, jak wali mi serce. Czułem, jak łomocze. Czułem je w piersi. Czułem je w gardle. Czułem je w głowie. Nie mogłem już dłużej. Sturlałem się z niej z jękiem.

— Przepraszam, Mindy. Jezu, przykro mi.
— Nic nie szkodzi, Hank.

Przewróciłem się na brzuch. Czułem odór własnego potu. Wstałem i nalałem dwa drinki. Usiedliśmy obok siebie w łóżku i popijaliśmy. Nie byłem w stanie pojąć, jak udało mi się dojść za pierwszym razem. Mieliśmy problem. Całe to piękno, ta łagodność i dobroć, a mimo to mieliśmy problem. Nie byłem w stanie jej wyjaśnić, w czym rzecz. Nie wiedziałem, jak jej powiedzieć, że ma za dużą cipę. Może nikt nigdy nie zwrócił jej na to uwagi.

— Pójdzie mi lepiej, jeśli nie będę tyle pił — powiedziałem.

— Nie martw się, Hank.

— W porządku.

Zaczęliśmy zapadać w drzemkę lub udawaliśmy, że śpimy. W końcu naprawdę zasnąłem...

28

Mindy spędziła u mnie tydzień. Przedstawiłem ją swoim znajomym. Ale problem pozostał nierozwiązany. Nie mogłem mieć orgazmu. Jej to chyba nie przeszkadzało. Dziwna sprawa.

Pewnego dnia, około jedenastej wieczorem, Mindy popijała we frontowym pokoju i wertowała jakieś pismo. Leżałem na łóżku w samych gatkach, trochę już wstawiony, paliłem papierosa za papierosem, a na krześle obok stała pełna szklanka. Tępo wpatrywałem się w niebieski sufit, nie czując nic i nie myśląc o niczym.

Rozległo się pukanie do drzwi.

— Mam otworzyć? — zapytała Mindy.

— Jasne.

Słyszałem, jak otwiera drzwi, a za chwilę dobiegł mnie głos Lydii.

— Wpadłam obejrzeć sobie moją rywalkę.

Och, jakie to *sympatyczne*, pomyślałem. Wstanę i naleję im obu drinki, zaczniemy je sączyć i rozmawiać. Lubię, kiedy moje kobiety rozumieją się nawzajem.

Usłyszałem głos Lydii:

— Och, jakie *słodkie* maleństwo!

Po chwili Mindy wrzasnęła. Potem Lydia. Słyszałem szamotaninę, jęki, odgłosy walki, łomot przewracanych mebli. Mindy wydała z siebie jakiś przeraźliwy skowyt, konwulsyjny jęk ofiary. Lydia ryknęła jak tygrysica rozszarpująca zdobycz. Wyskoczyłem z łóżka. Chciałem je rozdzielić. Pobiegłem w gatkach do frontowego pokoju. Istne szaleństwo — dwie furie ciągnęły się za włosy, wierzgały, wbijały w siebie szpony i opluwały się zapamiętale. Podbiegłem, żeby je spacyfikować. Potknąłem się jednak o swój but i runąłem na podłogę. Mindy wybiegła z mieszkania, Lydia ruszyła za nią. Pomknęły w stronę ulicy. Usłyszałem jeszcze jeden dziki ryk.

Minęło kilka minut. Wstałem i zamknąłem drzwi. Najwyraźniej Mindy zdołała uciec, bo nagle wtoczyła się Lydia.

Opadła na krzesło stojące tuż przy drzwiach. Spojrzała na mnie.

— Przepraszam. Posikałam się.

Rzeczywiście — miała ciemną plamę w kroczu i zmoczoną jedną nogawkę spodni.

— Nic nie szkodzi.

Nalałem jej drinka, siedziała, trzymając go w ręku. Ja nie mogłem utrzymać swojego w dłoni. Żadne z nas się nie odzywało. Po jakimś czasie rozległo się pukanie. Wstałem i otworzyłem drzwi. Mój wielki, biały, sflaczały brzuch wylewał się znad gumki od gatek. W drzwiach stało dwóch policjantów.

— Witam — powiedziałem.

— Otrzymaliśmy telefon w sprawie zakłócania porządku.

— To tylko drobna sprzeczka rodzinna — wyjaśniłem.

— Znamy kilka szczegółów — powiedział gliniarz stojący bliżej mnie. — Zdaje się, że chodzi o dwie kobiety.

— Tak to zwykle bywa.

— W porządku — rzucił gliniarz. — Chcę tylko zadać panu jedno pytanie.

— Proszę bardzo.

— Którą z tych kobiet życzy pan sobie zatrzymać?

— Wezmę tę — wskazałem siedzącą na krześle zasikaną Lydię.

— Jest pan pewien?

— Tak.

Gliniarze poszli sobie, a ja znowu byłem z Lydią.

29

Następnego ranka zadzwonił telefon. Lydia wróciła już do siebie. Dzwonił Bobby, ten chłopak, który mieszkał o przecznicę dalej i pracował w księgarni porno.

— Jest u mnie Mindy. Chce, żebyś przyszedł z nią porozmawiać.

— W porządku.

Poszedłem tam z 3 flaszkami piwa. Mindy miała na nogach pantofle na wysokich obcasach i ubrana była w przejrzystą czarną sukienkę od Fredericka, która wyglądała jak strój lalki. Widać było jej czarne majtki. Nie miała na sobie stanika. Valerie nie było. Usiadłem, odkręciłem kapsle na butelkach i podałem im po jednej.

— Wracasz do Lydii, Hank? — spytała Mindy.

— Przepraszam, ale tak. Właściwie już wróciłem.

— To było paskudne. Myślałam, że twój związek z Lydią to już przeszłość.

— Ja też tak myślałem, ale te sprawy bywają skomplikowane.

— Wszystkie ubrania mam u ciebie. Będę musiała po nie przyjść.

— Jasne.

— Jesteś pewien, że jej tam nie ma?

— Tak.

— Ta kobieta zachowuje się jak krewki facet.

— Nie wydaje mi się, żeby taka była.

Mindy wstała, by pójść do łazienki. Bobby spojrzał na mnie.

— Zerżnąłem ją. Nie miej jej tego za złe. Nie miała dokąd iść.
— Nie mam jej tego za złe.
— Valerie zabrała ją do Fredericka, żeby poprawić jej nastrój. Kupiła jej nowe ciuchy.
Mindy wróciła z łazienki. Widać było, że płakała.
— Mindy, muszę już iść.
— Przyjdę później po ubrania.
Wstałem i wyszedłem. Mindy wyszła za mną.
— Obejmij mnie — poprosiła.
Objąłem ją. Płakała.
— Powiedz, że *nigdy* mnie nie zapomnisz... *przenigdy*!

Wróciłem do siebie, zastanawiając się, czy Bobby naprawdę zerżnął Mindy. Bobby i Valerie często próbowali urozmaicać sobie życie. Nie obchodził mnie ich brak wzajemnego uczucia. Irytował natomiast sposób, w jaki traktują seks — bez śladu jakichkolwiek emocji. Była to dla nich równie zdawkowa czynność jak dla kogoś innego ziewnięcie lub ugotowanie ziemniaków.

30

Chcąc udobruchać Lydię, zgodziłem się pojechać z nią do jej rodzinnej miejscowości Muleshead w Utah. Jej siostra rozbiła namiot gdzieś w górach. Siostrzyczki były właścicielkami naprawdę sporego kawałka ziemi. Odziedziczyły ją po ojcu. Glendoline zamieszkała w lesie w namiocie. Pracowała nad powieścią *Dzikuska z gór*. Pozostałe siostry miały zjawić się lada dzień. Przyjechaliśmy z Lydią jako pierwsi. Mieliśmy mały namiocik. Jakoś wcisnęliśmy się do niego pierwszego wieczoru, a komary wcisnęły się wraz z nami. Koszmarna noc.

Następnego ranka siedzieliśmy wokół ogniska. Glendoline gotowała z Lydią śniadanie. Przed wyjazdem kupiłem prowiantu za 40 dolarów, w tym kilka kartonów piwa. Butelki chłodziły się teraz w górskim strumieniu. Zjedliśmy śniadanie. Pomogłem im zebrać naczynia, a potem Glendoline przyniosła swoją powieść i zaczęła nam czytać fragmenty. Książka nie była taka zła, ale bardzo dyletancko napisana i wymagała wielu poprawek. Glendoline zakładała, że jej życie fascynuje czytelnika w tym samym stopniu, co ją samą, a to śmiertelny grzech. Inne śmiertelne grzechy, jakie popełniła, były tak liczne, że nie sposób ich wymienić.

Poszedłem do strumienia i wróciłem z 3 butelkami piwa. Dziewczyny podziękowały, jakoś nie miały ochoty. Były bardzo niechętnie nastawione do piwa. Rozmawialiśmy o powieści Glendoline. Moim zdaniem każdy, kto chce czytać innym na głos swoją powieść, jest podejrzany. Jeśli nie jest to stary, dobrze znany pocałunek śmierci, to cóż nim jest?

Temat rozmowy się zmienił i dziewczęta zaczęły paplać o mężczyznach, przyjęciach, tańcach i seksie. Glendoline mówiła wysokim, podnieconym głosem i niemal bez przerwy śmiała się nerwowo. Miała czterdzieści parę lat, była dość otyła i bardzo niezdarna. Poza tym była po prostu brzydka, zupełnie jak ja.

Glendoline gadała chyba przez godzinę, wyłącznie na temat seksu. Zaczęło mnie mdlić. Wymachiwała rękami nad głową.

— JESTEM DZIKUSKĄ Z GÓR! O GDZIEŻ, GDZIEŻ JEST FACET, PRAWDZIWY MĘŻCZYZNA, KTÓRY BĘDZIE MIAŁ ODWAGĘ MNIE WZIĄĆ?

Cóż, pomyślałem, z pewnością tu go nie ma. Spojrzałem na Lydię.

— Chodźmy na spacer — zaproponowałem.

— Nie mam ochoty. Chcę przeczytać tę książkę.

Opasłe tomisko nosiło tytuł *Miłość i orgazm — rewolucyjny klucz do seksualnego zaspokojenia*.

— W porządku. Pójdę sam.

Skierowałem się w stronę górskiego strumienia. Sięgnąłem po następne piwo, otworzyłem i zacząłem je sączyć bez pośpiechu. Oto tkwiłem w górach, osaczony przez dwie zwariowane baby. Mogły odebrać całą radość z dymania, gadając o nim bez ustanku. Ja też lubiłem się pieprzyć, ale nie robiłem z tego religii. Zbyt wiele jest w tym śmieszności i tragizmu. Ludzie nie za bardzo wiedzą, jak sobie z tym poradzić. Czynią więc z seksu zabawkę. Zabawkę, która ich niszczy.

Najważniejsze, pomyślałem, to znaleźć odpowiednią kobietę. Ale jak? Miałem ze sobą czerwony notes i pióro. Zapisałem w nim refleksyjny wiersz. Potem poszedłem nad jezioro. „Pastwiska Vance'a" — tak nazywały się te tereny. Siostry były właścicielkami większości ziemi. Poczułem, że muszę się wysrać. Ściągnąłem spodnie i przykucnąłem w krzakach, gdzie roiło się od much i komarów. Zawsze wolałem korzystać z miejskich wygód. Musiałem podetrzeć się liśćmi. Zbliżyłem się do jeziora i wsadziłem jedną stopę do wody. Zimna jak lód.

Bądź mężczyzną, stary. Wejdź.

Moja skóra była biała jak kość słoniowa. Czułem się bardzo stary i zupełnie sflaczały. Wszedłem do lodowatej wody. Zanurzyłem się po pas, potem wziąłem głęboki oddech i rzuciłem się do przodu. Cały zanurzyłem się w wodzie. Muł podniósł się z dna i oblepił mi uszy, usta, włosy. Stałem nieruchomo w tej błotnistej wodzie, szczękając zębami.

Długo czekałem, aż muł osiądzie na dno, po czym wyszedłem na brzeg. Ubrałem się i ruszyłem brzegiem jeziora. Kiedy dotarłem do jego skraju, usłyszałem coś podobnego do szumu wodospadu. Wszedłem w las, kierując się w stronę tego dźwięku. Musiałem przejść po skałach nad potokiem. Szum spadającej wody był coraz bliżej. Nade mną krążył rój much i komarów. Muchy były wielkie, wściekłe i głodne, o wiele większe od miejskich much, i potrafiły rozpoznać żarcie, kiedy się im napatoczyło.

Przedarłem się przez gęste krzaki i ujrzałem mój pierwszy, najprawdziwszy w świecie wodospad. Woda spadała z góry, przelewała się przez skalną półkę. Coś pięknego! Lała się i lała. Musiała skądś wypływać. I dokądś musiała płynąć. Do jeziora spływały pewnie ze 3 czy 4 strumienie.

W końcu znudziło mi się to obserwowanie wodospadu i postanowiłem wracać. Zdecydowałem się iść na skróty, inną trasą. Przedarłem się na przeciwległy skraj jeziora i ruszyłem w stronę naszego obozowiska. Wiedziałem w przybliżeniu, gdzie się znajduje. Miałem wciąż przy sobie swój czerwony notatnik. Zatrzymałem się i zapisałem jeszcze jeden wiersz, mniej refleksyjny, po czym ruszyłem dalej przed siebie. Szedłem długo. Obozu ani śladu. Rozejrzałem się w poszukiwaniu jeziora. Nie znalazłem go i nie miałem pojęcia, gdzie się podziało. Nagle dotarło do mnie: ZABŁĄDZIŁEM. Te napalone, zwariowane na punkcie seksu dziwki odebrały mi rozum i teraz ZABŁĄDZIŁEM. Rozejrzałem się po okolicy. W oddali góry, a wokół same drzewa i krzaki. Nie było punktu centralnego ani początkowego, żadnego związku między tym, co widziałem. Poczułem strach, prawdziwy strach. Dlaczego pozwoliłem im się wywieźć z mojego miasta, mojego Los Angeles? Człowiek mógł wezwać tam taksówkę, skorzystać z telefonu. Istniały tam rozsądne rozwiązania rozsądnych problemów.

Na mile wokół rozciągały się „Pastwiska Vance'a". Z wściekłością cisnąłem o ziemię czerwonym notesem. Też mi śmierć dla pisarza! Już widziałem te nagłówki w gazetach:

HENRY CHINASKI,
NIEZBYT POPULARNY POETA,
ZNALEZIONY MARTWY W LASACH UTAH

Zwłoki Henry'ego Chinaskiego, byłego listonosza, który został pisarzem, znalazł wczoraj w stanie rozkładu strażnik leśny W.K. Brooks Jr. W pobliżu szczątków znaleziono również mały czerwony notes, zawierający prawdopodobnie ostatnie utwory napisane przez zmarłego.

Szedłem dalej. Wkrótce znalazłem się na jakichś mokradłach. Co chwila jedna z nóg grzęzła mi aż po samo kolano i z trudem wydobywałem ją z bagna.

Dotarłem do płotu z drutu kolczastego. Wiedziałem, że nie powinienem przedzierać się przez ten płot. Nie miałem wątpliwości, że postępuję źle, ale nie widziałem innego wyjścia. Przelazłem na drugą stronę i przykładając ręce do ust, krzyknąłem z całych sił:

— LYDIO!

Żadnej odpowiedzi.

Spróbowałem znowu.

— LYDIO!

Mój głos brzmiał żałośnie. Jak głos tchórza.

Ruszyłem przed siebie. Jak miło byłoby, pomyślałem, znaleźć się znów w towarzystwie uroczych siostrzyczek, słuchać, jak śmieją się z własnej paplaniny o seksie, facetach, tańcach i przyjęciach. Jak przyjemnie byłoby usłyszeć głos Glendoline. Fajnie byłoby przesunąć ręką po długich włosach Lydii. Posłusznie zabierałbym ją na każde przyjęcie w mieście. Tańczyłbym nawet ze wszystkimi kobietami i tryskałbym gejzerem dowcipu na dowolny temat. Potrafiłbym znieść te wszystkie chore bzdury z uśmiechem na ustach. Prawie słyszałem własne słowa: „Hej, *świetna muzyka do tańca! Kto chce naprawdę iść na całość? Kto ma ochotę poszaleć?*".

Wciąż przedzierałem się przez mokradła. W końcu postawiłem stopę na suchej ziemi. Dotarłem do drogi. Była to zwykła polna droga, ale oczy roześmiały mi się na jej widok. Widziałem ślady opon i końskich kopyt. Dostrzegłem nawet druty elektryczne. Musiały gdzieś prowadzić. Wystarczyło podążać wzdłuż nich. Ruszyłem naprzód. Słońce stało wysoko na niebie, musiało być południe. Szedłem przed siebie, czując się jak głupek.

Dotarłem do przegradzającej drogę bramy, zamkniętej na kłódkę. Co to ma znaczyć? Z boku bramy znajdowała się furtka. Najwidoczniej brama miała zapobiec przechodzeniu bydła. Ale gdzie się podziewa to bydło? Gdzie jego właściciel? Może zjawia się tu co pół roku.

Rozbolał mnie czubek głowy. Dotknąłem miejsca, gdzie 30 lat temu dostałem pałką w Filadelfii. Wciąż miałem tam bliznę, która spuchła pod wpływem palącego słońca. Sterczał mi tam teraz mały rożek. Oderwałem kawałek strupa i cisnąłem go na drogę.

Szedłem jeszcze przez godzinę, wreszcie postanowiłem zawrócić. Oznaczało to ponowne przejście tej samej drogi, ale czułem, że to jedyne rozwiązanie. Zdjąłem koszulę i przykryłem nią głowę. Raz czy dwa zatrzymałem się, żeby krzyknąć:

— LYDIO!

Nie było żadnej odpowiedzi.

Po jakimś czasie dotarłem z powrotem do bramy. Wystarczyło tylko ją obejść, ale coś stało mi na drodze. Przed bramą, o jakieś 4 metry ode mnie, stał mały jelonek czy coś podobnego.

Ruszyłem wolno w jego stronę. Ani drgnął. Czy mnie przepuści? Nie wyglądał, jakby się mnie bał. Pewnie wyczuł moje niezdecydowanie i tchórzostwo. Zbliżyłem się do niego jeszcze bardziej. Nie chciał zejść mi z drogi. Miał wielkie, piękne brązowe oczy, piękniejsze od oczu wszystkich kobiet, jakie znałem. Nie do wiary. Znalazłem się o krok od niego, gotów w razie czego odskoczyć, kiedy rzucił się do ucieczki. Przemknął przez drogę i zniknął w lesie. Był w świetnej formie, naprawdę umiał biegać.

Idąc dalej drogą, usłyszałem odgłos płynącej wody. Woda była mi potrzebna. Nie można długo wytrzymać bez wody. Zszedłem z drogi i ruszyłem w kierunku tego dźwięku. Wszedłem na mały, porośnięty trawą pagórek i ujrzałem wodę wlewającą się do jakiegoś zbiornika z kilku ocementowanych rur w zaporze wodnej. Usiadłem, zdjąłem buty i skarpety, podciągnąłem spodnie i zanurzyłem nogi w wodzie. Potem polałem sobie głowę. Jeszcze później napiłem się — nie za wiele i nie za szybko — dokładnie tak, jak widziałem na filmach.

Gdy doszedłem nieco do siebie, zauważyłem pomost biegnący nad zbiornikiem. Wszedłem nań i dotarłem do dużej metalowej skrzynki przymocowanej do barierki. Była zamknięta na kłódkę. Pewnie w środku jest telefon! Mógłbym wezwać pomoc!

Znalazłem duży kamień i zacząłem walić nim w kłódkę. Nie puszczała. Co, do diabła, zrobiłby w tej sytuacji Jack London? Albo Ernest Hemingway? A Jean Genet?

Wciąż uderzałem kamieniem w kłódkę. Nie zawsze trafiałem i wtedy uderzałem boleśnie ręką o kłódkę lub skrzynkę, kalecząc się do krwi. Zebrałem się w sobie i zadałem kłódce ostatni cios. Puściła. Zdjąłem ją i otworzyłem skrzynkę. W środku nie było telefonu, tylko szeregi przełączników i potężne kable. Wsunąłem tam rękę, dotknąłem jakiegoś przewodu i dostałem niezłego kopa. Potem przestawiłem przełącznik. Usłyszałem ryk wody. Gigantyczne strumienie wystrzeliły z 3 czy 4 otworów w betonowej ścianie zapory. Poruszyłem innym przełącznikiem. Otworzyło się kilka innych otworów, uwalniając tony wody. Przestawiłem trzeci przełącznik. Puściły wszystkie śluzy. Woda runęła w dół rwącą kaskadą. Stałem, obserwując to z niemym podziwem.

Może wywołam powódź i na ratunek pospieszą mi kowboje na koniach lub w zdezelowanych furgonetkach. Widziałem już nagłówki w gazetach:

> HENRY CHINASKI,
> NIEZBYT POPULARNY POETA,
> POGRĄŻA W ODMĘTACH ŻYWIOŁU
> POLA I LASY UTAH, BY URATOWAĆ
> SWOJE DELIKATNE DUPSKO
> MIESZCZUCHA Z LOS ANGELES

Doszedłem do wniosku, że nie jest to najlepsze rozwiązanie. Ustawiłem z powrotem wszystkie przełączniki w pierwotnej pozycji, zamknąłem drzwiczki skrzynki i zawiesiłem na nich rozwaloną kłódkę.

Zostawiłem zbiornik za sobą, znalazłem inną drogę i ruszyłem nią. Wyglądała na bardziej uczęszczaną od poprzedniej. Z trudem powłóczyłem nogami. Nigdy w życiu nie byłem tak wyczerpany. Ledwo widziałem na oczy. Nagle ujrzałem idącą w moją stronę dziewczynkę. Miała około 5 lat i ubrana była w błękitną sukienkę i białe pantofelki. Chyba się przestraszyła, kiedy mnie spostrzegła. Przybrałem możliwie sympatyczny wyraz twarzy i wolno sunąłem w jej kierunku.

— Dziewczynko, nie uciekaj. Nic ci nie zrobię. ZABŁĄDZIŁEM! Gdzie są twoi rodzice? Dziewczynko, zaprowadź mnie do swoich rodziców!

Dziewczynka wskazała palcem za siebie. Stał tam samochód z przyczepą kempingową.

— Hej, zgubiłem się! — krzyknąłem. — CHRYSTE, ALE SIĘ CIESZĘ, ŻE WAS WIDZĘ!

Zza przyczepy wyszła Lydia. Włosy miała nawinięte na czerwone lokówki.

— Chodź, mieszczuchu. Zaprowadzę cię do domu — powiedziała.

— Tak się cieszę, że cię widzę, mała. Pocałuj mnie!

— Nie. Chodź za mną.

Ruszyła biegiem, z trudem za nią nadążałem.

— Spytałam tych ludzi, czy nie spotkali gdzieś jakiegoś mieszczucha — krzyknęła przez ramię. — Powiedzieli, że nie.
— Lydio, *kocham cię*!
— Chodź! Nie wlecz się z tyłu!
— Zaczekaj, Lydio. *Zaczekaj*!
Przeskoczyła przez płot z drutu kolczastego. Mnie się to nie udało. Zaplątałem się. Nie mogłem się ruszyć, jak krowa schwytana w potrzask.
— LYDIO!
Zawróciła w tych swoich czerwonych lokówkach i zaczęła pomagać mi się uwolnić z drucianych kolców.
— Poszłam twoim śladem. Znalazłam twój czerwony notes. Specjalnie zniknąłeś, bo byłeś wkurzony.
— Nie. Zabłąkałem się na skutek ignorancji i strachu. Nie jestem normalnym facetem. Jestem pełnym zahamowań pętakiem z miasta. Ot, jeszcze jeden nieudacznik, który nie ma nic do zaoferowania.
— Jezu — powiedziała. — Myślisz, że o tym nie wiem?
Uwolniła mnie od ostatniego kolca. Ruszyłem za nią. Znów byłem związany z Lydią.

31

Miałem 3 lub 4 dni do wyjazdu do Houston na wieczór autorski. Poszedłem na wyścigi, napiłem się tam trochę, po czym skierowałem się do baru na Hollywood Boulevard. Wróciłem do domu o jakiejś 9, 10 wieczorem. Idąc z sypialni do łazienki, potknąłem się o przewód telefonu. Upadłem na stalowy kant łóżka, ostry jak brzytwa. Kiedy się podniosłem, zauważyłem głęboką ranę tuż nad kolanem. Krew spływała na dywan. Przez całą drogę do łazienki ciągnąłem za sobą krwawe smugi. Zalałem krwią kafelki w łazience i zostawiałem za sobą krwawe ślady stóp.

Rozległo się pukanie do drzwi i wpuściłem Bobby'ego.
— Jezu, stary, co się stało?
— To ŚMIERĆ! Wykrwawię się na śmierć...
— Stary, lepiej zrób coś z tą nogą.

Zapukała Valerie. Krzyknęła na mój widok. Nalałem gościom i sobie drinki. Zadzwonił telefon. To Lydia.
— Lydio, kochanie, wykrwawiam się na śmierć!
— Czy to kolejny z twoich napadów histerii?
— Nie, naprawdę wykrwawiam się na śmierć. Zapytaj Valerie.

Valerie wzięła słuchawkę.
— To prawda, ma porządnie rozharatane kolano. Wszędzie pełno krwi, a on nie chce nic z tym zrobić. Lepiej przyjedź...

Kiedy weszła Lydia, siedziałem na kanapie.
— Spójrz, Lydio. To ŚMIERĆ!

Maleńkie żyłki zwisały z rany jak spaghetti. Pociągnąłem za nie. Wziąłem papierosa i strzepnąłem popiół do rany.
— Jestem MĘŻCZYZNĄ! Do licha, jestem stuprocentowym MĘŻCZYZNĄ!
Lydia poszła kupić wodę utlenioną i zalała nią ranę. Bardzo przyjemne. Z rany wypłynęła biała ciecz. Pieniła się. Lydia wlała tam jeszcze trochę wody utlenionej.
— Powinieneś pojechać do szpitala — powiedział Bobby.
— Niepotrzebny mi żaden kurewski szpital. Samo się zagoi...

Następnego dnia rana wyglądała makabrycznie. Nadal była otwarta i zaczynał się na niej tworzyć piękny strup. Poszedłem do apteki po wodę utlenioną, bandaże i sól gorzką. Napełniłem wannę gorącą wodą, wrzuciłem sól i zanurzyłem się. Zacząłem fantazjować o sobie bez nogi. Były pewne plusy:

HENRY CHINASKI JEST BEZ WĄTPIENIA
NAJWIĘKSZYM JEDNONOGIM POETĄ NA ŚWIECIE

Po południu odwiedził mnie Bobby.
— Wiesz, ile kosztuje amputacja nogi?
— 12 tysięcy dolarów.
Po wyjściu Bobby'ego zadzwoniłem do lekarza.

Poleciałem do Houston z mocno zabandażowaną nogą. Brałem antybiotyki mające zwalczyć infekcję. Lekarz wspomniał, że alkohol neutralizuje pozytywne skutki działania antybiotyków. Na wieczór autorski, odbywający się w muzeum sztuki współczesnej, przyszedłem trzeźwy. Po prezentacji kilku wierszy ktoś spośród publiczności zapytał:
— Co się stało, że nie jesteś zalany?
— Henry Chinaski nie mógł przyjechać. Jestem jego bratem Eframem — wyjaśniłem.
Przeczytałem następny wiersz, po czym przyznałem się, że biorę antybiotyki. Powiedziałem im też, że przepisy zabraniają picia alkoholu w muzeum. Ktoś z publiki przyniósł

mi piwo. Wypiłem je i przeczytałem kilka wierszy. Ktoś inny przyniósł następne. Potem już piwo popłynęło szerokim strumieniem. Wiersze stawały się coraz lepsze.

Po wieczorze odbyło się w kawiarni przyjęcie z kolacją. Prawie naprzeciw mnie siedziała absolutnie najpiękniejsza kobieta, jaką widziałem w życiu. Wyglądała jak młoda Katharine Hepburn. Miała około 22 lat i wprost promieniowała pięknem. Bez przerwy tryskałem dowcipem i nazywałem ją Katharine Hepburn. Chyba się jej to podobało. Nie spodziewałem się specjalnie, że coś z tego wyjdzie. Była z przyjaciółką. Kiedy się skończyło przyjęcie, powiedziałem do dyrektorki muzeum, Nany, u której miałem się zatrzymać:

— Będę za nią tęsknił. Jest tak nieprawdopodobnie wspaniała, że aż trudno w to uwierzyć.

— Idzie z nami.

— Nie wierzę.

...Ale później, w domu Nany, ta mała znalazła się ze mną w sypialni. Miała na sobie tylko lekką nocną koszulkę i siedziała na brzegu łóżka, rozczesując swe długie włosy i uśmiechając się do mnie.

— Jak masz na imię? — zapytałem.

— Laura.

— Posłuchaj, Lauro, będę cię nazywał Katharine.

— Dobrze — zgodziła się.

Włosy miała rudawobrązowe i bardzo długie. Była niska, ale proporcjonalnie zbudowana. Najpiękniejsza jednak była jej twarz.

— Mogę zrobić ci drinka? — spytałem.

— O nie, nie piję. Nie lubię alkoholu.

Tak naprawdę Laura mnie przerażała. Nie mogłem pojąć, co tutaj ze mną robi. Nie wyglądała na jedną z tych panienek, których chmary kręcą się wokół ludzi cieszących się jakimkolwiek rozgłosem. Poszedłem do łazienki, wróciłem i zgasiłem światło. Czułem, jak wślizguje się do łóżka obok mnie. Wziąłem ją w ramiona i zaczęliśmy się całować. Nie mogłem uwierzyć swemu szczęściu. Jakim cudem? — pomyślałem. — Jakże parę tomików wierszy może doprowadzić do czegoś takiego? Niepodobna tego zrozumieć.

Naturalnie nie miałem zamiaru odrzucać tego daru. Bardzo się podnieciłem. Nagle się pochyliła i wzięła mego kutasa do ust. W świetle księżyca widziałem powolny ruch jej głowy i ciała. Nie była w tym tak dobra jak niektóre ze znanych mi kobiet, ale sam fakt, że to *ona* mi to robi, zdumiewał mnie. Wyciągnąłem rękę, zanurzając dłoń w tej masie pięknych włosów i pociągając za nie, kiedy wybuchnąłem w ustach Katharine.

32

Lydia czekała na mnie na lotnisku. Jak zwykle była napalona.

— Jezu — powiedziała. — Jestem *rozpalona do czerwoności*. Zabawiam się sama ze sobą, ale to na nic.

Jechaliśmy do mnie.

— Lydio, noga wciąż daje mi się we znaki. Po prostu nie wiem, czy będę do tego zdolny.

— *Co takiego?!*

— To prawda. Nie sądzę, żebym mógł cię przelecieć z nogą w takim stanie.

— Do diabła, to jaki ja mam z ciebie pożytek?

— Mogę usmażyć jajka i pokazać ci kilka kuglarskich sztuczek.

— Nie wygłupiaj się. Pytam: jaki ja mam z ciebie pożytek?

— Noga się zagoi. Jeśli nie, to mi ją obetną. Trochę cierpliwości.

— Gdybyś nie był nachlany, nie upadłbyś i nie rozciął sobie tej nogi. Zawsze wszystkiemu winna jest butelka!

— Nie zawsze, Lydio. Rżniemy się przeciętnie 4 razy w tygodniu. To całkiem nieźle jak na faceta w moim wieku.

— Czasami mi się wydaje, że nie odczuwasz już nawet żadnej przyjemności.

— Lydio, seks to nie *wszystko*! Masz obsesję na tym punkcie. Chryste, daj sobie spokój na jakiś czas.

— Mam dać sobie z tym spokój, aż twoja noga się zagoi? A jak mam sobie radzić do tego czasu?

— Będę grał z tobą w kółko i krzyżyk.

Lydia wydała z siebie dziki okrzyk. Samochodem zaczęło rzucać po szosie.

— TY SKURWYSYNU! ZABIJĘ CIĘ!

Z dużą prędkością przekroczyła podwójną żółtą linię i jechała prosto na nadjeżdżające z przeciwka samochody. Roztrąbiły się klaksony, a samochody rozpierzchły się na boki. Dalej jechaliśmy pod prąd, a nadjeżdżające samochody zmykały w prawo i w lewo. Potem, równie gwałtownie, Lydia wróciła na właściwy pas.

Gdzie jest policja? — zadałem sobie w myślach pytanie. — Dlaczego tak się dzieje, że kiedy Lydia wyczynia podobne numery, policja jakby nie istniała?

— W porządku — rzuciła. — Zawiozę cię do domu i to już koniec. Mam dość. Zamierzam sprzedać dom i przenieść się do Phoenix. Mieszka tam teraz Glendoline. Siostry mnie ostrzegały przed wiązaniem się z takim starym wałem jak ty.

Resztę drogi przebyliśmy w zupełnym milczeniu. Kiedy zajechaliśmy pod mój dom, wziąłem walizkę, spojrzałem na Lydię i powiedziałem:

— Żegnaj.

Płakała bezgłośnie, całą twarz miała mokrą. Na pełnym gazie pomknęła w stronę Western Avenue. Wszedłem do mieszkania. Oto wróciłem do domu po kolejnym wieczorze autorskim...

Przejrzałem pocztę, po czym zadzwoniłem do Katharine, która mieszkała w Austin, w Teksasie. Sprawiała wrażenie szczerze ucieszonej moim telefonem, a ja z przyjemnością słuchałem jej teksańskiego akcentu, tego wysokiego śmiechu. Powiedziałem jej, że chciałbym, aby przyjechała do mnie, na mój koszt. Będziemy chodzić na wyścigi, pojedziemy do Malibu... Będziemy robić, co tylko zechce.

— Ale, Hank, nie masz jakiejś przyjaciółki?

— Nie, nie mam żadnej. Jestem odludkiem.

— A przecież bez przerwy w swoich wierszach piszesz o kobietach.

— To przeszłość. Teraz mamy teraźniejszość.

— A co z Lydią?
— Z Lydią?
— Tak, opowiadałeś mi o niej.
— Co takiego mówiłem?
— Na przykład jak pobiła dwie inne kobiety. Pozwoliłbyś, żeby mnie zbiła? Nie jestem zbyt duża, sam wiesz.
— To się nie zdarzy. Wyprowadziła się do Phoenix. Mówię ci, Katharine, jesteś *niezwykłą* kobietą. Kobietą, jakiej szukam od dawna. Proszę, zaufaj mi.
— Będę musiała poczynić pewne przygotowania. Muszę znaleźć kogoś, kto zaopiekuje się moim kotem.
— Dobrze. Ale chcę, byś wiedziała, że tu wszystko jest jak trzeba.
— Tylko, Hank, nie zapominaj o tym, co mi powiedziałeś o swoich kobietach.
— Mianowicie?
— Powiedziałeś: „One zawsze wracają".
— To takie męskie przechwałki.
— Przyjadę. Jak tylko wszystko pozałatwiam, zabukuję samolot i podam ci szczegóły.

Kiedy byłem w Teksasie, Katharine opowiedziała mi o swoim życiu. Byłem dopiero trzecim facetem, z którym spała. Pierwszym był mąż, drugim jakiś rajdowiec alkoholik. Jej były mąż Arnold dostał się jakimś cudem do show-biznesu i ocierał się o sztukę. Nie wiedziałem, jak to dokładnie wygląda. Bez przerwy podpisywał kontrakty z gwiazdami rocka, malarzami i innymi artystami. Jego firma miała 60 tysięcy dolarów długów, ale znakomicie prosperowała. To była jedna z tych sytuacji, kiedy im większe długi, tym lepiej.

Nie wiem, co się stało z kierowcą wyścigowym. Pewnie po prostu się ulotnił. Potem Arnold uzależnił się od koki. Kokaina odmieniła go zupełnie. Katharine twierdziła, że nie była w stanie go poznać. To było przerażające. Jazdy karetkami do szpitali. A następnego dnia pojawiał się w biurze jakby nigdy nic. Potem na scenie zjawiła się Joanna Dover. Wysoka, dobrze zbudowana milionerka. Wykształcona i zwariowana. Zaczęła prowadzić interesy z Arnoldem. Joanna Dover handlowała dziełami sztuki, tak jak inni pietruszką. Odkrywała początkujących, nieznanych artystów, kupowała ich prace tanio, a sprzedawała drogo, kiedy już zdobyli uznanie. Takie miała oko. I wspaniałe, monumentalne ciało, metr osiemdziesiąt wzrostu. Często spotykała się z Arnoldem. Pewnego wieczoru Joanna przyjechała po niego ubrana w kosztowną, obcisłą sukienkę. Katharine zdała sobie wówczas sprawę, że jej rywalka zabiera się do rzeczy poważnie. Potem już pokornie znosiła ich wypady we dwoje. Utworzyli swego rodzaju tercet. Arnold miał wyjątkowo mały popęd seksualny, więc się tym nie martwiła. Niepokoiła się natomiast losem jego interesów. Pewnego dnia Joanna zniknęła z pola widzenia, a Arnold popadał w coraz większą zależność od koki. Znowu karetki, szpitale, balansowanie na krawędzi. W końcu Katharine zdecydowała się na rozwód. Mimo to nadal się z nim spotykała. O 9.30 rano przywoziła codziennie kawę dla pracowników i Arnold wciągnął ją na listę płac. Pozwalało jej to utrzymać dom. Od czasu do czasu jadali razem kolację, ale nie było nawet mowy o seksie. Wciąż jednak jej potrzebował, a ona przejawiała w stosunku do niego uczucia opiekuńcze. Katharine wierzyła w zdrową żywność — jedyne mięso, jakie tolerowała, to drób i ryby. Piękna kobieta.

33

Dzień lub dwa później, około pierwszej po południu, usłyszałem pukanie do drzwi. Gość przedstawił się jako malarz, Monty Riff. Wspomniał, że upijaliśmy się razem, kiedy mieszkałem na DeLongpre Avenue.
— Nie pamiętam cię — przyznałem.
— Przyprowadzała mnie Dee Dee.
— Tak? Dobra, wejdź.
Monty miał ze sobą karton z 6 butelkami piwa i wysoką, stateczną kobietę.
— To Joanna Dover — przedstawił mi ją.
— Nie udało mi się przyjść na twój wieczór autorski w Houston — powiedziała.
— Opowiadała mi o tobie Laura Stanley.
— Znasz ją?
— Tak. Ale nadałem jej imię Katharine, po Katharine Hepburn.
— Naprawdę ją znasz?
— Całkiem dobrze.
— Jak dobrze?
— Za kilka dni przyleci mnie odwiedzić.
— Poważnie?
— Tak.
Wykończyliśmy piwo i poszedłem trochę dokupić. Kiedy wróciłem, Monty'ego nie było. Joanna wyjaśniła, że miał pilne spotkanie. Zaczęliśmy rozmawiać o malarstwie i wy-

ciągnąłem kilka moich obrazów. Rzuciła na nie okiem i postanowiła kupić dwa z nich.
— Ile? — spytała.
— 40 za mniejszy i 60 za ten duży.
Wypisała czek na 100 dolarów, po czym stwierdziła:
— Chcę, żebyś ze mną został.
— Co takiego? To dość niespodziewana propozycja.
— Opłaci ci się to. Mam trochę forsy. Nie pytaj tylko ile. Jest kilka powodów, dla których powinniśmy być ze sobą. Chcesz je poznać?
— Nie.
— Po pierwsze, zabiorę cię do Paryża.
— Nie znoszę podróży.
— Pokażę ci taki Paryż, jaki z pewnością ci się spodoba.
— Pozwól, że to przemyślę.
Pochyliłem się i pocałowałem ją. Po chwili zrobiłem to ponownie, tym razem dłużej.
— Kurwa, chodźmy do łóżka.
— Dobrze — zgodziła się.
Rozebraliśmy się i wskoczyliśmy do wyrka. Miała metr osiemdziesiąt wzrostu. Zawsze miewałem małe kobietki. Dziwne wrażenie — gdziekolwiek sięgnąłem, był tam następny kawał baby. Rozgrzaliśmy się. Zafundowałem jej 3–4 minuty seksu oralnego i wsadziłem jej. Była dobra, naprawdę dobra. Doprowadziliśmy się do porządku, ubraliśmy się i zabrała mnie na kolację do Malibu. Wyjaśniła, że mieszka w Galveston, w Teksasie. Podała mi swój numer telefonu, adres i poprosiła, żebym kiedyś ją odwiedził. Przypomniała, że mówiła poważnie o Paryżu i całej reszcie. Cóż, nasze chwile w łóżku były miłe, a kolacja też nie najgorsza.

34

Następnego dnia zadzwoniła Katharine. Oznajmiła, że kupiła już bilety i wyląduje w Los Angeles w piątek o 2.30 po południu.
— Katharine. Muszę ci o czymś powiedzieć.
— Hank, nie chcesz się ze mną spotkać?
— Chcę, bardziej niż z kimkolwiek innym.
— A więc o co chodzi?
— Widzisz, poznałem Joannę Dover.
— Joannę Dover?
— Tę samą, którą... No wiesz, twój mąż...
— I co z tego?
— Przyszła się ze mną zobaczyć.
— Chcesz powiedzieć, że przyszła do ciebie do domu?
— Tak.
— Co robiliście?
— Rozmawialiśmy. Kupiła dwa moje obrazy.
— Coś jeszcze?
— Tak.
Katharine milczała, po czym powiedziała:
— Hank, nie wiem, czy po tym wszystkim mam jeszcze ochotę się z tobą spotkać.
— Rozumiem. Posłuchaj, może przemyślisz to sobie i zadzwonisz znowu. Przykro mi, Katharine. Przykro mi, że to się zdarzyło. To wszystko, co mogę powiedzieć.

Odłożyła słuchawkę. Już nie zadzwoni, pomyślałem. Najlepsza z kobiet, jakie w życiu spotkałem, a ja przejebałem sprawę. Zasługuję na klęskę, zasługuję na samotną śmierć w domu wariatów.

Usiadłem przy telefonie. Przeczytałem gazetę, rubrykę sportową, kolumnę finansową, komiksy. Zabrzęczał telefon. Dzwoniła Katharine.

— PIEPRZĘ Joannę Dover! — zachichotała.

Nigdy przedtem nie słyszałem, żeby przeklinała.

— A więc przyjeżdżasz?

— Tak. Znasz datę przylotu?

— Wiem wszystko. Będę czekał.

Pożegnaliśmy się. Katharine przyjeżdża, przylatuje przynajmniej na tydzień. Z tą swoją twarzą, ciałem, włosami, oczami, śmiechem...

35

Wyszedłem z baru i spojrzałem na tablicę informacyjną. Jej samolot wystartował punktualnie. Katharine znajdowała się w powietrzu i zbliżała się do mnie. Usiadłem w poczekalni. Naprzeciwko siedziała zadbana dupeńka, czytając książkę. Sukienka podjechała jej do góry, ukazując zgrabne nogi obciągnięte nylonami i prawie całe uda. Dlaczego to robi? Trzymałem w rękach gazetę i wyglądałem spoza niej, zapuszczając żurawia pod jej sukienkę. Miała wspaniałe uda. Ciekawe, dla kogo je rozkłada? Czułem się głupio, filując tam ukradkiem, ale nie mogłem się powstrzymać. Ależ była zbudowana! Kiedyś była małą dziewczynką, pewnego dnia umrze, ale teraz pokazuje mi swoje uda. Cholerna dziwka, chętnie bym ją zerżnął, wsadził jej ten kawał pulsującego fioletu!
Skrzyżowała nogi i sukienka podjechała jeszcze wyżej. Zerknęła na mnie znad książki. Nasze spojrzenia się spotkały. Jej twarz miała obojętny wyraz. Sięgnęła do torebki i wyjęła gumę do żucia, zdjęła opakowanie i włożyła gumę do ust. Guma była zielona. Żuła ją miarowo, a ja wpatrywałem się w jej usta. Nie obciągnęła sukienki. Wiedziała, że się na nią gapię. Nie widziałem innego sposobu: otworzyłem portfel i wyjąłem 2 banknoty pięćdziesięciodolarowe. Podniosła wzrok, dostrzegła pieniądze i spuściła oczy. Wtedy na siedzenie obok mnie klapnął jakiś grubas. Miał bardzo czerwoną twarz i potężny nos. Ubrany był w jasnobrązowy dres. Pierdnął donośnie. Kobieta obciągnęła sukienkę, a ja schowałem pieniądze. Mój kutas sflaczał, wstałem i poszedłem napić się wody.

Samolot Katharine kołował w stronę rampy. Stałem i czekałem. Katharine, uwielbiam cię.

Zeszła z rampy, doskonale piękna, z rudobrązowymi włosami, szczupłym ciałem, zgrabnymi łydkami, z całą swoją młodością. Miała na sobie obcisłą niebieską sukienkę, białe pantofle i biały kapelusz o szerokim rondzie, zagiętym w dół pod odpowiednim kątem. Wyglądały spod niego jej oczy. Duże, brązowe, roześmiane. Ma dziewczyna klasę. Nigdy nie pokazywałaby wszystkim majtek w lotniskowej poczekalni.

Stałem naprzeciw niej, 100 kilo żywej wagi, zagubiony typ z mętlikiem w głowie, krótkie nogi, małpi tors, wielka klatka piersiowa, wyrastająca wprost z ramion, za duża głowa, mętne oczy, rozwichrzona czupryna, postura jarmarcznego kuglarza.

Katharine ruszyła w moją stronę. Ach, te długie, pachnące włosy. Teksańskie kobiety są takie odprężone, swobodne, naturalne. Pocałowałem ją i zapytałem o bagaż. Zaproponowałem krótki przystanek w barze. Kelnerki miały na sobie krótkie czerwone sukienki, spod których widać było białe figi z falbankami. Miały głęboko wycięte dekolty, żeby dało się zobaczyć piersi. Ciężko harują na swoje pensje i napiwki, zasługują na każdego zarobionego centa. Mieszkają w podmiejskich dzielnicach i nienawidzą mężczyzn. Dzielą mieszkania z matkami i braćmi, podkochują się w swoich psychiatrach.

Dokończyliśmy drinki i poszliśmy odebrać bagaż Katharine. Kilku facetów próbowało pochwycić jej spojrzenie, ale ona szła u mego boku, trzymając mnie pod ramię. Niewiele pięknych kobiet lubi przyznawać się publicznie, że do kogoś należą. Znałem dość kobiet, żeby mieć tę świadomość. Akceptowałem je takimi, jakie były, a miłość zjawiała się z trudem i niezmiernie rzadko. Kiedy już przychodziła, to zwykle z innych powodów niż trzeba. Człowieka po prostu męczyło ciągłe bronienie się przed nią i poddawał się, ponieważ *musiała* gdzieś znaleźć sobie miejsce. Potem przeważnie zaczynały się kłopoty.

W moim mieszkaniu Katharine otworzyła walizkę i wyjęła gumowe rękawice. Roześmiała się.

— Co to takiego? — spytałem.

— Darlene, moja najlepsza przyjaciółka, przyglądała się, jak się pakuję, i spytała: „Co ty, do diabła, *robisz?*". Na co ja: „Nie widziałam mieszkania Hanka, ale *wiem*, że zanim będę tam mogła coś ugotować, mieszkać tam i sypiać, będę musiała posprzątać!".

Katharine wybuchnęła tym swoim radosnym teksańskim śmiechem. Poszła do łazienki, włożyła dżinsy i pomarańczową bluzkę, po czym wyszła na bosaka i w gumowych rękawicach na dłoniach, kierując się do kuchni.

Poszedłem do łazienki się przebrać. Postanowiłem, że gdyby wpadła tu Lydia, nie pozwolę jej tknąć Katharine. Lydia? Ciekawe, gdzie się teraz podziewa? Co porabia?

Pomodliłem się do opiekujących się mną bogów: proszę, trzymajcie Lydię z daleka. Niech przyprawia kowbojom rogi i tańczy do 3 nad ranem — ale proszę, niech się trzyma z daleka...

Kiedy wyszedłem z łazienki, Katharine na kolanach zdrapywała nagromadzony przez dwa lata brud i tłuszcz z kuchennej podłogi.

— Katharine. Chodźmy poszaleć do miasta. Zjemy gdzieś kolację. Tak nie można tego zaczynać.

— Dobrze, Hank, ale najpierw muszę skończyć podłogę. Potem pójdziemy.

Usiadłem i czekałem, aż skończy. Kiedy wyszła z kuchni, wciąż siedziałem na krześle. Pochyliła się i pocałowała mnie, mówiąc ze śmiechem:

— Naprawdę stary świntuch z ciebie!

Potem weszła do sypialni. No proszę, znów jestem zakochany, niebawem znów zaczną się kłopoty...

36

Po kolacji wróciliśmy do domu i zaczęliśmy rozmawiać. Była fanatyczką zdrowej żywności i z mięs jadała wyłącznie ryby i kurczęta. Służyło jej to, bez dwóch zdań.

— Hank, jutro wezmę się do łazienki.
— Dobrze — powiedziałem, siedząc nad drinkiem.
— I codziennie muszę robić ćwiczenia. Nie będzie ci to przeszkadzać?
— Nie, skądże.
— Będziesz w stanie pisać, kiedy będę się tu kręcić?
— Jasne.
— Mogę wychodzić na spacery.
— Nie, nie powinnaś wychodzić sama, przynajmniej w tej dzielnicy.
— Nie chciałabym przeszkadzać ci w pisaniu.
— Nie ma mowy, żebym przestał pisać. To pewna odmiana szaleństwa.

Katharine usiadła obok mnie na kanapie. Bardziej przypominała dziewczynkę niż kobietę. Odstawiłem drinka i pocałowałem ją, długo i powoli. Jej usta były chłodne i miękkie. Byłem pod wrażeniem jej długich włosów. Odsunąłem się i wypiłem następną szklaneczkę. Onieśmielała mnie. Byłem przyzwyczajony do wulgarnych, pijanych, dziwek.

Rozmawialiśmy jeszcze przez godzinę.

— Chodźmy spać — zaproponowałem w końcu. — Jestem zmęczony.
— Dobrze. Przygotuję się pierwsza.

Siedziałem nad kieliszkiem. Musiałem się jeszcze napić. Była po prostu zbyt nieziemska.
— Hank. Jestem już w łóżku.
— Dobrze.
Poszedłem do łazienki, rozebrałem się, umyłem zęby, ręce i twarz. Przyleciała aż z Teksasu, pomyślałem, żeby się ze mną spotkać, a teraz leży w moim łóżku i czeka.
Nie miałem piżamy. Podszedłem do łóżka. Miała na sobie nocną koszulę.
— Hank. Mamy jakieś sześć dni, kiedy to będzie bezpieczne, a potem musimy coś wymyślić.
Położyłem się obok niej. Moja mała dziewczynka była już gotowa. Przyciągnąłem ją do siebie. Nasze pocałunki były coraz gorętsze. Szczęście znów mi sprzyja, oto uśmiech fortuny. Położyłem jej rękę na moim kutasie i podciągnąłem jej koszulę. Zacząłem bawić się jej cipką. Katharine ma cipkę? Łechtaczka wysunęła się i muskałem ją delikatnie, raz za razem. W końcu wszedłem w nią. Mój kutas wsunął się do połowy. Jej szparka była bardzo ciasna. Poruszałem się lekko, po czym wepchnąłem go głębiej. Cały kutas wszedł do środka. To było wspaniałe. Ścisnęła mnie mocno. Poruszałem się, a ona mnie ściskała. Spróbowałem się opanować. Przestałem ją posuwać i czekałem, chcąc trochę ochłonąć. Pocałowałem ją, rozchyliłem jej usta, ssałem górną wargę. Spojrzałem na jej włosy rozsypane na poduszce i zrezygnowałem z próby zadowolenia jej — zacząłem po prostu ją rżnąć, wdzierając się w nią gwałtownie. Zupełnie jakbym chciał popełnić morderstwo. Niech to wszyscy diabli, mój kutas zwariował. Te cudowne włosy, młoda, prześliczna twarz. To jak gwałt na Maryi Dziewicy. Spuściłem się w niej, wypełniony bólem, czując, jak sperma wlewa się jej do środka, była całkiem bezradna, a ja tryskałem w głąb jej ciała i duszy, raz po raz...

Później zasnęliśmy. Przynajmniej Katharine. Obejmowałem ją od tyłu. Po raz pierwszy pomyślałem o małżeństwie. Wiedziałem, że niechybnie ma wady, które jeszcze się nie ujawniły. Początek znajomości jest zawsze najłatwiejszy. Potem przychodzi niekończące się odkrywanie tajemnic. Mimo to myślałem o małżeństwie... O domu, o psie i kocie, o zakupach w supermarkecie. Henry Chinaski traci jaja. I nie dba o to.

W końcu też usnąłem. Kiedy obudziłem się rano, Katharine siedziała na brzegu łóżka, rozczesując te swoje długie rudawobrązowe włosy. Jej wielkie ciemne oczy spojrzały na mnie.

— Witaj, Katharine. Wyjdziesz za mnie?
— Proszę, nie. Nie lubię tego.
— Mówię serio.
— Och, do cholery, Hank!
— Co?
— Powiedziałam „do cholery" i jeśli nadal będziesz mówił takie rzeczy, odlecę stąd pierwszym samolotem.
— Dobrze.
— Hank?
— Tak?

Spojrzałem na nią. Wciąż czesała włosy, wpatrywała się we mnie i uśmiechała. Powiedziała:

— To tylko *seks*, Hank, wyłącznie *seks*!

Roześmiała się. Nie był to jakiś sarkastyczny śmieszek, ale wyraz prawdziwej radości. Czesała włosy, a ja objąłem ją w pasie i oparłem głowę o jej udo. Niczego już nie byłem pewien.

37

Zawsze zabierałem swoje kobiety na mecze bokserskie lub na wyścigi. W ten czwartek zabrałem Katharine do sali Olympic. Nigdy nie widziała boksu na żywo. Dotarliśmy tam przed pierwszym pojedynkiem. Usiedliśmy przy ringu. Piłem piwo, paliłem i czekałem.

— Jakie to dziwne — zauważyłem — że ludzie siedzą tu i czekają na dwóch facetów, którzy wejdą na ring i będą próbowali się znokautować.

— To rzeczywiście brzmi strasznie.

— Tę salę zbudowano dawno temu — wyjaśniłem jej, kiedy rozglądała się po starej arenie. — Są tu tylko dwie małe toalety, jedna dla mężczyzn, druga dla kobiet. Jeśli będziesz musiała tam pójść, zrób to przed lub po przerwie.

— Dobrze.

Olympic odwiedzali głównie Latynosi i biali, marnie opłacani robotnicy, a niekiedy pojawiały się nawet gwiazdy filmu i inne popularne persony. Walczyło tu wielu dobrych meksykańskich bokserów, którzy wkładali w to całe serce. Dla odmiany kiepsko prezentowali się biali i czarni, zwłaszcza w wadze ciężkiej.

Dziwnie się czułem w towarzystwie Katharine. Związek dwojga ludzi to osobliwa sprawa. Chodzi mi o to, że jesteś z jakąś dziewczyną przez pewien czas, jesz, śpisz i mieszkasz z nią, kochacie się, rozmawiacie, odwiedzacie razem różne miejsca, a potem to się kończy. Następuje krótki okres, kiedy jesteś sam, aż pojawia się nowa kobieta, i jesz z nią, i posuwasz ją, i wszystko wydaje się tak normalne, jakbyś czekał właśnie na nią, a ona na ciebie. Nigdy nie czułem, że to w porządku, kiedy byłem sam. Czasem nawet było mi z tym dobrze, ale nigdy nie miałem poczucia, że tak powinno być.

Pierwsza walka była bardzo dobra, dużo krwi i brawury. Można nauczyć się czegoś o pisaniu, obserwując walki bokserskie i bywając na torze wyścigowym. Nie wiem dokładnie, co to takiego, ale okazuje się to ważne. Ba, najważniejsze: reszta nie ma znaczenia. Nie da się tego ująć w słowa, jak pożaru domu, trzęsienia ziemi, powodzi albo obrazu kobiety wysiadającej z samochodu i ukazującej uda. Nie wiem, czego potrzebują inni pisarze; guzik mnie to obchodzi, bo i tak nie jestem w stanie ich czytać. Tkwię w szponach własnych przyzwyczajeń i uprzedzeń. Nie jest źle być głupkiem *pod warunkiem*, że masz świadomość własnej ignorancji. Wiedziałem, że pewnego dnia zacznę pisać o Katharine i że będzie mi to przychodziło z trudem. Łatwo pisze się tylko o dziwkach, pisanie o wartościowej kobiecie to już nie taka prosta sprawa.

Druga walka też była dobra. Ludzie krzyczeli, wyli ze śmiechu i litrami pochłaniali piwo. Na chwilę wyrwali się z fabryk, magazynów, rzeźni, myjni samochodowych — następnego dnia znów staną się więźniami, ale teraz są wolni, wręcz upojeni wolnością. Nie muszą myśleć o niewolnictwie wynikającym z biedy, zasiłkach dla bezrobotnych i kuponach na bezpłatną żywność. Pozostali jakoś będą sobie radzić — dopóki biedacy nie nauczą się montować bomb atomowych w piwnicach swych ruder.

Wszystkie walki były dobre. Wstałem i poszedłem do toalety. Kiedy wróciłem, Katharine siedziała skupiona. Wyglądała, jakby jej miejsce było na koncercie lub przedstawieniu baletowym. Sprawiała wrażenie takiej delikatnej, a przecież w wyrze kotłowała się jak mało która.

Cały czas pociągałem piwo, a Katharine chwytała mnie za rękę, kiedy walka stawała się wyjątkowo brutalna. Tłum uwielbia nokauty. Ludzie darli się na całe gardło, kiedy jeden z zawodników miał stracić przytomność. To *oni* zadawali te ciosy. Może były wymierzone w ich szefów lub żony. Któż to wie? Kogo to obchodzi? Jeszcze jedno piwo.

Zaproponowałem, żebyśmy wyszli przed ostatnią walką. Miałem dosyć.

Zgodziła się.

Przeszliśmy wąskim przejściem między rzędami, powietrze było niebieskie od dymu. Nie było żadnych gwizdów ani nieprzyzwoitych gestów. Moja poharatana i poznaczona bliznami gęba czasem się na coś przydawała.

Poszliśmy na mały parking pod autostradą. Mój niebieski garbus z '67 zniknął. Model z tego roku to ostatni dobry garbus — wszystkie szczeniaki dobrze o tym wiedzą.

— Hepburn, ukradli nasz pieprzony wóz.
— Ależ, Hank, to niemożliwe!
— Nie ma go. Stał tutaj. Teraz go tu nie ma.
— Hank, co my zrobimy?
— Weźmiemy taksówkę. Czuję się fatalnie.
— Dlaczego ludzie robią takie rzeczy?
— Muszą. To ich sposób, żeby poczuć się wolnym.

Weszliśmy do kafejki i zadzwoniłem po taksówkę. Zamówiliśmy kawę i pączki. Tak, kiedy oglądaliśmy walki, ktoś po prostu odwalił numer z drucianym wieszakiem i zwarł przewody. Moją dewizą było: „Weź sobie moją kobietę, ale zostaw w spokoju mój samochód". Nie potrafiłbym zabić faceta, który odebrał mi kobietę. Natomiast bez drgnienia powieki mógłbym zakatrupić tego, kto ukradł mi samochód.

Nadjechała taksówka. Na szczęście w domu miałem piwo i trochę wódki. Porzuciłem nadzieję, że zachowam dość trzeźwości, żeby być w stanie się kochać. Katharine zdawała sobie z tego sprawę. Chodziłem w kółko po pokoju, opowiadając o swoim niebieskim garbusie, rocznik '67. Ostatni dobry model. Nie mogłem nawet zadzwonić na policję. Byłem zbyt ululany. Muszę poczekać do rana, do południa.

— Hepburn, to nie twoja wina, nie ty go ukradłaś.
— Szkoda. Miałbyś go teraz.

Pomyślałem o 2 lub 3 małolatach, którzy pędzą moją niebieską lalunią po autostradzie wzdłuż wybrzeża, popalając trawę, śmiejąc się, cisnąc gaz do dechy. Pomyślałem o wszystkich cmentarzyskach samochodów wzdłuż Santa Fe Avenue. Góry zderzaków, przednich szyb, klamek do drzwi, silniczków do wycieraczek, części silników, opon, piast, pokryw silnika, lewarków, foteli, łożysk, klocków hamulcowych, odbiorników radiowych, tłoków, zaworów, gaźników, wałów rozrządu, przekładni, osi — mój samochodzik wkrótce zamieni się w kupę części zamiennych.

Tej nocy spałem przytulony do Katharine, ale w moim sercu królował smutek i chłód.

38

Na szczęście garbus był ubezpieczony i stać mnie było na wynajęcie samochodu. Zawiozłem nim Katharine na tor wyścigowy. Siedzieliśmy na trybunach w Hollywood Park, niedaleko zakrętu. Katharine oświadczyła, że nie chce obstawiać, ale zabrałem ją do środka i pokazałem tablicę i okienka, w których przyjmowano zakłady.

Postawiłem piątkę na konia o szansach ocenianych na 7 do 2, z szybkim startem — mój ulubiony typ. Zawsze uważałem, że skoro mam przegrać, równie dobrze można to zrobić ostentacyjnie. Człowiek wygrywa dopóty, dopóki ktoś go nie pokona. Koń biegł jak po sznurku, wygrywając dopiero na ostatniej prostej. Płacili za niego 9,40. Byłem 17 i pół dolara na plus.

Podczas następnej gonitwy Katharine pozostała na miejscu, a ja poszedłem złożyć zakład. Kiedy wróciłem, wskazała faceta siedzącego dwa rzędy przed nami.

— Widzisz tego gościa?
— Tak.
— Powiedział mi, że wygrał wczoraj 2 kawałki i jest 25 tysięcy do przodu.
— Nie chcesz nic postawić? Może wszyscy wygramy.
— Och, nie. Nie mam o tym zielonego pojęcia.
— To proste: dajesz im dolara, a oni zwracają ci 84 centy. Reszta stanowi ich udział. Władze stanowe i organizatorzy dzielą się nim po połowie. Ich nie obchodzi nawet, kto wygrywa. I tak mają działkę z całej puli.

W drugiej gonitwie mój koń, uważany za faworyta, z szansami jak 8 do 5, przybiegł drugi. Tuż przed metą wyprzedził go jakiś fuks. Płacili za niego 45 dolców i 80 centów.

Facet przed nami odwrócił się i spojrzał na Katharine.

— Mój typ — powiedział. — Postawiłem dziesiątkę na wyczucie.

— Oooo — uśmiechnęła się do niego. — To świetnie.

Zająłem się trzecią gonitwą debiutujących kłusaków. Na 5 minut przed startem sprawdziłem tablicę i poszedłem postawić. Odchodząc, zauważyłem, że facet przed nami odwrócił się i coś mówi do Katharine. Każdego dnia pojawia się na torze z tuzin takich typków opowiadających atrakcyjnym ciziom, jacy to z nich wielcy hazardziści, z nadzieją, że uda im się jakoś zaciągnąć je do łóżka. Może nawet nie wybiegają myślami tak daleko w przyszłość; może żywią tylko mglistą nadzieję na coś, nie mając nawet pewności, co to takiego. Otumanieni i oszołomieni, nie są w stanie zliczyć do dziesięciu. Któż mógłby ich nienawidzić? Wielcy wygrani, ale gdy obserwowałeś, jak obstawiają, tłoczyli się zwykle przy dwudolarowym okienku w zdartych butach i przybrudzonych garniturach. Najgorsze męty.

Postawiłem na fuksa, który wygrał o 6 długości. Wypłacano 4 do 1. Niewiele, ale postawiłem na niego dziesięć. Facet odwrócił się i spojrzał na Katharine.

— Mój typ. Wygrałem stówę.

Katharine nie odpowiedziała. Zaczynała rozumieć. Wygrani nie przechwalają się tym. Boją się, że ktoś ich stuknie na parkingu.

Po czwartej gonitwie, w której za zwycięzcę płacono 22,80, odwrócił się znowu.

— Też go trafiłem. 10 do 1.

Odwróciła głowę.

— On ma żółtą twarz, Hank. Widziałeś jego oczy? To chory człowiek.

— Chorobliwa pogoń za marzeniami. Wszyscy na to cierpimy. Dlatego tu jesteśmy.

— Chodźmy już, Hank.

— Dobrze.

Tego wieczoru wypiła pół butelki dobrego czerwonego wina, była milcząca i smutna. Wiedziałem, że kojarzy mnie z tymi ludźmi na wyścigach i na meczach bokserskich. I to prawda, jestem z nimi, jestem jednym z nich. Katharine zdawała sobie sprawę, że jest we mnie coś, co nie do końca odpowiada ogólnie przyjętym normom, zasadzie „w zdrowym ciele zdrowy duch". Pociągają mnie nie te rzeczy, co trzeba: lubię pić, jestem leniwy, nie mam boga, polityki, idei ani zasad. Jestem mocno osadzony w nicości, w swego rodzaju niebycie, i akceptuję to w pełni. Nie czyni to ze mnie osoby zbyt interesującej. Nie chcę być interesujący, to zbyt trudne. Pragnę jedynie miękkiej, mglistej przestrzeni, w której mogę żyć, i jeszcze żeby zostawiono mnie w spokoju. Z drugiej strony, kiedy się upijam, krzyczę, wariuję, tracę panowanie nad sobą. Jeden rodzaj zachowania nie pasuje do drugiego. Mniejsza z tym.

Nasz seks był bardzo udany tej nocy, ale tej samej nocy zdałem sobie sprawę, że ją utraciłem. Nic nie mogłem na to poradzić. Sturlałem się z niej i wytarłem prześcieradłem, kiedy ona poszła do łazienki. Gdzieś tam, w górze, nad Hollywood krążył policyjny helikopter.

39

Następnego wieczoru wpadli do mnie Bobby i Valerie. Wprowadzili się niedawno do domu, w którym mieszkam, i zajmowali mieszkanie naprzeciwko. Bobby miał na sobie obcisłą koszulkę z dzianiny. Wszystko zawsze leżało na nim jak ulał, jego spodnie były dopasowane i miały zawsze właściwą długość, nosił modne buty, a włosy układał mu stylista. Valerie również ubierała się modnie, choć nie przykładała do tego aż tak wielkiej wagi. Ludzie mawiali o nich, że są równie plastikowi jak lalka Barbie i jej Ken. Valerie była właściwie bez zarzutu, pod warunkiem że byłeś z nią sam na sam. Była inteligentna, energiczna i cholernie bezpośrednia.

Bobby też stawał się bardziej ludzki, gdy przebywał jedynie w moim towarzystwie, ale gdy tylko pojawiała się jakaś nowa kobieta, robił się nudny i dość nachalny. Kierował na nią całą swoją uwagę i prowadził rozmowę tak, jakby sama jego obecność była czymś ekscytującym i wspaniałym, ale jego gadki były drętwe i biegły łatwym do przewidzenia torem. Byłem ciekaw, jak potraktuje go Katharine.

Goście usiedli. Zajmowałem krzesło przy oknie, a Valerie siedziała na kanapie między Bobbym i Katharine. Bobby zaczął tokować. Pochylił się do przodu i — ignorując Valerie — skupił całą uwagę na Katharine.

— Podoba ci się Los Angeles?
— Jest w porządku — odparła Katharine.
— Długo tu jeszcze zabawisz?
— Przez jakiś czas.

— Pochodzisz z Teksasu?
— Tak.
— Twoi rodzice też?
— Tak.
— Bywa tam coś dobrego w telewizji?
— Mniej więcej to samo co tutaj.
— Mam wuja w Teksasie.
— Aha.
— Tak, mieszka w Dallas.

Katharine nie zareagowała. Po chwili powiedziała:

— Przepraszam, idę zrobić sobie kanapkę. Ktoś jeszcze ma na coś ochotę?

Podziękowaliśmy. Katharine wstała i ruszyła do kuchni. Bobby podniósł się i poszedł za nią. Nie można było rozróżnić jego słów, ale sądząc po intonacji, musiał zadawać dalsze pytania. Valerie wpatrywała się w podłogę. Katharine i Bobby przebywali w kuchni bardzo długo. Nagle Valerie podniosła głowę i zaczęła do mnie głośno mówić, nienaturalnie szybko i nerwowo.

— Valerie — przerwałem jej — nie musimy rozmawiać, nie ma takiej potrzeby.

Zwiesiła głowę. Rzuciłem w stronę kuchni:

— Hej, już dość długo tam tkwicie. Czyżbyście pastowali podłogę?

Bobby się roześmiał i zaczął rytmicznie stukać butem w podłogę. W końcu Katharine wyszła stamtąd, a po niej pojawił się Bobby. Podeszła do mnie i pokazała mi kanapkę: żytni chleb z masłem orzechowym, plasterkami banana i nasionkami sezamu.

— Nieźle wygląda — przyznałem.

Usiadła i zaczęła jeść kanapkę. Zapanowała cisza. Trwała przez dłuższą chwilę. Nagle Bobby wstał.

— Cóż, chyba czas już na nas...

Wyszli. Kiedy drzwi się zamknęły, Katharine spojrzała na mnie mówiąc:

— Tylko nic sobie nie myśl, Hank. Próbował jedynie wywrzeć na mnie wrażenie.

— Robi to z każdą moją znajomą, od kiedy go znam.

Zadzwonił telefon. Od Bobby'ego.
— Hej, stary, co takiego zrobiłeś mojej żonie?
— Co się stało?
— Siedzi przybita i nie odzywa się słowem.
— Nic jej nie zrobiłem.
— Nie rozumiem tego.
— Dobranoc, Bobby.
Odłożyłem słuchawkę.
— Dzwonił Bobby — powiedziałem do Katharine. — Jego żona jest przygnębiona.
— Naprawdę?
— Na to wygląda.
— Jesteś pewien, że nie chcesz kanapki?
— Zrobisz mi taką samą jak sobie?
— Tak.
— To poproszę.

40

Katharine została jeszcze kilka dni. Nadszedł czas, kiedy dalsze igraszki groziły jej zajściem w ciążę. Nie znoszę prezerwatyw. Kupiła piankę plemnikobójczą.

Niespodziewanie policja odzyskała mego volkswagena. Pojechaliśmy tam, gdzie go przechowywano. Był nieuszkodzony i w dobrym stanie, nie licząc wyładowanego akumulatora. Odholowano go do warsztatu w Hollywood i podładowano mu ten nieszczęsny akumulator. Po długim pożegnaniu w łóżku odwiozłem Katharine na lotnisko swoim niebieskim garbusem o numerach TRV 469.

Nie był to mój szczęśliwy dzień. Siedzieliśmy, nie odzywając się za często do siebie. Potem ogłosili odlot jej samolotu i pocałowaliśmy się.

— Słuchaj, wszyscy widzą tę piękność, która całuje się z takim staruchem.

— Guzik mnie to obchodzi...

Pocałowała mnie jeszcze raz.

— Spóźnisz się na samolot.

— Przyjedź do mnie, Hank. Mam ładny dom. Mieszkam sama. Przyjedź koniecznie.

— Przyjadę.

— I pisz!

— Będę pisał...

Katharine weszła do rękawa dla pasażerów i straciłem ją z oczu.

Wróciłem na parking i wsiadając do wozu, pomyślałem: mam przynajmniej to. Do diabła, nie straciłem wszystkiego.

Silnik zapalił.

41

Tego wieczoru zacząłem ostro popijać. Nie będzie mi łatwo bez Katharine. Znalazłem pozostawione przez nią drobiazgi — kolczyki, bransoletkę. Muszę zasiąść do maszyny do pisania, pomyślałem sobie. Sztuka wymaga dyscypliny. Każdy dupek może się uganiać za spódniczkami. Osuszałem butelki, rozmyślając o tym.

O 2.10 zadzwonił telefon. Dopiłem ostatnie piwo.
— Halo?
— Halo.
Był to głos młodej kobiety.
— Słucham.
— Czy to Henry Chinaski?
— Tak.
— Moja przyjaciółka jest wielbicielką twoich utworów. Dzisiaj są jej urodziny i obiecałam jej, że do ciebie zadzwonię. Ze zdziwieniem znalazłyśmy twój numer w książce telefonicznej.
— Nie mam zastrzeżonego numeru.
— Tak więc dzisiaj są jej urodziny i pomyślałam, że byłoby fajnie, gdybyśmy mogły cię odwiedzić.
— Dobrze.
— Ostrzegłam Arlene, że pewnie masz tam pełno bab.
— Jestem odludkiem.
— A więc możemy wpaść?
Podałem jej adres i wskazówki, jak do mnie dotrzeć.
— Jest tylko jeden problem. Skończyło mi się piwo.

— Przywieziemy kilka flaszek. Na imię mam Tammie.
— Jest już po drugiej.
— Nie martw się, kupimy piwo. Głęboki dekolt czyni cuda.

Przyjechały po 20 minutach. Wydekoltowane, ale bez piwa.
— To sukinsyn — powiedziała Arlene. — Zawsze przedtem sprzedawał nam bez problemów, a teraz wyglądał na przestraszonego.
— Pierdol go — rzuciła Tammie.
Obie usiadły i wyznały mi, ile mają lat.
— 32 — powiedziała Arlene.
— Ja 23 — uzupełniła Tammie.
— Dodajcie te dwie liczby, a otrzymacie mój wiek.
Arlene miała długie czarne włosy. Siedziała na krześle przy oknie, czesała włosy, robiła sobie makijaż, spoglądając w duże srebrne lusterko. Coś mówiła i widać było, że nałykała się prochów. Tammie miała niemal doskonałe ciało i naturalnie rude włosy. Też była na prochach, ale nie na takim haju.
— Stówa za danie dupy — poinformowała mnie Tammie.
— Pasuję.
Tammie była twarda jak wiele dwudziestolatek. Jej twarz miała w sobie coś z paszczy rekina. Z miejsca zapałałem do niej niechęcią.
Wyszły około wpół do czwartej i położyłem się do łóżka sam.

42

Dwa dni później o 4 rano ktoś zapukał do drzwi.
— Kto tam?
— Rudowłosa rozpustnica.
Wpuściłem Tammie do środka. Usiadła, a ja otworzyłem parę piw.
— Mam nieświeży oddech. To od tych dwóch popsutych zębów. Nie możesz się ze mną całować.
— Dobrze.
Rozmawialiśmy. Właściwie tylko słuchałem. Tammie była na amfetaminie. Słuchałem i patrzyłem na jej długie rude włosy, a kiedy nie widziała, lustrowałem to wspaniałe ciało. Wprost chciało wyskoczyć z sukienki, błagało, by się wydostać na zewnątrz. Gadała bez końca. Nawet jej nie dotknąłem. O szóstej Tammie podała mi swój adres i telefon.
— Muszę lecieć — powiedziała.
— Odprowadzę cię do wozu.
Był to jaskrawoczerwony camaro, kompletnie rozbity. Przód był walnięty, jeden bok rozpruty, szyb nie było w ogóle. W środku leżały szmaty, koszulki, pudełka po chusteczkach higienicznych, gazety, kartony po mleku, butelki po coli, druty i sznurki, papierowe serwetki, jakieś pisma, papierowe kubeczki, buty i pogięte plastikowe słomki w różnych kolorach. Ta kupa śmieci sięgała oparć foteli. Tylko na miejscu dla kierowcy było trochę wolnej przestrzeni. Tammie wychyliła głowę przez okno i pocałowaliśmy się.

Ruszyła z piskiem opon i na rogu zasuwała już 45 mil na godzinę. Depnęła na hamulec i camaro zakołysał się w górę i w dół, w górę i w dół. Wszedłem do domu. Położyłem się do łóżka, myśląc o jej włosach. Nigdy nie znałem prawdziwej rudowłosej. Jej włosy były jak ogień. Jak błyskawica z nieba, pomyślałem. Jej twarz nie sprawiała już wrażenia takiej drapieżnie zaciętej...

43

Zadzwoniłem do niej. Była 1 w nocy. Pojechałem tam. Mieszkała w małym bungalowie na tyłach domu. Wpuściła mnie do środka.

— Bądź cicho, bo obudzisz Dancy. To moja córka. Ma 6 lat i śpi w drugim pokoju.

Miałem ze sobą karton z 6 flaszkami piwa. Tammie wstawiła je do lodówki i przyniosła dwie butelki.

— Moja córka nic nie może zobaczyć. Wciąż mam te dwa zepsute zęby i nieświeży oddech. Nie możemy się całować.

— W porządku.

Drzwi do sypialni były zamknięte.

— Posłuchaj — powiedziała. — Muszę wziąć trochę witaminy B. Ściągnę majtki i strzelę sobie zastrzyk w tyłek. Odwróć się.

— Dobrze.

Patrzyłem, jak nabiera jakiegoś płynu do strzykawki. Odwróciłem wzrok.

— Muszę wstrzyknąć sobie wszystko.

Kiedy skończyła, włączyła małe czerwone radio.

— Ładne masz mieszkanko.

— Już miesiąc zalegam z komornym.

— Och...

— Nic nie szkodzi. Potrafię jakoś dawać sobie radę z właścicielem.

— To dobrze.

— Jest żonaty, stary wał. I zgadnij, co zrobił.

— Nie mam pojęcia.
— Któregoś dnia jego żona gdzieś poszła i ten stary pierdziel zaprosił mnie do siebie. Usiadłam i zgadnij, co zrobił.
— Wyciągnął kutasa.
— Nie, puścił jakiegoś pornola. Myślał, że to gówno mnie podnieci.
— A nie podnieciło?
— Powiedziałam: „Panie Miller, muszę już iść, czas odebrać Dancy ze szkoły".

Tammie dała mi działkę dla poprawienia nastroju. Długo rozmawialiśmy, pociągając piwo. O 6 rano Tammie rozłożyła przykrytą kocem kanapę, na której siedzieliśmy. Zdjęliśmy buty i w ubraniach wsunęliśmy się pod koc. Obejmowałem ją od tyłu, z twarzą zanurzoną w tych długich rudych włosach. Kutas mi stanął. Wbiłem go w nią od tyłu, przez ubranie. Kurczowo zacisnęła palce na brzegu kanapy.

— Na mnie już czas — powiedziałem.
— Posłuchaj, muszę tylko zrobić Dancy śniadanie i odwieźć ją do szkoły. Nic nie szkodzi, jeśli cię zobaczy. Poczekaj tu tylko do mojego powrotu.
— Idę.

Pojechałem nachlany do domu. Słońce już wzeszło, jaskrawożółte aż do bólu...

44

Przez kilka lat sypiałem na makabrycznym materacu, z którego wystawały sprężyny i wbijały mi się w ciało. Kiedy obudziłem się tego dnia po południu, zdjąłem go z łóżka, wyciągnąłem na dwór i oparłem o pojemnik na śmieci. Wróciłem do mieszkania, zostawiając otwarte drzwi. Była 2 po południu i gorąco jak diabli.

Weszła Tammie i usiadła na kanapie.

— Muszę wyjść — powiedziałem. — Chcę kupić materac.

— Materac? No to sobie pójdę.

— Nie, Tammie, poczekaj. Proszę. Zajmie mi to tylko 15 minut. Posiedź tu i napij się piwa.

— Dobrze — zgodziła się.

Na Western, o trzy przecznice ode mnie, znajdował się sklep z materacami. Zaparkowałem przed nim i wbiegłem do środka.

— Panowie! Potrzebny mi materac. SZYBKO!

— Na jakie łóżko?

— Podwójne.

— Mamy ten za 35.

— Wezmę go.

— Może pan go zabrać swoim wozem?

— Mam garbusa.

— W porządku, dostarczymy go. Adres?

Tammie była jeszcze w mieszkaniu, kiedy wróciłem.

— Gdzie materac?

— Zaraz będzie. Napij się jeszcze piwa. Masz jakieś prochy?

Podała mi pigułkę. Światło przeświecało przez jej rude włosy.

Tammie wybrano na Miss Słonecznej Dupci na festynie w Orange County w 1973. Od tego czasu minęły cztery lata, ale nadal miała na czym usiąść.

W drzwiach stanął facet z materacem.

— Pomogę panu.

Okazał się sympatycznym gościem. Pomógł ułożyć mój nowy nabytek na łóżku. Dopiero wtedy dostrzegł Tammie siedzącą na kanapie. Uśmiechnął się szeroko.

— Cześć — pozdrowił ją.

— Wielkie dzięki.

Dałem mu 3 dolary i poszedł sobie.

Wszedłem do sypialni i spojrzałem na materac. Tammie poszła za mną. Materac zawinięty był w folię. Zacząłem ją zrywać. Tammie mi pomagała.

— Spójrz na niego. Jest piękny — powiedziała.

— Tak.

Był jaskrawy i bardzo kolorowy. Róże, łodygi, liście, wijące się winorośla. Wyglądał jak rajski ogród, a kosztował tylko 35 dolarów. Tammie nadal się w niego wpatrywała.

— No, no, działa na mnie ten twój materac. Chciałabym go rozdziewiczyć. Chcę być pierwszą kobietą, którą na nim przelecisz.

— Ciekawe, kto będzie drugą?

Poszła do łazienki. Przez chwilę panowała cisza. Potem usłyszałem szum prysznica. Wydobyłem świeżą pościel, rozebrałem się i ułożyłem wygodnie. Pojawiła się Tammie, młoda i wilgotna, cała lśniąca. Jej włosy łonowe były tego samego koloru co włosy na głowie: czerwone jak ogień.

Przystanęła przed lustrem i wciągnęła brzuch. Jej wielkie piersi uniosły się w stronę lustra. Widziałem ją jednocześnie z przodu i z tyłu. Podeszła do łóżka i wsunęła się pod prześcieradło.

Powoli zabraliśmy się do rzeczy.

Rozhuśtaliśmy się na dobre, jej rude włosy rozsypywały się na poduszce, a na zewnątrz wyły syreny i szczekały psy.

45

Tammie wpadła znowu wieczorem. Sprawiała wrażenie, jakby była na dużym haju.
— Mam ochotę na szampana — oznajmiła.
— W porządku.
Dałem jej dwudziestkę.
— Zaraz wracam — rzuciła, wychodząc.
Zadzwonił telefon. Odezwała się Lydia.
— Jak ci się wiedzie?
— Nie najgorzej.
— A mnie nie za bardzo. Jestem w ciąży.
— Co?
— I nie wiem, kto jest ojcem.
— Tak?
— Znasz Dutcha? Tego, co przesiaduje w barze, w którym teraz pracuję?
— Dutcha Łysą Pałę? Pewnie.
— To naprawdę fajny gość. Jest we mnie zakochany. Przynosi mi kwiaty i słodycze. Chce się ze mną ożenić. Naprawdę jest fajny. I któregoś wieczoru poszłam z nim do domu. Zrobiliśmy to.
— W porządku.
— Jest jeszcze Barney, żonaty, ale go lubię. Ze wszystkich bywalców baru on jeden nie próbował się do mnie dobierać. Fascynowało mnie to. Jak wiesz, próbuję sprzedać dom. Zajrzał do mnie któregoś popołudnia. Wpadł przy okazji. Powiedział, że chce obejrzeć dom, jego znajomy jest nim zainte-

resowany. Wpuściłam go. Przyszedł w odpowiedniej chwili. Dzieciaki były w szkole, więc mu na to pozwoliłam... Potem, pewnego wieczoru, tuż przed zamknięciem, zjawił się w barze jakiś nieznajomy. Zaprosił mnie do siebie. Odmówiłam. Powiedział, że chce tylko posiedzieć w moim samochodzie, porozmawiać ze mną. Zgodziłam się. Siedzieliśmy i rozmawialiśmy. Potem zapaliliśmy skręta. Pocałował mnie. Ten pocałunek mnie rozkleił. Gdyby mnie nie pocałował, nie zrobiłabym tego. A teraz jestem w ciąży i nie mam pojęcia z kim. Będę musiała poczekać i zobaczyć, do kogo dziecko jest podobne.

— W porządku, Lydio, życzę powodzenia.
— Dzięki.

Odłożyłem słuchawkę. Po minucie ponownie zadzwonił telefon. Znowu Lydia.

— Och — powiedziała. — Właściwie się nie dowiedziałam, co u ciebie.
— Jak zwykle, konie i chlanie.
— A więc wszystko w porządku?
— Niezupełnie.
— Co się stało?
— Wiesz, wysłałem tę kobietę po szampana...
— Kobietę?
— Właściwie dziewczynę...
— Dziewczynę?
— Dałem jej dwudziestkę i wysłałem po szampana, a ona nie wróciła. Chyba zrobiła mnie w konia.
— Chinaski, *nie chcę słyszeć* o twoich kobietach. Rozumiesz to?
— W porządku.

Odłożyła słuchawkę. Rozległo się pukanie do drzwi. Wróciła Tammie. Przyniosła szampana i resztę.

46

Telefon zadzwonił ponownie w południe następnego dnia. Znowu Lydia.
— I co, wróciła z szampanem?
— Kto?
— Ta twoja dziwka.
— Tak, wróciła.
— I co?
— Nic, wypiliśmy szampana. Dobra rzecz.
— A potem?
— No, wiesz, kurwa...
Wydała z siebie długi, oszalały skowyt, jak wilczyca postrzelona w śniegach Arktyki i pozostawiona, żeby wykrwawiła się na śmierć.
Odłożyła słuchawkę.
Przespałem prawie całe popołudnie i wieczorem pojechałem na wyścigi dwukółek. Straciłem 32 dolary, wsiadłem do garbusa i wróciłem do domu. Postawiłem samochód, wszedłem na ganek i włożyłem klucz do zamka. W środku paliły się wszystkie światła. Rozejrzałem się po mieszkaniu. Na podłodze leżały powyciągane i wywrócone do góry nogami szuflady i narzuty z łóżek. Wszystkie moje książki zniknęły z półki, także te, które napisałem, jakieś 20 tytułów. Maszyna do pisania również zniknęła. I opiekacz do grzanek, i radio, i moje obrazy. To sprawka Lydii, pomyślałem. Zostawiła mi jedynie telewizor, bo wiedziała, że nigdy nie oglądam telewizji. Wyszedłem na ganek i zauważyłem samochód Lydii, ale jej w nim nie było.

— Lydio! Hej, mała!

Przeszedłem się po ulicy tam i z powrotem i dostrzegłem jej stopy wystające zza małego drzewka rosnącego przy ścianie domu. Skierowałem się tam.

— Posłuchaj, co ci, u diabła, odbiło?

Lydia stała bez ruchu. W rękach trzymała dwie wielkie papierowe torby wypełnione moimi książkami i teczkę z obrazami.

— Posłuchaj, muszę odzyskać swoje książki i obrazy. Są moją własnością.

Wypadła zza drzewa z wrzaskiem. Wyjęła obrazy i zaczęła je drzeć. Porwane strzępy rzucała w powietrze, a kiedy upadły, deptała po nich. Miała na nogach swoje kowbojskie buty. Następnie wyciągnęła z torby moje książki i zaczęła je rozrzucać — na ulicy, na trawniku, wszędzie gdzie popadło.

— Masz swoje obrazy! Masz swoje książki! I NIE OPOWIADAJ MI O SWOICH KOBIETACH! NIC NIE MÓW O ŻADNYCH TWOICH DUPACH!

Pobiegła pod mój dom z książką w ręce, moją ostatnią, *Dzieła wybrane Henry'ego Chinaskiego*.

— A więc chcesz dostać swoje książki?! — krzyknęła. — Musisz je odzyskać?! No to masz te cholerne arcydzieła! I NIE OPOWIADAJ MI O SWOICH DZIWKACH!

Zaczęła tłuc szyby w drzwiach frontowych. Trzymając w ręce *Dzieła wybrane Henry'ego Chinaskiego*, rozbijała jedną szybkę po drugiej.

— Chcesz dostać swoje książki? No to masz te cholerne arcydzieła! I NIE OPOWIADAJ MI O SWOICH KOBIETACH! NIE CHCĘ SŁYSZEĆ O TWOICH ZDZIRACH!

Stałem, patrząc, jak się wydziera i tłucze szyby. Gdzie jest policja? — pomyślałem. — No, gdzie?

Lydia przebiegła przez podwórko, szybko skręciła w lewo koło pojemnika na śmieci i wbiegła na podjazd sąsiedniego domu. W cieniu małego krzewu leżała moja maszyna do pisania, a także radio i opiekacz. Lydia podniosła maszynę i wybiegła z nią na środek ulicy. Była to ciężka, staroświecka maszyna. Oburącz uniosła ją wysoko do góry i cisnęła na jezdnię. Z maszyny wypadł wałek i jakieś inne części. Podniosła ją, rozkołysała nad głową, wrzeszcząc przy tym:

— NIE OPOWIADAJ MI O SWOICH WYCIRUCHACH! — i walnęła nią ponownie o jezdnię.

Wskoczyła do samochodu i odjechała. Kwadrans później pojawił się wóz patrolowy.

— Jeździ pomarańczowym volkswagenem. Nazywa go „potworem", ten wóz wygląda jak czołg. Nie pamiętam numerów, ale litery to HZY. Zapisaliście, panowie?

— Adres?

Podałem im adres Lydii. Jak można się było spodziewać, przywieźli ją. Słyszałem, jak drze mordę na tylnym siedzeniu.

— PROSZĘ SIĘ ODSUNĄĆ! — rzucił do mnie jeden z gliniarzy, wysiadając.

Ruszył za mną do mieszkania. Wchodząc, nadepnął na kawałek szkła. Z nieznanego mi powodu świecił latarką na sufit i znajdujące się na nim stiuki.

— Wniesie pan oskarżenie? — spytał.

— Nie. Ona ma dzieci. Nie chcę, żeby je utraciła. Jej były mąż próbuje je odebrać. Ale proszę jej powiedzieć, że ludzie nie powinni robić takich rzeczy.

— W porządku. A teraz niech pan to podpisze.

Zapisał odręcznie w liniowanym notesie: *Ja, Henry Chinaski, nie wniosę oskarżenia przeciwko niejakiej Lydii Vance.*

Podpisałem i poszedł sobie. Zamknąłem na klucz to, co zostało z moich drzwi, i próbowałem zasnąć. Po jakiejś godzinie zabrzęczał telefon. Dzwoniła Lydia. Była już w domu.

— TY SKURWYSYNU, JEŚLI PIŚNIESZ MI CHOĆ JEDNYM SŁÓWKIEM O SWOICH DZIWKACH, ZROBIĘ TO JESZCZE RAZ!

Rzuciła słuchawkę.

47

W dwa dni później pojechałem wieczorem do bungalowu Tammie przy Rustic Court. Zapukałem. W oknach nie świeciło się. Jakby w środku nikogo nie było. Zajrzałem do jej skrzynki. Leżało tam kilka listów. Napisałem kartkę:
Tammie, usiłowałem złapać cię telefonicznie. Przyjechałem do ciebie, ale cię nie było. Nic ci nie jest? Zadzwoń. Hank.

Pojechałem do niej ponownie następnego dnia o 11. Nie było jej samochodu. Moja kartka nadal tkwiła w drzwiach. Mimo to przycisnąłem dzwonek. Listy wciąż leżały w skrzynce. Zostawiłem kartkę: *Tammie, gdzie ty się, do diabła, podziewasz? Odezwij się. Hank.*

Przejechałem się po okolicy w poszukiwaniu jej rozwalonego czerwonego camaro.

Wieczorem znów tam wróciłem. Padał deszcz. Moje kartki nasiąkły wilgocią. W skrzynce na listy leżało jeszcze więcej korespondencji. Zostawiłem jej tomik moich wierszy z dedykacją. Potem wróciłem do garbusa. Na lusterku wstecznym miałem zawieszony krzyż maltański. Odciąłem go, zaniosłem do jej bungalowu i przywiązałem do klamki.

Nie wiedziałem, gdzie mieszkają jacyś jej znajomi, matka, kochankowie. Wróciłem do siebie i napisałem kilka wierszy miłosnych.

48

Siedziałem w towarzystwie anarchisty z Beverly Hills, Bena Solvnaga, który pisał moją biografię, kiedy usłyszałem kroki na podjeździe. Znałem odgłos tych małych stóp. Stąpała zawsze szybko, gorączkowo i seksownie. Rezydowałem na tyłach budynku. Drzwi były otwarte. Wbiegła Tammie. Od razu znalazła się w moich ramionach, obejmowaliśmy się i całowaliśmy.

Ben Solvnag pożegnał się i wyszedł.

— Te sukinsyny skonfiskowały moje rzeczy, wszystko! Nie byłam w stanie opłacić komornego! To dopiero skurwysyn!

— Pójdę tam i skopię mu dupę. Odzyskamy twoje rzeczy.

— Nie, on ma broń! Cały arsenał!

— Ooo.

— Moja córka jest u matki.

— Może się czegoś napijesz?

— Jasne.

— Na co masz ochotę?

— Na bardzo wytrawny szampan.

— Dobrze.

Drzwi nadal były otwarte i popołudniowe słońce przeświecało przez jej włosy. Były tak długie i tak rude, że aż parzyły.

— Mogę się wykąpać?

— Naturalnie.

— Zaczekaj na mnie — powiedziała.

Rano zaczęliśmy rozmawiać o jej sytuacji finansowej. Spodziewała się trochę forsy: alimenty plus zasiłek dla bezrobotnych i jeszcze trochę grosza później.

— Jest tu wolne mieszkanie, bezpośrednio nade mną.
— Za ile?
— 105, z czego połowa to opłaty za gaz, prąd i tak dalej.
— Do diabła, tyle uzbieram. Nie mają nic przeciwko dzieciom? Jednemu dziecku?
— Nie. Mam chody. Znam administratorów.

Przed niedzielą wprowadziła się. Mieszkała zaraz nade mną. Mogła zaglądać do mojej kuchni, gdy we wnęce pisałem na maszynie.

49

W ten wtorek siedzieliśmy u mnie, popijając: Tammie, ja i jej brat Jay. Zadzwonił telefon. Bobby.
— Louie jest tu ze swoją żoną i ona chciałaby cię poznać.
To Louie właśnie zwolnił obecne mieszkanie Tammie. Występował z zespołami jazzowymi w małych klubach, ale bez większego powodzenia. Mimo to należał do interesujących ludzi.
— Chyba nic z tego, Bobby.
— Louie będzie rozczarowany, jeśli nie przyjdziesz.
— Dobra, Bobby, ale przyprowadzę przyjaciół.

Poszliśmy i zaraz po wstępnej prezentacji Bobby wniósł kupowane okazyjnie piwo. Muzyka stereo zdawała się wypełniać całe pomieszczenie.
— Czytałem twoje opowiadanie w piśmie „Knight" — powiedział Louie. — Dziwne. Nigdy nie pieprzyłeś trupa, prawda?
— Nie, chociaż niektóre cizie sprawiały wrażenie martwych.
— Wiem, co masz na myśli.
— Wkurza mnie ta muzyka — zauważyła Tammie.
— Jak tam twoje granie, Louie?
— Mam teraz nowy zespół. Jeśli zdołamy utrzymać się razem dostatecznie długo, może nam się udać.
— Chyba obciągnę komuś paię — powiedziała Tammie. — Może Bobby'emu, Louiemu albo mojemu bratu.

Miała na sobie coś długiego, co wyglądało na skrzyżowanie sukni wieczorowej ze szlafrokiem. Valerie, żona Bobby'ego, była w pracy. Przez dwie noce w tygodniu pracowała jako barmanka. Louie, jego żona Paula i Bobby popijali już od jakiegoś czasu. Louie pociągnął łyk taniego piwa i zebrało mu się na wymioty. Zerwał się na równe nogi i wypadł z pokoju. Tammie pobiegła za nim. Po jakimś czasie oboje wrócili.

— Chodźmy stąd — powiedział Louie do Pauli.
— Dobrze.

Wstali i wyszli razem.

Bobby przyniósł więcej piwa. Rozmawiałem o czymś z Jayem. Nagle usłyszałem głos Bobby'ego.

— Hej, stary, tylko nie miej do mnie pretensji!

Uniosłem głowę. Tammie trzymała głowę na kolanach Bobby'ego, obejmowała ręką jego jądra, a potem przesunęła ją wyżej i chwyciła go za kutasa. Trzymała go w ręce, przez cały czas patrząc mi prosto w oczy.

Łyknąłem piwa, odstawiłem je, wstałem i wyszedłem.

50

Następnego dnia spotkałem Bobby'ego, kiedy wyszedłem po gazetę.
— Dzwonił Louie — powiedział. — Wyznał, co mu się przytrafiło.
— Tak?
— Wybiegł, żeby zwymiotować, i kiedy rzygał, Tammie chwyciła go za kutasa, proponując: „Chodź ze mną na górę, to zrobię ci loda. Potem wsadzimy twego palanta w wielkanocne jajko". Powiedział: „Nie", a ona na to: „O co chodzi? Nie jesteś mężczyzną? Masz taką słabą głowę? Chodź na górę, to ci obciągnę!".
Doszedłem do rogu i kupiłem gazetę. Po powrocie sprawdziłem wyniki gonitw i poczytałem o nożownikach, gwałtach i morderstwach.
Przerwało mi pukanie do drzwi. Otworzyłem. Stała w nich Tammie. Weszła do środka i usiadła.
— Posłuchaj — powiedziała. — Przepraszam, jeśli cię uraziłam swoim zachowaniem, ale tylko za to. Cała reszta to po prostu ja.
— Nie ma sprawy, ale sprawiłaś też przykrość Pauli, wybiegając za Louie'em. Widzisz, oni są razem.
— KURWA! — krzyknęła. — GUZIK MNIE OBCHODZI JAKAŚ PAULA!

51

Tego wieczoru zabrałem Tammie na wyścigi kłusaków. Weszliśmy na górę, na wyższą trybunę, i usiedliśmy. Przyniosłem jej program i wpatrywała się w niego przez chwilę. Na wyścigach kłusaków program zawiera tabele poprzednich wyników.
— Posłuchaj — powiedziała. — Jestem na prochach. W takich razach miewam czasami odlot i się gubię. Uważaj na mnie.
— Dobrze. Muszę już iść obstawić. Chcesz kilka dolarów na jakiś mały zakład?
— Nie.
— W porządku. Zaraz wracam.
Podszedłem do okienek i postawiłem 5 dolców na konia numer 7. Kiedy wróciłem, Tammie nie było. Pewnie poszła do toalety, pomyślałem.
Obserwowałem gonitwę. Wygrała siódemka, której szanse oceniano na 5 do 1. Byłem 25 dolców do przodu.
Tammie wciąż nie wracała. Z boksu wyprowadzono konie do następnej gonitwy. Zdecydowałem, że nie będę obstawiał, tylko poszukam mojej zguby.
Poszedłem najpierw na najwyższe trybuny i rozejrzałem się po miejscach stojących, przejściach między sektorami, lożach, po barze. Nigdzie jej nie było.
Rozpoczęła się druga gonitwa i konie już biegły. Schodząc na najniższy poziom trybun, słyszałem krzyki grających, gdy konie znalazły się na prostej. Rozglądałem się wszędzie

w poszukiwaniu tego bajecznego ciała i rudych włosów. Bez skutku.

Podszedłem do punktu pierwszej pomocy. Siedział tam facet z cygarem w ustach.

— Nie macie tu młodej rudej dziewczyny? Może zemdlała. Nie czuła się ostatnio najlepiej.

— Nie mam tu żadnych rudych, proszę pana.

Bolały mnie już nogi. Wróciłem na drugi POZIOM i zacząłem zastanawiać się nad następną gonitwą.

Po ósmej gonitwie byłem 132 dolary na plus. Miałem zamiar postawić 50 na konia numer 4 w ostatniej gonitwie. Wstałem, by to zrobić, i wtedy spostrzegłem Tammie w drzwiach wiodących na zaplecze. Stała między czarnym woźnym i innym czarnym, świetnie ubranym facetem. Wyglądał jak filmowe wcielenie alfonsa. Tammie uśmiechnęła się i pomachała do mnie. Podszedłem do niej.

— Szukałem cię. Pomyślałem, że może przedawkowałaś.

— Nie, nic mi nie jest.

— To dobrze. A więc dobranoc, Ruda.

Ruszyłem w stronę okienek przyjmujących zakłady. Usłyszałem, jak biegnie za mną.

— Hej, dokąd to?

— Chcę postawić na konia numer 4.

Postawiłem. Przegrał o nos. Wyścigi się skończyły. Poszedłem z Tammie na parking. Idąc, ocierała się o mnie biodrem.

— Martwiłem się o ciebie — powiedziałem.

Odnaleźliśmy samochód i wsiedliśmy do środka. W drodze powrotnej Tammie wypaliła 6 albo 7 papierosów, wypalała je do połowy i rozgniatała w popielniczce. Włączyła radio. Kręciła gałką, zmieniając poziom dźwięku, drugą gałką wybierała wciąż nowe stacje i pstrykała palcami w rytm muzyki.

Kiedy dojechaliśmy do domu, pobiegła prosto do siebie i zamknęła drzwi na klucz.

52

Żona Bobby'ego pracowała przez dwie noce w tygodniu i kiedy jej nie było, Bobby dorywał się do telefonu. Wiedziałem, że we wtorkowy i w czwartkowy wieczór będzie mu doskwierać samotność.

We wtorek wieczorem zadzwonił telefon. Naturalnie, Bobby.

— Hej, stary, mógłbym wpaść i wypić z tobą kilka piw?

— Nie ma sprawy.

Siedziałem na krześle naprzeciw Tammie, która usadowiła się na kanapie. Wszedł Bobby i także usiadł na kanapie. Otworzyłem mu piwo. Zaczął rozmawiać z Tammie. Ich pogawędka była tak beznadziejna, że wyłączyłem się. Mimo to docierały do mnie strzępy tej konwersacji.

— Rano zawsze biorę zimny prysznic — wyznał Bobby. — To stawia mnie na nogi.

— Ja też biorę zimny prysznic — zawtórowała Tammie.

— Biorę zimny prysznic i starannie się wycieram — ciągnął Bobby. — Potem czytam jakieś pismo lub coś w tym rodzaju. Dopiero wtedy jestem gotów rozpocząć dzień.

— Ja biorę zimny prysznic, ale się nie wycieram — ujawniła Tammie. — Pozwalam kropelkom wody zostać na miejscu.

Bobby postanowił zmienić temat.

— Czasem biorę wyjątkowo *gorącą* kąpiel. Woda jest tak gorąca, że naprawdę muszę wchodzić do wanny bardzo powoli.

Podniósł się i pokazał, jak wsuwa się do wanny z naprawdę gorącą wodą.

Po chwili rozmowa zeszła na filmy i programy telewizyjne. Gadali tak bez przerwy przez 2 lub 3 godziny. Nagle Bobby zerwał się z miejsca.
— Muszę lecieć.
— Och, *proszę*, nie idź jeszcze, Bobby — błagała Tammie.
— Nie, muszę iść.
No cóż, Valerie zaraz wróci z pracy.

53

W czwartek Bobby znów do mnie zadzwonił.
— Hej, stary, co porabiasz?
— Nic specjalnego.
— Mogę wpaść na kilka piw?
— Wolałbym dzisiaj nie przyjmować żadnych gości.
— Ależ, daj spokój, stary. Tylko na kilka piw.
— Nie, wolałbym nie.
— SKORO TAK, TO PIERDOL SIĘ! — ryknął. Odłożyłem słuchawkę i poszedłem do drugiego pokoju.
— Kto to był? — spytała Tammie.
— Ktoś, kto chciał tu wpaść.
— Bobby, prawda?
— Tak.
— Traktujesz go podle. Dokucza mu samotność, kiedy żona jest w pracy. Co cię, do diabła, napadło?
Tammie zerwała się z miejsca, pobiegła do sypialni i dorwała się do telefonu. Przed chwilą kupiłem jej szampana. Nie zdążyła go jeszcze otworzyć. Ukryłem go w schowku na szczotki.
— Bobby — powiedziała do słuchawki — tu Tammie. Dzwoniłeś przed chwilą? Nie ma twojej żony? Posłuchaj, zaraz do ciebie przyjdę.
Odłożyła słuchawkę i wyszła z sypialni.
— Gdzie jest szampan?
— Odpierdol się. Nie weźmiesz go tam, żeby go wypić razem z nim.

— Chcę szampana. Gdzie on jest?
— Niech sam sobie kupi.
Tammie wzięła ze stolika paczkę papierosów i wybiegła.

Wyjąłem szampana, odkorkowałem go i nalałem sobie kieliszek. Nie pisałem już wierszy miłosnych. W gruncie rzeczy nic nie pisałem. Nie miałem ochoty.
Szampan wchodził gładko. Wychylałem kieliszek po kieliszku.
Zdjąłem buty i poszedłem do mieszkania Bobby'ego. Zajrzałem przez żaluzje. Siedzieli blisko siebie na kanapie i rozmawiali.
Wróciłem do siebie. Dokończyłem szampana i wziąłem się do piwa.
Zadzwonił telefon. Bobby.
— Słuchaj — powiedział. — Może byś wpadł i napił się piwa z Tammie i ze mną?
Odłożyłem słuchawkę.
Wypiłem jeszcze trochę piwa i wypaliłem kilka tanich cygar. Byłem coraz bardziej pijany. Poszedłem do Bobby'ego. Zapukałem. Otworzył drzwi.
Tammie siedziała w rogu kanapy, wciągając nosem kokę za pomocą plastikowej łyżeczki z McDonalda. Bobby wcisnął mi do ręki butelkę piwa.
— Twój kłopot polega na tym, że brak ci wiary w siebie. — Pociągnąłem łyczek.
— To prawda, Bobby, święta prawda — dodała Tammie.
— Jestem cały obolały w środku.
— To tylko brak wiary we własne siły — powtórzył Bobby.
— Prosta sprawa.

Miałem dwa numery telefonu Joanny Dover. Spróbowałem tego w Galveston. Podniosła słuchawkę.
— To ja, Henry.
— Sprawiasz wrażenie pijanego.
— Bo jestem. Chcę do ciebie przyjechać.
— Kiedy?
— Jutro.

— Dobrze.
— Wyjdziesz po mnie na lotnisko?
— Jasne, kochany.
— Zabukuję samolot i zadzwonię do ciebie.

Zarezerwowałem miejsce w boeingu 707 odlatującym następnego dnia o 12.15 z międzynarodowego lotniska w Los Angeles. Przekazałem te dane Joannie. Obiecała, że po mnie wyjedzie.

Zadzwonił telefon. Lydia.
— Chciałam cię poinformować, że sprzedałam dom. Wyprowadzam się do Phoenix. Wyjeżdżam rano.
— W porządku, Lydio. Powodzenia.
— Poroniłam. Niewiele brakowało, żebym się przekręciła. To było straszne. Straciłam tyle krwi. Nie chciałam ci zawracać głowy.
— Teraz już wszystko w porządku?
— Tak. Tylko chcę się stąd wynieść. Mam dość tego miasta.

Pożegnaliśmy się.
Zabrałem się do następnego piwa. Otworzyły się drzwi frontowe i weszła Tammie. Jak wariatka chodziła w kółko po pokoju, przypatrując mi się.
— Wróciła Valerie? Wyleczyłaś Bobby'ego z samotności?

Tammie nie odpowiedziała, tylko dalej spacerowała w kółko. Wyglądała bardzo dobrze w tym swoim szlafroku, bez względu na to, czy została zerżnięta, czy nie.
— Wynoś się — rzuciłem.
Zrobiła jeszcze jedno kółko i pobiegła do siebie na górę.

Nie mogłem zasnąć. Na szczęście miałem jeszcze trochę piwa. Ostatnią butelkę osuszyłem o 4.30. Dotrwałem do 6 i poszedłem po piwo.

Czas upływał przeraźliwie wolno. Chodziłem po pokoju. Nie czułem się najlepiej, ale zaśpiewałem kilka piosenek. Śpiewałem, spacerując od łazienki do frontowego pokoju, do kuchni i z powrotem.

Spojrzałem na zegar. Była 11.15. Samolot odlatywał za godzinę. Byłem już ubrany. Miałem na nogach buty, ale bez skarpet. Zabrałem ze sobą tylko okulary do czytania, które wsadziłem do kieszeni koszuli. Wybiegłem z mieszkania bez bagażu.

Garbus stał przed domem. Wsiadłem. Słońce prażyło mocno. Na chwilę oparłem głowę na kierownicy. Usłyszałem komentarz jakiegoś mieszkańca mego domu:

— Do diabła, gdzie on się wybiera w takim stanie?

Uruchomiłem silnik, włączyłem radio i odjechałem. Miałem kłopoty z prowadzeniem. Wóz znosiło wciąż w lewo, przekraczałem podwójne żółte linie i jechałem wprost na samochody nadjeżdżające z przeciwka. Trąbiły i wracałem na swój pas.

Zbliżałem się do lotniska. Miałem jeszcze kwadrans. Po drodze przeskakiwałem czerwone światła, znaki zatrzymania, przez cały czas przekraczając dozwoloną prędkość, i to naprawdę znacznie. Zostało mi 14 minut. Parking był pełen. Żadnego wolnego miejsca. Dostrzegłem trochę przestrzeni przed windą, akurat tyle, by zmieścił się garbus. Stał tam znak: ZAKAZ PARKOWANIA. Wcisnąłem się tam. Kiedy zamykałem wóz, z kieszeni wypadły mi okulary i stłukły się na chodniku.

Wbiegłem na schody i ruszyłem do biura rezerwacji po drugiej stronie ulicy. Było gorąco. Ociekałem potem.

— Rezerwacja dla Henry'ego Chinaskiego.

Urzędnik wypisał bilet i zapłaciłem gotówką.

— A tak przy okazji — powiedział — czytałem pańskie książki.

Pobiegłem do bramki z wykrywaczem metalu. Zabrzęczał dzwonek. Dużo drobniaków, siedem kluczy i scyzoryk. Położyłem je na tacy i przeszedłem jeszcze raz.

Pięć minut. Bramka numer 42.

Wszyscy byli już na pokładzie. Dołączyłem do nich. 3 minuty. Znalazłem swoje miejsce i zapiąłem pasy. Kapitan mówił coś przez głośniki.

Kołowaliśmy po pasie i wzbiliśmy się w powietrze. Nad oceanem wzięliśmy wielki zakręt.

54

Wyszedłem z samolotu jako ostatni i zobaczyłem Joannę Dover.
— Mój Boże! — roześmiała się. — Wyglądasz makabrycznie!
— Joanno, wypijmy po krwawej Mary, czekając na mój bagaż. Do licha, nie mam bagażu. Nieważne, napijmy się.
Usiedliśmy w barze.
— W ten sposób nigdy nie dotrzesz do Paryża.
— Nie przepadam za Francuzami. Wiesz, urodziłem się w Niemczech.
— Mam nadzieję, że spodoba ci się mój dom. Jest skromnie urządzony. Dwa piętra i mnóstwo przestrzeni.
— Spodoba mi się, jeśli będziemy spać w tym samym łóżku.
— Mam też farby.
— Farby?
— No, będziesz mógł malować, jak ci przyjdzie ochota.
— Do diabła z tym. Ale dzięki mimo wszystko. Czy zakłóciłem ci jakoś życie osobiste?
— Nie. Był pewien mechanik samochodowy, ale się ulotnił. Nie wytrzymał tempa.
— Bądź dla mnie miła, Joanno. Seks to nie wszystko.
— Dlatego właśnie kupiłam farby. Z myślą o tobie, żebyś mógł wypocząć.
— Doprawdy wielka z ciebie kobieta, nawet nie biorąc pod uwagę twego wzrostu.
— Jezu, myślisz, że nie wiem?

Podobał mi się jej dom. Wszystkie okna i drzwi zaopatrzono w żaluzje. Okna były duże i otwierały się na oścież. Na podłodze żadnych dywanów. Do tego dwie łazienki, stare meble i wszędzie pełno stołów i stolików. Wystrój był prosty, ale komfortowy.
— Weź prysznic — zaproponowała Joanna.
Roześmiałem się.
— Zabrałem ze sobą tylko to, co mam na sobie.
— Kupimy ci coś jutro. Jak weźmiesz prysznic, pojedziemy na dobrą kolację z owoców morza. Znam takie miejsce.
— Serwują tam drinki?
— Ty dupku.
Nie wziąłem prysznica. Wykąpałem się.
Jechaliśmy kawałek drogi. Dotąd nie zdawałem sobie sprawy, że Galveston jest wyspą.
— Ostatnio handlarze narkotyków porywają motorówki do połowu krewetek. Zabijają całą załogę i przemycają łodziami narkotyki. Między innymi dlatego ceny krewetek idą w górę. Zrobiło się z tego niebezpieczne zajęcie. A jak tam twoje zawodowe poczynania?
— Przestałem pisać. To już chyba koniec.
— Jak długo to trwa?
— Sześć czy siedem dni.
Joanna wjechała na parking. Prowadziła bardzo szybko, ale bez ostentacyjnego łamania przepisów. Jechała szybko, zupełnie jakby to był jej przywilej. Potrafiłem docenić tę różnicę.
Dostaliśmy stolik z dala od tłumu. Było chłodno, cicho i ciemno. Podobało mi się tam. Zdecydowałem się na homara. Joanna zamówiła jakąś dziwną francuską potrawę. Cóż, to kobieta o wyrafinowanym smaku, bywała w wielkim świecie. W pewnym sensie, chociaż nie jestem tym zachwycony, wykształcenie bywa przydatne, kiedy patrzysz na menu lub szukasz pracy, zwłaszcza w tym pierwszym wypadku. Zawsze miałem kompleksy w stosunku do kelnerów. Pojawiłem się zbyt późno, i do tego kiepsko przygotowany. Wszyscy kelnerzy z pewnością czytali Trumana Capote'a. Ja czytywałem wyniki gonitw w gazecie.

Kolacja była dobra, a po zatoce pływały motorówki poławiające krewetki, łodzie patrolowe i piraci. Homar bardzo mi smakował i popijałem go dobrym winem. Był w porządku. Zawsze lubiłem te stwory w różowoczerwonych pancerzach, powolne, ale zarazem niebezpieczne.

Po powrocie wypiliśmy butelkę doskonałego czerwonego wina. Siedzieliśmy w ciemności, obserwując nieliczne samochody pędzące wijącą się w dole ulicą. Joanna zapytała:
— Hank?
— Tak?
— Czy to jakaś kobieta cię tu wypędziła?
— Tak.
— Skończyłeś z nią?
— Chciałbym, żeby tak było. Ale gdybym powiedział „nie"...
— A więc nie wiesz?
— Nie za bardzo.
— Czy w ogóle można mieć pewność?
— Chyba nie.
— Dlatego właśnie wygląda to tak parszywie.
— Rzeczywiście.
— Chodź, zróbmy to.
— Wypiłem za dużo.
— Chciałabym pójść z tobą do łóżka.
— Wolałbym się jeszcze trochę napić.
— Nie będziesz w stanie...
— Wiem. Mam nadzieję, że pozwolisz mi zostać przez kilka dni.
— To będzie zależeć od tego, jak się wykażesz w łóżku.
— Przynajmniej uczciwie stawiasz sprawę.

Kiedy w butelce ukazało się dno, z trudem dotarłem do łóżka. Zasnąłem, zanim Joanna wyszła z łazienki.

55

Zaraz po przebudzeniu wstałem i skorzystałem ze szczoteczki do zębów Joanny, wypiłem kilka szklanek wody, umyłem ręce i twarz i wróciłem do łóżka. Joanna odwróciła się i odnalazłem jej usta. Kutas zaczął mi się podnosić. Położyłem na nim jej rękę. Chwyciłem ją za włosy, odciągając jej głowę do tyłu, i zacząłem namiętnie ją całować. Bawiłem się jej cipką. Długo drażniłem jej łechtaczkę. Była bardzo mokra. Wsadziłem jej. Byłem w niej. Czułem, że zaczyna reagować. Byłem w stanie posuwać ją przez długi czas. W końcu nie mogłem się już dłużej powstrzymywać. Byłem mokry od potu, a serce waliło mi tak głośno, że słyszałem jego bicie.

— Nie jestem w formie — powiedziałem.
— To było miłe. Zapalmy skręta.

Musiała przygotować go wcześniej. Paliliśmy go na przemian.

— Joanno, chce mi się spać. Zdrzemnąłbym się jeszcze godzinkę.
— Jasne. Skończmy tylko tego skręta.

Wypaliliśmy go do końca i wyciągnęliśmy się na łóżku. Zasnąłem.

56

Tego wieczoru, po kolacji, Joanna wyjęła skądś trochę meskaliny.
— Próbowałeś tego kiedyś?
— Nie.
— Chcesz spróbować?
— Chętnie.
Rozłożyła na stole farby, pędzle i płachty papieru. Przypomniałem sobie wtedy, że kolekcjonuje dzieła sztuki. I że kupiła kilka moich obrazów. Przez większość wieczoru piliśmy heinekena, ale wciąż byliśmy trzeźwi.
— To bardzo mocny narkotyk.
— Jak działa?
— Duży odlot. Może zrobić ci się niedobrze. Kiedy wymiotujesz, jesteś na jeszcze większym haju, ale ja wolę nie wymiotować, więc dodaję trochę sody oczyszczonej. Najważniejszą cechą meskaliny jest to, że masz po niej poczucie jednego wielkiego koszmaru.
— Przez całe życie miałem to poczucie i bez tego.
Zacząłem malować. Joanna puściła jakąś płytę stereo. Muzyka była bardzo dziwna, mimo to podobała mi się. Obejrzałem się, ale Joanny nie było. Mniejsza z tym. Namalowałem faceta, który przed chwilą popełnił samobójstwo, wieszając się na belce stropowej. Użyłem różnych odcieni żółci, trup był bardzo jaskrawy i piękny. Nagle ktoś wyszeptał:
— Hank...
Ten głos był tuż za mną. Podskoczyłem na krześle.

— JEZUS MARIA! O KURWA!

Lodowate dreszcze przebiegły od moich rąk do ramion i przemknęły mi po plecach. Zadrżałem. Obejrzałem się. Stała za mną Joanna.

— Nigdy mi tego nie rób — powiedziałem. — Nie skradaj się tak do mnie, bo cię zabiję!

— Hank, wyszłam tylko po papierosy.

— Spójrz na mój obraz.

— Och, wspaniały. Bardzo mi się podoba!

— To chyba wpływ meskaliny.

— Tak, na pewno.

— Dobra, daj mi dyma, laleczko.

Joanna roześmiała się i zapaliła dwa papierosy.

Wróciłem do malowania. Tym razem poszedłem na całość: wielki zielony wilk dymał bezlitośnie rudowłosą piękność, rude włosy spływały jej na plecy, a wilk posuwał ją, stojąc na tylnych łapach. Dziewczyna była bezradna i uległa. Wilk rżnął ją jak wściekły, a nad ich głowami płonęła noc, obserwowały ich gwiazdy o długich ramionach i księżyc. Z obrazu emanowała gorączka. Skrzył się feerią barw.

— Hank...

Podskoczyłem. Odwróciłem się. Za mną stała Joanna. Chwyciłem ją za gardło.

— Do diabła, mówiłem ci, żebyś się tak nie skradała...

57

Byłem u niej przez pięć dni i pięć nocy. Potem nie chciał mi już stawać. Joanna odwiozła mnie na lotnisko. Kupiła mi nową walizkę i trochę ubrań. Nie znoszę tego lotniska w Dallas-Fort Worth. To najbardziej nieludzkie lotnisko w całych Stanach.

Joanna pomachała mi na pożegnanie i wzbiłem się w powietrze...

Podróż do Los Angeles przebiegła bez żadnych incydentów. Wysiadłem, zastanawiając się, co z moim garbusem. Zjechałem windą na parking i nie dojrzałem go. Doszedłem do wniosku, że gdzieś go odholowano. Przeszedłem na drugą stronę. Stał tam, połyskując w słońcu. Dostałem tylko kwit za parkowanie.

Dotarłem do domu. Mieszkanie wyglądało tak jak zawsze — wszędzie pełno butelek i śmieci. Będę musiał trochę posprzątać. Gdyby ktoś zobaczył je w takim stanie, trafiłbym do domu wariatów. Rozległo się pukanie do drzwi. Otworzyłem. Stała w nich Tammie.

— Cześć! — powiedziała.

— Witaj.

— Musiałeś strasznie się spieszyć, wyjeżdżając. Nie pozamykałeś drzwi, a te od tyłu były otwarte na oścież. Posłuchaj, obiecaj mi, że nikomu nie powiesz tego, co ci chcę zdradzić...

— Dobrze.

— Arlene korzystała z twego telefonu. To była zamiejscowa.
— Nie szkodzi.
— Próbowałam ją powstrzymać, ale mi się nie udało. Była na prochach.
— Już dobrze.
— Gdzie byłeś?
— W Galveston.
— Dlaczego tak nagle wyjechałeś? Zachowujesz się jak wariat.
— W sobotę znowu wyjeżdżam.
— W sobotę? A co mamy dzisiaj?
— Czwartek.
— Dokąd jedziesz?
— Do Nowego Jorku.
— Po co?
— Na wieczór autorski. Dwa tygodnie temu przysłali mi bilety. I dostanę część pieniędzy z opłat za wstęp.
— Och, zabierz mnie ze sobą! Zostawię Dancy u matki. Tak bardzo chcę pojechać!
— Nie stać mnie na to, żeby cię zabrać. Wszystko, co zarobię, pójdzie na rachunki. Miałem ostatnio duże wydatki.
— Będę *dobra*! Będę *taka grzeczna*! Nie będę cię odstępować na krok! Naprawdę tęskniłam za tobą.
— Nic z tego, Tammie.
Podeszła do lodówki i wyjęła piwo.
— Po prostu wcale ci na mnie nie zależy. Te wszystkie wiersze miłosne, nigdy nie traktowałeś tego serio.
— Brałem to całkiem poważnie, przynajmniej kiedy je pisałem.
Zadzwonił telefon. Mój wydawca.
— Gdzie byłeś?
— W Galveston. Wnikliwie studiowałem pewne zagadnienia.
— Słyszałem, że w tę sobotę masz czytać wiersze w Nowym Jorku.
— Tak. Tammie, moja dziewczyna, chce pojechać ze mną.
— Zabierasz ją?

— Nie, nie stać mnie.
— Ile to będzie kosztować?
— 316 w obie strony.
— Naprawdę chcesz ją zabrać?
— Tak, chyba tak.
— W porządku, zabierz ją. Wyślę ci czek.
— Mówisz poważnie?
— Tak.
— Nie wiem, co powiedzieć...
— Zapomnij o tym. Pamiętaj tylko o Dylanie Thomasie.
— *Mnie* nie wykończą.
Pożegnaliśmy się. Tammie ciągnęła piwo.
— Dobrze. Masz dwa, trzy dni, żeby się spakować.
— Chcesz powiedzieć, że *jadę* z tobą?
— Tak, mój wydawca opłaci twój przelot.
Podskoczyła i zarzuciła mi ręce na szyję. Pocałowała mnie, chwyciła za jądra, pociągnęła za kutasa.
— Słodki z ciebie stary zbój!
Nowy Jork. Oprócz Dallas, Houston, Charleston i Atlanty to najgorsze miejsce, jakie znam. Tammie przycisnęła się do mnie i kutas mi stanął. Joanna Dover nie zdołała wyeksploatować mnie do końca...

58

W tę sobotę wylatywaliśmy o 15.30. O drugiej zapukałem do Tammie. Nie było jej w domu. Wróciłem do siebie i usiadłem. Zadzwonił telefon. To była Tammie.
— Posłuchaj — powiedziałem — musimy zacząć myśleć o wyjeździe. Na lotnisku Kennedy'ego będą na mnie czekać. Gdzie jesteś?
— Brakuje mi 6 dolców na wykupienie recepty. Kupuję prochy.
— Gdzie jesteś?
— O jedną przecznicę od skrzyżowania Santa Monica Boulevard z Western. Łatwo znaleźć tę aptekę.
Odłożyłem słuchawkę, wsiadłem do garbusa i pojechałem. Zaparkowałem o przecznicę od Santa Monica i Western, wysiadłem i zacząłem się rozglądać. Nie było tu żadnej apteki.
Wróciłem do wozu i jadąc, rozglądałem się za jej czerwonym camaro. Dostrzegłem go o kilka przecznic dalej. Wysiadłem i wszedłem do apteki. Tammie siedziała na krześle. Dancy podbiegła do mnie i zaczęła stroić miny.
— Nie możemy zabrać dzieciaka.
— Wiem. Zostawimy ją u mojej matki.
— U twojej matki? To 3 mile w drugą stronę.
— To po drodze na lotnisko.
— Skąd, to w przeciwną stronę.
— Masz te 6 dolarów?
Dałem jej pieniądze.
— Zobaczymy się u ciebie. Spakowałaś się?

— Tak, jestem gotowa.

Wróciłem do domu i czekałem. Usłyszałem, jak przyjechały.

— Mamo! Chcę Ding-Donga!

Weszły po schodach. Czekałem, aż zejdą na dół. Nie schodziły. Poszedłem na górę. Tammie była już właściwie spakowana, ale wciąż — nie wiedzieć czemu — na klęczkach zapinała i rozpinała walizkę.

— Posłuchaj. Zniosę twoje pozostałe rzeczy.

Miała dwie wielkie, wypchane po brzegi papierowe torby i trzy sukienki na wieszakach. Do tego walizkę.

Zniosłem papierowe torby i sukienki do garbusa. Kiedy wróciłem, wciąż mocowała się z walizką.

— Tammie, chodźmy już.

— Poczekaj chwilę.

Klęczała, zapinając i rozpinając walizkę. Nie zaglądała do niej. Tylko bezmyślnie zapinała i rozpinała zamek.

— Mamo — powiedziała Dancy. — Chcę Ding-Donga.

— Dalej, Tammie, jedziemy.

— Dobrze.

Chwyciłem walizkę, a one ruszyły za mną.

Jechałem za jej porozbijanym camaro. Weszliśmy do domu jej matki. Tammie stanęła przy komodzie i zaczęła otwierać i zamykać szuflady. Za każdym razem, kiedy którąś otworzyła, wkładała rękę i grzebała w niej. Potem zatrzaskiwała ją i zabierała się do następnej. I znów to samo.

— Tammie, samolot zaraz wystartuje.

— Ależ nie, mamy mnóstwo czasu. *Nie znoszę* oczekiwania na lotniskach.

— Co zrobisz z Dancy?

— Zostawię ją tutaj, niedługo matka wróci z pracy.

Dancy zawyła. W końcu dotarło do niej, że musi tu zostać, i zawyła, a z oczu popłynęły jej łzy. Potem przestała płakać, zacisnęła piąstki i krzyknęła:

— CHCĘ DING-DONGA!

— Słuchaj, Tammie, zaczekam w samochodzie.

Wyszedłem. Czekałem pięć minut. Znów wszedłem do domu.

Tammie nadal bawiła się szufladami.
— Proszę, Tammie, jedźmy już!
— Dobrze.
Zwróciła się do Dancy.
— Posłuchaj, poczekasz tu na babcię. Zamknij drzwi na klucz i nie otwieraj *nikomu* oprócz babci!
Dancy ponownie zawyła. Potem wykrzyknęła:
— NIENAWIDZĘ CIĘ!

Tammie wyszła ze mną i wsiedliśmy do garbusa. Włączyłem silnik. Wtedy otworzyła drzwi i wyskoczyła.
— MUSZĘ ZABRAĆ COŚ ZE SWOJEGO SAMOCHODU!
Podbiegła do camaro.
— O kurwa, zamknęłam go, a nie mam kluczyka! Masz druciany wieszak?
— Nie! — krzyknąłem. — Nie mam wieszaka!
— *Zaraz wrócę!*
Pobiegła z powrotem do mieszkania matki. Słyszałem, jak otwiera drzwi. Dancy wyła i krzyczała. Potem usłyszałem trzaśnięcie drzwi i wróciła Tammie z wieszakiem. Podeszła do camaro i odblokowała drzwiczki.

Zbliżyłem się do jej samochodu. Tammie wskoczyła na tylne siedzenie i grzebała w stosie zgromadzonych tam śmieci — ubrań, papierowych torebek i kubeczków, gazet, butelek po piwie, pustych pudełek. W końcu znalazła: aparat Polaroid, który jej podarowałem na urodziny.

Pędziłem, jakbym chciał wygrać wyścig Formuły 1, a Tammie pochyliła się ku mnie.
— Naprawdę mnie kochasz?
— Tak.
— Kiedy się znajdziemy w Nowym Jorku, będę się z tobą pieprzyć, jak nikt nigdy dotąd tego nie robił!
— Mówisz poważnie?
— Tak.
Chwyciła mnie za kutasa i przywarła do mnie.
Moja pierwsza i jedyna ruda dziewczyna. Mam szczęście...

59

Wbiegliśmy na rampę dla pasażerów. Niosłem jej sukienki i papierowe torby. Przy ruchomych schodach Tammie dostrzegła automat, w którym można było wykupić ubezpieczenie.

— Proszę, mamy pięć minut do startu.
— Chcę, żeby w razie czego Dancy dostała pieniądze.
— W porządku.
— Masz dwie ćwierćdolarówki?

Dałem jej monety. Wrzuciła je i z automatu wyskoczył kartonik.

— Masz pióro?

Wypełniła kartonik, ale trzeba było jeszcze uporać się z kopertą. Jakoś tego dokonała. Potem próbowała wsunąć ją w szczelinę w automacie.

— Nie chce wejść!
— Spóźnimy się na samolot.

Dalej próbowała wsunąć kopertę w szczelinę. Nie mogła. Koperta za nic nie chciała wejść do środka. Była już złamana na pół i wszystkie rogi miała pogięte.

— Zaraz mnie szlag trafi. Mam tego dosyć!

Spróbowała jeszcze kilka razy, ale bez skutku. Spojrzała na mnie.

— W porządku, chodźmy.

Pojechaliśmy ruchomymi schodami na górę, objuczeni jej sukienkami i papierowymi torbami. Odnaleźliśmy właściwą bramkę. Mieliśmy miejsca z tyłu. Zapięliśmy pasy.

— Widzisz. Mówiłam, że mamy mnóstwo czasu.
Spojrzałem na zegarek. Samolot zaczął się toczyć po pasie startowym...

60

Znajdowaliśmy się w powietrzu od dwudziestu minut, kiedy wyjęła z torebki lusterko i zaczęła robić sobie makijaż, szczególnie przykładając się do malowania oczu. Nakładała tusz na rzęsy maleńką szczoteczką. Robiąc to, szeroko otworzyła oczy i usta. Obserwując ją, poczułem, że kutas mi twardnieje. Jej usta były takie pełne i okrągłe, tak szeroko otwarte. Nadal malowała rzęsy. Zamówiłem dwa drinki.

Tammie przerwała, żeby się napić, po czym wróciła do makijażu.

Jakiś młody facet w fotelu na prawo od nas zaczął zabawiać się ze sobą. Tammie patrzyła na swoją twarz w lusterku, cały czas z otwartymi ustami. Wyglądało na to, że tymi ustami naprawdę może nieźle obrobić kutasa.

Makijaż zajął jej godzinę. Potem schowała lusterko i szczoteczkę, oparła się o mnie i usnęła.

Miejsce po mojej lewej stronie zajmowała dorodna czterdziestka. Tammie spała przytulona do mnie.

Kobieta spojrzała na mnie.

— Ile ona ma lat?

Nagle w samolocie zapanowała cisza. Wszyscy siedzący w pobliżu chcieli usłyszeć odpowiedź.

— 23.

— Wygląda na 17.

— Ale ma 23.

— Spędza dwie godziny, robiąc makijaż, a potem kładzie się spać.

— Trwało to tylko godzinę.
— Lecicie do Nowego Jorku? — spytała kobieta.
— Tak.
— To pańska córka?
— Nie, nie jestem jej ojcem *ani* dziadkiem. Nie jestem w ogóle z nią spokrewniony. To moja dziewczyna i lecimy do Nowego Jorku.

W jej oczach wyczytałem ten nagłówek:

> POTWÓR Z EAST HOLLYWOOD
> OSZAŁAMIA NARKOTYKAMI
> SIEDEMNASTOLETNIĄ DZIEWCZYNĘ,
> UPROWADZA JĄ DO NOWEGO JORKU,
> GDZIE WYKORZYSTUJE JĄ SEKSUALNIE
> I ZMUSZA DO UPRAWIANIA NIERZĄDU

Pani Ciekawska dała mi spokój. Wyciągnęła się wygodnie na fotelu i zamknęła oczy. Jej głowa opadła w moją stronę. Miałem wrażenie, że opada mi niemal na kolana. Obejmując Tammie, przyglądałem się tej głowie. Zastanawiałem się, czy nie miałaby nic przeciwko temu, gdybym zmiażdżył te usta w szaleńczym pocałunku. Znowu miałem wzwód.

Samolot podchodził do lądowania. Tammie wyglądała na zupełnie bezwładną. Martwiło mnie to. Zapiąłem jej pas.

— Tammie, to już *Nowy Jork*. Podchodzimy do *lądowania*! Tammie! *Obudź się!*

Żadnej reakcji. Czyżby przedawkowała? Zbadałem jej puls. Nic nie wyczułem.

Spojrzałem na jej ogromne cycki. Chciałem sprawdzić, czy oddycha. Nie poruszały się. Podniosłem się z fotela i poszukałem stewardesy.

— Proszę wrócić na miejsce, proszę pana. Przygotowujemy się do lądowania.

— Widzi pani, martwię się o swoją dziewczynę. Nie jestem w stanie jej obudzić.

— Sądzi pan, że nie żyje? — zapytała szeptem.

— Nie wiem — odpowiedziałem, również szeptem.

— Dobrze, proszę pana. Gdy tylko wylądujemy, przyjdę do pana.

Samolot zaczął się zniżać. Poszedłem do klopa i zwilżyłem kilka papierowych ręczników. Wróciłem na miejsce obok Tammie i natarłem jej twarz. Cały makijaż poszedł na marne. Tammie nie reagowała.

— Obudź się, ty dziwko!

Przesunąłem pękiem mokrych ręczników po rowku między jej piersiami. Nic. Żadnej reakcji. Poddałem się.

Będę musiał odesłać jakoś jej ciało do Los Angeles. Będę musiał wytłumaczyć się przed jej matką. Jej matka mnie znienawidzi.

Wylądowaliśmy. Pasażerowie podnieśli się z miejsc i ustawili w kolejce. Ja się nie ruszyłem. Potrząsnąłem Tammie i uszczypnąłem ją.

— Już Nowy Jork, Ruda. Zepsute miasto. Obudź się. Przestań się wygłupiać.

Podeszła stwardesa i dotknęła Tammie.

— Kochanie, co ci jest?

Tammie zaczęła reagować. Poruszyła się. Otworzyła oczy. Chodziło tylko o *nowy* głos. Nikt nie słucha znanych głosów. Znane głosy stają się częścią osobowości, jak paznokcie.

Tammie wyjęła lusterko i zaczęła rozczesywać włosy. Stewardesa poklepała ją po ramieniu. Wstałem i wyciągnąłem sukienki z półki nad głową. Papierowe torby były tam również. Tammie wciąż patrzyła w lusterko i rozczesywała włosy.

— Tammie, jesteśmy w Nowym Jorku. Wysiadamy.

Zerwała się z miejsca. Trzymałem obie torby i sukienki. Wyszła z samolotu, kręcąc pośladkami. Ruszyłem za nią.

61

Wyszedł po nas mój człowiek, Gary Benson. Także pisywał wiersze. Poza tym jeździł taksówką. Był bardzo gruby, ale przynajmniej nie wyglądał jak poeta, nic z wyglądu typowego dla North Beach lub East Village. Nie wyglądał też na nauczyciela angielskiego i było to miłe, ponieważ tego dnia panował w Nowym Jorku wielki upał, ponad 40 stopni. Odebraliśmy bagaż i wsiedliśmy do jego samochodu. Przyjechał prywatnym wozem, a nie taksówką. Wyjaśnił nam, dlaczego w Nowym Jorku nie warto mieć samochodu i skąd tu tyle taksówek. Wydostaliśmy się z lotniska, a on zaczął opowiadać. Kierowcy w Nowym Jorku są tacy sami jak to miasto, nikt nie ustąpi ci nawet o cal, gwiżdżą na wszelkie zasady. Nie ma mowy o tolerancji ani o jakiejkolwiek uprzejmości: zderzak przy zderzaku samochody prą naprzód. Zrozumiałem: każdy, kto by ustąpił o cal, wywołałby potworny karambol i to on byłby sprawcą katastrofy, winny czyjegoś kalectwa lub śmierci. Toteż samochody płynęły bez końca, jak gówna w kanale ściekowym. Wspaniały to był widok. Żaden kierowca nie okazywał złości, wszyscy pogodzili się po prostu z faktami.

Gary jednak lubił rozmawiać także o naszym wspólnym zajęciu.

— Jeśli ci to nie przeszkadza, chciałbym przeprowadzić z tobą wywiad do pewnej audycji radiowej.

— W porządku, Gary, może jutro, po moim wieczorze autorskim.

— Teraz zabiorę cię do organizatora twojego spotkania. Wszystko przygotował. Pokaże ci, gdzie będziesz mieszkał i tak dalej. Nazywa się Marshall Benchly i nie mów mu tego, ale szczerze go nienawidzę.

Jechaliśmy dalej i nagle Gary dostrzegł Marshalla przed potężnym domem z piaskowca. Nie było tam parkingu. Marshall wskoczył do samochodu i pojechaliśmy dalej. Benchly wyglądał na poetę żyjącego z własnego kapitału, na człowieka, który nigdy nie musiał pracować na życie. Widać to było na pierwszy rzut oka. Był afektowany i gładki jak kamyk z dna oceanu.

— Zabierzemy cię do twego lokum — powiedział.

Z dumą wyrecytował długą listę osób, które mieszkały w tym samym hotelu. Znałem niektóre nazwiska, inne nic mi nie mówiły.

Gary zatrzymał się przed hotelem Chelsea. Wysiedliśmy.

— Zobaczymy się na wieczorku. I jutro.

Marshall zaprowadził nas do środka i podeszliśmy do recepcjonisty. Hotel był dość lichy i może dlatego miał pewien urok. Marshall odwrócił się i wręczył mi klucz.

— Pokój numer 1010, dawny pokój Janis Joplin.

— Dzięki.

— Wielu znanych artystów zajmowało number 1010.

Ruszył z nami w stronę maleńkiej windy.

— Wieczorek poetycki jest o dwudziestej. Przyjadę po ciebie pół godziny wcześniej. Wszystkie bilety są wyprzedane już od dwóch tygodni. Sprzedajemy jeszcze wejściówki na miejsca stojące, ale musimy brać pod uwagę przepisy przeciwpożarowe.

— Marshall, gdzie jest najbliższy sklep monopolowy?

— Na dół i w prawo.

Pożegnaliśmy się z Marshallem i wjechaliśmy windą na górę.

62

Na spotkaniu, które odbywało się w kościele Św. Marka, było cholernie gorąco. Siedzieliśmy w dawnej zakrystii. Tammie znalazła wielkie lustro oparte o ścianę i zaczęła czesać włosy. Marshall zaprowadził mnie na cmentarz za kościołem. Na ziemi stały małe cementowe tablice nagrobne. Oprowadzał mnie, pokazując wyryte na nagrobkach inskrypcje. Zawsze przed wieczorem autorskim wysiadały mi nerwy, robiłem się spięty i nieszczęśliwy. Prawie zawsze wymiotowałem. Tak stało się i tym razem. Narzygałem na jakiś grób.

— Obrzygałeś właśnie Petera Stuyvesanta — zauważył Marshall.

Wróciłem do garderoby. Tammie nadal przypatrywała się sobie w lustrze. Patrzyła na swoją twarz i ciało, ale głównie zajmowały ją włosy. Upięła je na czubku głowy, przyjrzała się sobie krytycznie i znowu je rozpuściła.

Marshall wsadził głowę przez drzwi.

— Chodźcie. Wszyscy czekają!
— Tammie nie jest gotowa.

Ponownie upięła włosy na czubku głowy i przyjrzała się sobie. Znów je rozpuściła. Zbliżyła twarz do lustra, zajrzała sobie w oczy.

Marshall zapukał i wpakował się do środka.

— Chodź, Chinaski!
— Tammie, chodźmy już.

— Dobrze.

Wszedłem do sali z Tammie u boku. Rozległy się oklaski. Kurewski czar Chinaskiego wciąż działa. Tammie usiadła w tłumie, a ja zacząłem czytać. Przede mną stało sporo butelek piwa w wiadrze z lodem. Miałem ze sobą stare i nowe wiersze. Nie mogłem spudłować. Złapałem świętego Marka za nogi.

63

Wróciliśmy do pokoju 1010. Otrzymałem czek. Zostawiłem w recepcji wiadomość, żeby nikt nam nie przeszkadzał. Siedzieliśmy z Tammie, popijając. Tego wieczoru przeczytałem 5 czy 6 wierszy miłosnych, które napisałem z myślą o niej.

— Wiedzieli, kim jestem — zauważyła. — Chwilami nie mogłam powstrzymać chichotu. Byłam zażenowana.

Pewnie, że wiedzieli, kim ona jest. Emanowała seksem. Nawet karaluchy, mrówki i muchy chciały się z nią pieprzyć.

Rozległo się pukanie do drzwi. Weszło dwoje ludzi, poeta ze swoją kobietą. Poetą był Morse Jenkins z Vermontu. Jego kobieta nazywała się Sadie Everet. Przynieśli cztery butelki piwa.

On miał na sobie sandały i stare, obszarpane dżinsy, pomarańczową bluzę, bransolety z turkusami, łańcuch na szyi; do tego broda i długie włosy. Gadał jak nakręcony i spacerował w kółko po pokoju.

Jest pewien kłopot z pisarzami. Jeśli facet napisał coś, co rozeszło się w dużym nakładzie, nabiera przekonania, że jest wielki. Jeśli to, co napisał, sprzedawało się tak sobie, uważa, że jest wielki. Jeśli jego utwór wydano w kilkuset zaledwie egzemplarzach, też uważa, że jest wielki. Jeśli nie znalazł wydawcy, a nie miał forsy, żeby wydrukować to własnym sumptem, o!, wtedy ma już prawdziwą manię wielkości. Prawda natomiast wygląda tak, że trudno tu znaleźć znamiona wielkości. Nie ma jej prawie wcale, jest niewidzialna. Możesz jednak być pewien, że najgorsi pisarze mają najwięcej wiary w siebie, najmniej wątpliwości. Tak czy inaczej, pisarzy należy unikać i próbowałem to robić, ale okazało się to prawie niemożliwe. Oczekują od człowieka poczucia braterstwa, jakiejś więzi. To wszystko nie ma nic wspólnego z literaturą i ani trochę nie pomaga, kiedy człowiek zasiada do maszyny.

— Boksowałem się z Cassiusem Clayem, zanim stał się Alim — oświadczył Morse. Zadawał ciosy na prawo i lewo, podskakiwał, tańczył. — Był niezły, ale dałem mu wycisk. — Rzucał się po pokoju, walcząc z wyimaginowanym przeciwnikiem. — Spójrzcie na moje nogi! Mam wspaniałe nogi!

— Hank ma lepsze — zauważyła Tammie.

W poczuciu słusznej dumy ze swoich nóg kiwnąłem potakująco głową.

Morse usiadł. Wskazał butelką piwa na Sadie.

— Pracuje jako pielęgniarka. Utrzymuje mnie. Ale pewnego dnia odniosę sukces. Jeszcze o mnie usłyszą!

Morse'owi nigdy nie będzie potrzebny mikrofon podczas wieczorów autorskich.

Spojrzał na mnie.

— Chinaski, jesteś jednym z dwóch, trzech najlepszych żyjących poetów. Naprawdę odnosisz sukcesy. Piszesz ostro. Ale i ja zaczynam się wybijać! Pozwól, że ci przeczytam moje ostatnie kawałki. Sadie, podaj mi moje wiersze.

— Nie, poczekaj! — zaprotestowałem. — Nie chcę ich słuchać.

— Dlaczego nie, stary?

— Już za dużo było dzisiaj poezji, Morse. Chcę odpocząć i zapomnieć o niej.

— No dobra... Słuchaj, nigdy nie odpisujesz na moje listy.

— Nie jestem snobem, Morse, ale dostaję 75 listów miesięcznie. Gdybym na wszystkie odpowiadał, nie robiłbym nic innego.

— Założę się, że odpisujesz kobietom!

— To zależy.

— Już dobrze, stary. Nie mam do ciebie żalu. Mimo wszystko lubię twoje wiersze. Może nigdy nie zdobędę sławy, ale mam wrażenie, że jednak mi się uda i wtedy będziesz zadowolony, że się zetknęliśmy. Chodź, Sadie, idziemy.

Odprowadziłem ich do drzwi. Morse chwycił mnie za rękę. Nie uścisnął jej. Żaden z nas nie spojrzał na drugiego.

— Fajny z ciebie gość — powiedział tylko.

— Dzięki, Morse.

I wyszli.

64

Następnego ranka Tammie znalazła w torebce receptę.
— Muszę ją wykupić. Spójrz tylko.
Była strasznie pomięta i atrament się rozmazał.
— Co się z nią stało?
— Znasz mojego brata, ma fioła na punkcie prochów.
— Znam twojego brata. Jest mi winien 20 dolców.
— Próbował odebrać mi tę receptę. Chciał mnie udusić. Wsadziłam receptę do ust i połknęłam. A raczej *udawałam*, że połykam. Nie miał pewności, co z nią zrobiłam. To było wtedy, kiedy zadzwoniłam do ciebie z prośbą, żebyś przyszedł i skopał mu dupę. W końcu zwiał, a mnie została recepta. Nie zrealizowałam jej do tej pory, ale mogę to zrobić tutaj. Warto spróbować.
— W porządku.
Zjechaliśmy windą na dół. Na ulicy było ponad 35 stopni. Z trudem stawiałem nogi. Tammie ruszyła przodem, a ja powlokłem się za nią, halsując jej śladem od jednego krańca chodnika do drugiego.
— Dalej! — powiedziała. — Nie zostawaj w tyle!
Nałykała się jakichś prochów, pewnie tych otępiających. Była otumaniona. Podeszła do stoiska z gazetami i zaczęła gapić się na jakiś magazyn, chyba „Variety". Stała i stała. Tkwiłem tuż obok. Było to nudne i pozbawione sensu. Po prostu gapiła się na „Variety".
— Słuchaj, siostro, kupujesz to albo zmywasz się stąd! — odezwał się gaveciarz.

Tammie ruszyła dalej.

— Mój Boże, Nowy Jork to straszne miejsce! Chciałam tylko zobaczyć, czy jest tam coś o twoim wieczorze autorskim!

Szła przed siebie, kręcąc dupą i zataczając się. W Hollywood samochody zatrzymywałyby się przy krawężniku, czarni robiliby jej propozycje, faceci zaczepialiby ją co krok, śpiewali serenady, oklaskiwali ją. Nowy Jork jest inny: w jego znużeniu, w tym ostatnim stadium zmęczenia, odczuwa się już tylko bezbrzeżną pogardę dla ciała.

Znaleźliśmy się w dzielnicy czarnych. Obserwowali nas: rudą, długowłosą dziewczynę, wyraźnie naćpaną, i starszego faceta z posiwiałą brodą, podążającego za nią ciężkim krokiem. Spoglądałem na nich, jak siedzą na gankach swoich zapuszczonych domów. Mieli sympatyczne twarze. Podobali mi się. Bardziej niż ona.

Wlokłem się ulicą za Tammie. Doszliśmy do sklepu z meblami. Na chodniku stało połamane krzesło. Tammie podeszła i zaczęła mu się przyglądać. Wyglądała na zahipnotyzowaną. Gapiła się na krzesło. Dotknęła palcem oparcia. Minuty mijały. W końcu usiadła na nim.

— Słuchaj. Wracam do hotelu. Możesz robić, co tylko zechcesz.

Nawet na mnie nie spojrzała. Głaskała oparcie krzesła. Tkwiła w swoim własnym świecie. Odwróciłem się i ruszyłem z powrotem w stronę hotelu Chelsea.

Kupiłem piwo i wjechałem windą na górę. Rozebrałem się, wziąłem prysznic, podłożyłem sobie pod głowę kilka poduszek i zacząłem pociągać piwo. Publiczne czytanie wierszy osłabiało mnie. Te wieczory wysysały ze mnie duszę. Skończyłem jedną butelkę i otworzyłem następną. Wieczory poetyckie zapewniały nieraz kawał niezłej dupy. Gwiazdorom rocka trafiały się niezłe dupy. Wygrywającym bokserom też dostawały się niezgorsze dupy. Wielkim toreadorom przypadły w udziale dziewice. Jednak tylko ci ostatni zasługiwali na to, co dostają.

Usłyszałem pukanie do drzwi. Wstałem i uchyliłem je lekko. W progu stała Tammie. Pchnęła drzwi i wtoczyła się do środka.

— Znalazłam tego żydowskiego skurwysyna. Chciał 12 dolarów za realizację recepty! U nas kosztuje to 6. Powiedziałam mu, że tylko tyle mam. Stwierdził, że ma to gdzieś. Zapyziały żydłak z Harlemu! Mogę napić się piwa?

Wzięła piwo i usiadła przy oknie, wystawiła za okno jedną nogę i jedną rękę, drugą nogę wsunęła pod krzesło, a drugą ręką opierała się o brzeg okna.

— Chcę zobaczyć Statuę Wolności. I Coney Island.

Sięgnąłem po następne piwo.

— Och, jak tu przyjemnie! Chłodno i przyjemnie.

Wychyliła się przez okno.

Nagle krzyknęła. Ręka, którą się opierała o okno, osunęła się. Tammie prawie cała zniknęła na zewnątrz. Potem pojawiła się z powrotem. Jakoś zdołała wciągnąć się do środka. Usiadła oszołomiona.

— Niewiele brakowało — zauważyłem. — Byłby to dobry materiał na wiersz. Straciłem wiele kobiet na różne sposoby, ale to byłaby zupełna nowość.

Tammie podeszła do łóżka. Wyciągnęła się z twarzą ukrytą w poduszce. Zdałem sobie sprawę, że wciąż jest naćpana. Stoczyła się z łóżka. Wylądowała na plecach. Leżała bez ruchu. Podniosłem ją i ułożyłem na łóżku. Chwyciłem ją za włosy i pocałowałem gwałtownie.

— Hej, co ty wyrabiasz?

Przypomniałem sobie, że obiecała dać mi dupy. Przetoczyłem ją na brzuch, podciągnąłem sukienkę i ściągnąłem majtki. Wgramoliłem się na nią i szturchałem, chcąc trafić w jej cipę. Pchałem i pchałem, aż w końcu udało mi się trafić. Wsadzałem jej coraz głębiej. Przyszpiliłem ją jak trzeba. Jęczała cicho. Wtem zadzwonił telefon. Wyciągnąłem kutasa, wstałem i podniosłem słuchawkę. Dzwonił Gary Benson.

— Wpadnę z magnetofonem zrobić z tobą ten wywiad.

— Kiedy?

— Za jakieś 45 minut.

Odłożyłem słuchawkę i wróciłem do Tammie. Kutas wciąż mi stał. Chwyciłem ją za włosy i ostro pocałowałem. Oczy miała zamknięte, usta bez życia. Wsadziłem jej znowu. Na zewnątrz ludzie siedzieli na schodkach pożarowych. Kiedy słońce zaczynało się chować i pojawiało się trochę cienia, wychodzili, żeby się ochłodzić. Mieszkańcy Nowego Jorku siedzieli w bezruchu, popijając piwo, wodę sodową i wodę z lodem. Przetrwali. Palili papierosy. To, że wciąż pozostawali przy życiu, było ich zwycięstwem. Schodki pożarowe przyozdobili kwiatami. Zadowalali się tym, co mieli pod ręką. Wbiłem się w nią, chcąc wejść jak najgłębiej. Od tyłu, jak pies. Psy wiedzą najlepiej. Posuwałem ją zapamiętale. Jak dobrze jest nie pracować na poczcie. Jej ciało kołysało się w rytm moich pchnięć. Pomimo prochów próbowała coś wymamrotać.

— Hank...

W końcu wytrysnąłem i leżałem na niej bez ruchu. Oboje byliśmy zlani potem. Sturlałem się z niej, wstałem, rozebrałem się i poszedłem wziąć prysznic. Jeszcze raz zerżnąłem tę rudą, o 32 lata młodszą ode mnie. Dobrze mi było pod prysznicem. Zamierzałem dożyć osiemdziesiątki i pieprzyć osiemnastki. Klimatyzacja nie działała, ale prysznic był w porządku. Naprawdę czułem się świetnie. Byłem gotów do wywiadu.

65

Po powrocie miałem prawie tydzień spokoju. Potem odezwał się telefon. Dzwonił właściciel klubu nocnego w Manhattan Beach, Marty Seavers. Czytałem u niego swoje wiersze już kilka razy. Klub nazywał się Smack-Hi.
— Chinaski, chciałbym, żebyś wystąpił u mnie w przyszły piątek. Możesz zgarnąć jakieś 450 dolców.
— Dobrze.
Występowały tam grupy rockowe. Publiczność różniła się od tej uniwersyteckiej. Była zwykle wrogo usposobiona, toteż obrzucaliśmy się nawzajem wyzwiskami. Wolałem takich słuchaczy.
— Chinaski — powiedział Marty. — Tobie się wydaje, że masz problemy z babami. Posłuchaj tego. Laleczce, z którą teraz jestem, nie oprą się żadne drzwi i okiennice. Śpię sobie kiedyś w najlepsze, a ona zjawia się w sypialni o 3 lub 4 nad ranem. Potrząsa mną. Budzę się, umierając ze strachu. A ona mówi: „Chciałam tylko sprawdzić, czy śpisz sam!".
— Niezgorszy przedsmak śmierci i przeistoczenia.
— Innego wieczoru siedzę w domu. Ktoś puka do drzwi. Wiem, że to ona. Otwieram drzwi, ale jej nie ma. Dochodzi 11 wieczorem i jestem tylko w szortach. Piłem trochę i jestem podminowany. Wybiegam w gatkach przed dom. Na urodziny podarowałem jej ciuchy za 400 dolarów. Wybiegam więc na dwór, a tam wszystkie te szmatki leżą na dachu mojego nowego samochodu i płoną, palą się na całego! Lecę, żeby je ściągnąć, a ona wyskakuje zza krzaka i drze się na cały głos.

Wyglądają sąsiedzi, a ja biegam w gatkach i parzę sobie ręce, zrzucając te ciuchy z dachu samochodu.

— Do złudzenia przypomina to jedną z moich kobiet.

— No dobra, postanowiłem solennie, że między nami skończone. Dwa dni później — tego wieczoru pracowałem w klubie — siedzę o 3 w nocy zalany i znowu w samych gatkach. Pukanie do drzwi. To jej pukanie. Otwieram, ale jej nie ma. Idę do samochodu, a tam stoją w płomieniach inne jej ciuchy polane benzyną. Zachowała kilka. Tyle że tym razem palą się na masce. Ona wyskakuje skądś i zaczyna wrzeszczeć. Wyglądają sąsiedzi. A ja znowu w samych gaciach próbuję zrzucić te płonące szmaty z maski wozu.

— Wspaniałe, chciałbym, żeby coś takiego mnie się przytrafiło.

— Powinieneś zobaczyć mój nowy wóz. Cała maska i dach pokryte bąblami.

— A gdzie ona jest teraz?

— Jesteśmy znów razem. Będzie tu za pół godziny. Mogę liczyć na twój przyjazd?

— Jasne.

— Ściągasz większe tłumy niż kapele rockowe. Nigdy nie widziałem czegoś podobnego. Chciałbym cię tu mieć w każdy piątkowy i sobotni wieczór.

— Nic by z tego nie wyszło. Można grać w kółko tę samą piosenkę, ale w przypadku wierszy chcą czegoś nowego.

Marty roześmiał się i odłożył słuchawkę.

66

Zabrałem ze sobą Tammie. Przyjechaliśmy tam trochę wcześniej i poszliśmy do baru po drugiej stronie ulicy. Usiedliśmy przy stoliku.

— Tylko nie pij za dużo, Hank. Wiesz, jak niewyraźnie wymawiasz słowa i opuszczasz całe linijki, kiedy jesteś za bardzo nachlany.

— Nareszcie mówisz do rzeczy.

— Boisz się publiczności, prawda?

— Tak, ale to nie trema. Chodzi o to, że robię tam z siebie cyrkowego klowna. Lubią patrzeć, jak łykam własne gówno. Mogę jednak dzięki temu płacić rachunki za światło i chodzić na wyścigi. Nie dorabiam żadnej motywacji do tego, co robię.

— Wypiję stingera — powiedziała Tammie.

Poprosiłem kelnerkę o stingera i budweisera.

— Nic mi dzisiaj nie będzie — powiedziała Tammie. — Nie martw się o mnie.

Wypiła swój koktajl.

— Te stingery nie mają żadnej mocy. Wypiję jeszcze jednego.

Wypiliśmy następną kolejkę: ona koktajl, ja budweisera.

— Słowo daję, wydaje mi się, że oni nic tu nie wlewają. Chyba wypiję jeszcze jednego.

Wychyliła w ten sposób 5 koktajli w ciągu 40 minut.

Zapukaliśmy do tylnych drzwi baru Smack-Hi. Wpuścił nas jeden z rosłych wykidajłów. Marty zatrudniał tych typów z nadczynnością tarczycy do utrzymywania porządku, na wypadek gdyby małolaty, długowłosi, wąchacze kleju, zwolennicy kwasu, alkoholicy i zwykły popalający trawkę tłumek — ci wszyscy nieszczęśnicy, potępieńcy i zblazowani kabotyni — zaczęli jakąś demolkę.

Miałem ochotę puścić pawia i zrobiłem to. Tym razem zdołałem znaleźć kosz na śmieci i ulżyłem sobie. Poprzednio zrobiłem to tuż przed drzwiami gabinetu Marty'ego. Ucieszyła go ta odmiana.

67

— Napijesz się czegoś? — spytał Marty.
— Piwa.
— A ja stingera — dorzuciła Tammie.
— Zorganizuj dla niej jakieś miejsce i drinki na koszt firmy — poprosiłem.
— W porządku. Zajmiemy się nią. Zostały tylko miejsca stojące. Musieliśmy odesłać do domu półtorej setki chętnych, a do występu jest jeszcze pół godziny.
— Chciałabym przedstawić Chinaskiego publiczności — powiedziała Tammie.
— Masz coś przeciwko temu? — spytał Marty.
— Nie.
Występował akurat chłopak z gitarą, niejaki Dinky Summers, i tłum chciał wypruć mu flaki. Osiem lat temu Dinky zdobył złotą płytę, ale od tego czasu niewiele zdziałał. Marty połączył się z kimś wewnętrzną linią.
— Posłuchaj, czy ten facet jest *tak fatalny*, jak to słychać? — spytał.
W słuchawce rozległ się kobiecy głos:
— Jest straszny.
Marty rozłączył się.
— Chcemy Chinaskiego! — skandował tłum.
— W porządku — powiedział Dinky. — Chinaski jest następny.
Zaczął znowu śpiewać. Ludzie byli już na dużej bani. Gwizdali i syczeli. Dinky śpiewał dalej. Wreszcie zakończył

występ i zszedł ze sceny. Wchodząc na estradę, człowiek nigdy nie wie, co go czeka. Niekiedy lepiej jest zostać w łóżku z głową pod kołdrą.

Ktoś zapukał do drzwi. Wszedł Dinky w czerwono-biało-niebieskich tenisówkach, białej koszulce, sztruksach i brązowym filcowym kapeluszu. Kapelusz przykrywał bujną czuprynę jasnych loków. Napis na koszulce głosił: BÓG JEST MIŁOŚCIĄ.

Dinky obrzucił nas niepewnym spojrzeniem.

— *Naprawdę* wypadłem tak fatalnie? Chcę wiedzieć. To było *aż takie* straszne?

Nikt nie odpowiedział.

Dinky spojrzał na mnie.

— Hank, byłem aż taki kiepski?

— To banda pijaków. Mają karnawał i tyle.

— Chcę wiedzieć, czy byłem kiepski?

— Napij się.

— Muszę iść odnaleźć swoją dziewczynę. Jest tam sama. No dobra, trzeba już mieć to z głowy.

— Właśnie — powiedział Marty. — Dawaj.

— Ja go zapowiem — przypomniała Tammie.

Wyszedłem razem z nią. Gdy zbliżaliśmy się do sceny, zauważyli nas. Zaczęli krzyczeć i obrzucać nas obelgami. Butelki spadały ze stołów. Trwała bójka na pięści. Chłopcy z poczty nigdy nie uwierzyliby w coś takiego.

Tammie podeszła do mikrofonu.

— Panie i panowie. Henry Chinaski nie mógł dzisiaj przyjechać...

Zapadła cisza.

— Panie i panowie, Henry Chinaski!

Wkroczyłem na scenę. Zawyli. A przecież nic jeszcze nie zrobiłem. Wziąłem do ręki mikrofon.

— Hej, to ja, Chinaski.

Klub zadrżał w posadach od ryków i gwizdów. Nie musiałem nic robić. Odwalą za mnie całą robotę. Trzeba tylko uważać. Chociaż są już ostro napruci, natychmiast wyczują każdy fałszywy gest i słowo. Nie wolno nie doceniać publiczności. Zapłacili przecież za wstęp, zapłacili za drinki.

Chcieli coś za to mieć i jeśli im tego nie dasz, pogonią cię aż na brzeg oceanu. Na scenie stała lodówka. Otworzyłem ją. Było tam chyba z 40 butelek piwa. Wyjąłem jedną, odkręciłem kapsel i pociągnąłem z gwinta. Potrzebny był mi ten łyk. Ktoś z pierwszego rzędu krzyknął:
— Hej, Chinaski, to my płacimy za drinki!
Był to jakiś grubas w mundurze listonosza. Wyjąłem następną butelkę z lodówki. Podszedłem do niego i podałem mu piwo. Wróciłem do lodówki i wyjąłem jeszcze kilka butelek. Rozdałem je ludziom w pierwszym rzędzie.
— Hej, a co z nami? — głos pochodził z tylnych rzędów.
Wziąłem butelkę i rzuciłem ją w tamtym kierunku. Potem jeszcze kilka. Byli dobrzy. Złapali wszystkie. Potem jedna wyśliznęła mi się z ręki i poleciała w górę. Słyszałem, jak się roztrzaskała. Postanowiłem dać sobie z tym spokój. Widziałem już w wyobraźni, jak ktoś skarży mnie o uszkodzenie czaszki. Zostało jakieś 20 butelek.
— Reszta jest moja!
— Zamierzasz czytać przez całą noc?
— Zamierzam pić przez całą noc.
Oklaski, gwizdy, beknięcia...
— TY PIERDOLONY GNOJU! — krzyknął jakiś facet.
— Dzięki, słodka cioteczko — odparłem.
Usiadłem, poprawiłem mikrofon i zacząłem czytać pierwszy wiersz. Zapadła cisza. Byłem teraz sam na sam z bykiem na arenie. Ogarnął mnie strach. Ale przecież napisałem te wiersze. Czytałem je publicznie. Najlepiej zacząć od czegoś lekkiego, prześmiewczego. Skończyłem czytać i ściany się zatrzęsły. Podczas aplauzu kilku facetów się naparzało. Chyba jakoś mi się uda. Wystarczy tylko pozostać na miejscu.
Nie wolno ich nie doceniać i nie wolno włazić im w tyłek. Trzeba znaleźć coś pośredniego.
Przeczytałem kilka wierszy, wypiłem parę piw. Byłem coraz bardziej wstawiony. Czytanie przychodziło mi z coraz większym trudem. Opuszczałem całe linijki, wiersze rozsypywały mi się po podłodze. Potem przerwałem i siedziałem, popijając piwo.

— To mi się podoba — powiedziałem. — Płacicie za to, że możecie patrzeć, jak chleję.

Zmusiłem się, by przeczytać jeszcze kilka wierszy. Na koniec przeczytałem kilka obscenicznych kawałków i postanowiłem na tym poprzestać.

— Wystarczy — powiedziałem.

Krzyczeli, żebym czytał dalej.

Chłopcy z rzeźni, chłopcy z Sears Roebuck, z wszystkich tych magazynów, w których pracowałem jako szczeniak i jako dorosły mężczyzna, nigdy by w to nie uwierzyli.

W biurze czekały mnie dalsze drinki i kilka grubych skrętów. Marty zadzwonił, żeby się dowiedzieć o wpływy z biletów.

Tammie wpatrywała się w niego.

— Nie lubię cię — powiedziała. — Nie podobają mi się twoje oczy.

— Nie martw się o jego oczy — poradziłem jej. — Bierzemy forsę i zjeżdżamy.

Marty wypisał czek i podał mi go.

— Masz. Równo 200.

— 200! — krzyknęła Tammie. — Ty cholerny skurwysynu!

Spojrzałem na czek.

— On tylko żartuje. Uspokój się.

Zignorowała mnie.

— 200. Ty cholerny...

— Tammie. Jest 400...

— Podpisz czek — powiedział Marty — to dam ci gotówkę.

— Nieźle się ululałam — zwróciła się do mnie Tammie. — Spytałam jednego faceta: „Mogę się o ciebie oprzeć?". Zgodził się.

— Posłuchaj, Marty, chyba już pójdziemy.

— Masz wstrętne oczy — rzuciła Tammie do Marty'ego.

— Może zostaniesz, żeby trochę pogadać? — zaproponował mi Marty.

— Nie, chyba już pójdziemy.

Tammie podniosła się.

— Muszę iść do toalety.

Wyszła.

Siedzieliśmy z Martym. Minęło 10 minut. Marty wstał i powiedział:

— Poczekaj, zaraz wrócę.

Siedziałem i czekałem. 5 minut, 10. Wyszedłem z biura i z budynku. Poszedłem na parking i usiadłem za kierownicą garbusa. Minęło 15 minut, 20, 25.

Dam jej jeszcze 5 minut i odjeżdżam, pomyślałem.

Właśnie w tym momencie Marty i Tammie wyszli przez tylne drzwi.

Marty wskazał palcem.

— O, tam.

Tammie podeszła do wozu. Ubranie miała w nieładzie. Usiadła na tylnym siedzeniu i zwinęła się w kłębek.

Na autostradzie zgubiłem się kilka razy. W końcu zajechałem pod dom. Obudziłem Tammie. Wysiadła, wbiegła na schody do swego mieszkania i zatrzasnęła drzwi.

68

W środę po północy poczułem się fatalnie. Żołądek odmawiał mi posłuszeństwa, ale udało mi się przetrzymać w nim kilka piw. Tammie była ze mną i okazywała mi wiele współczucia. Dancy była u babci. Chociaż byłem chory, wszystko wskazywało, że w końcu nadeszły lepsze czasy — oto wreszcie dwoje ludzi jest razem.

Ktoś zapukał do drzwi. Otworzyłem. Przyszedł brat Tammie, Jay, z jakimś młodym facetem, niskim Portorykańczykiem o imieniu Filbert. Usiedli i dałem im po piwie.

— Chodźmy na jakiegoś pornola — zaproponował Jay.

Filbert siedział bez słowa. Miał czarny, starannie przystrzyżony wąsik i twarz zupełnie pozbawioną wyrazu. Nie dostrzegłem wokół niego żadnej aury. Przychodziły mi do głowy takie określenia, jak: wydrążony, drewniany, martwy i inne w tym stylu.

— Może byś coś powiedział, Filbert? — poprosiła Tammie.

Nie odezwał się.

Wstałem, podszedłem do zlewu w kuchni i zwymiotowałem. Wróciłem na swoje miejsce. Wypiłem następne piwo. Wkurzało mnie, kiedy nie byłem w stanie utrzymać piwa w żołądku. Po prostu upijałem się ostatnio przez zbyt wiele dni i nocy z rzędu. Musiałem trochę odetchnąć. I musiałem się napić. Tylko piwa. Zdawało się, że jakoś je utrzymam w żołądku. Pociągnąłem zdrowo.

Nie chciało tam zostać. Poszedłem do łazienki. Zapukała Tammie.

— Hank, nic ci nie jest?
Wypłukałem usta i otworzyłem drzwi.
— Jest mi niedobrze, nic więcej.
— Chciałbyś, żebym się ich pozbyła?
— Jasne.
Wróciła do pokoju.
— Posłuchajcie, chłopcy, może przenieślibyśmy się do mnie?
Tego się nie spodziewałem.
Tammie zapominała o rachunkach za prąd lub nie chciała ich płacić, więc trzeba było u niej siedzieć przy świecach. Wzięła ze sobą butelkę margarity, którą kupiłem z nią wcześniej tego dnia.
Siedziałem, popijając samotnie. Następne piwo zostało w żołądku.
Słyszałem ich tam na górze, rozmawiali.

Brat Tammie wkrótce wyszedł. Patrzyłem, jak w świetle księżyca idzie do samochodu. Tammie została tam sam na sam z Filbertem, przy świecach. Siedziałem przy zgaszonym świetle, pijąc piwo. Minęła godzina. Widziałem w ciemności migoczące płomienie świec. Rozejrzałem się po pokoju. Tammie zostawiła buty. Podniosłem je i wyszedłem na klatkę schodową. Drzwi do jej mieszkania były otwarte i usłyszałem, jak mówi do Filberta:
— Tak czy inaczej, chodzi mi o to, że...
Usłyszała, jak wchodzę na schody.
— Henry, to ty?
Rzuciłem jej buty do góry. Wylądowały na wycieraczce.
— Zostawiłaś buty.
— Och, kochany jesteś.

Około wpół do jedenastej rano Tammie zapukała do drzwi. Otworzyłem.
— Ty cholerna suko!
— Przestań tak do mnie mówić.
— Chcesz piwo?
— Chętnie.
Usiadła.

— O co ci chodzi? Wypiliśmy po kilka koktajli. Potem mój brat wyszedł. Filbert był bardzo miły. Siedział, niewiele mówiąc. „Jak się dostaniesz do domu? Masz samochód?" — spytałam. Powiedział, że nie. Siedział i patrzył na mnie, więc zaproponowałam: „Ja mam wóz, to cię odwiozę". I odwiozłam go. Tyle że skoro już się znalazłam u niego, to poszłam z nim do łóżka. Byłam mocno wstawiona, ale mnie nie dotknął. Powiedział, że musi iść rano do pracy. W nocy próbował się do mnie dobierać. Nakryłam głowę poduszką i zaczęłam chichotać. Chichotałam jak głupia. Zrezygnował. Po jego wyjściu pojechałam do matki i zawiozłam Dancy do szkoły. I od razu przyjechałam do ciebie...

Na drugi dzień Tammie była na haju. Bez przerwy to wpadała do mnie, to wypadała. W końcu stwierdziła:
— Wrócę wieczorem. Na razie!
— Zapomnij o dzisiejszym wieczorze.
— Co ci jest? Wielu facetów byłoby zadowolonych, mogąc się ze mną spotkać wieczorem.
Wybiegła, trzaskając drzwiami. Na ganku spała ciężarna kotka.
— Wynoś się do diabła, Ruda!
Podniosłem kotkę i rzuciłem nią w Tammie. Nie trafiłem i kotka wylądowała w pobliskich krzakach.

Następnego wieczoru Tammie łyknęła sporo koksu. Ja byłem zalany. Tammie i Dancy darły się na mnie z okna swojego mieszkania.
— Zrób sobie rączką, debilu!
— Jasne, zrób sobie rączką, głupku! CHA-CHA-CHA!
— Twoja stara ma cyce jak donice! — zrewanżowałem się.
— Nie mów do mnie z bliska, bo ci śmierdzi z pyska!
— Palant, głupek, debil! CHA-CHA-CHA!
— Ptasi móżdżek! — odciąłem się. — Co się gapisz jak szpak w dupę?
— Ty... — podjęła Tammie.
Nagle rozległo się w pobliżu kilka strzałów z pistoletu, gdzieś na ulicy, na tyłach naszego domu lub za sąsiednim

domem. Bardzo blisko. Była to biedna dzielnica, mnóstwo prostytutek, narkotyków i od czasu do czasu morderstwo.

Dancy krzyknęła przez okno:

— HANK! HANK! CHODŹ TUTAJ, HANK! SZYBKO!

Pobiegłem na górę. Tammie leżała na łóżku, a jej wspaniałe rude włosy płonęły rozrzucone na poduszce. Spostrzegła mnie.

— Zostałam postrzelona — powiedziała słabym głosem. — Trafili mnie.

Wskazała plamę na dżinsach. Teraz już nie żartowała. Była przerażona.

Rzeczywiście, miała tam czerwoną plamę, tyle że zupełnie suchą. Tammie lubiła bawić się moimi farbami. Nic jej nie było, nie licząc prochów, które zażyła.

— Słuchaj — powiedziałem — nic ci nie jest, przestań histeryzować.

Kiedy wychodziłem, Bobby pędził po schodach na górę.

— Tammie, Tammie, co się stało? Nic ci nie jest?

Widocznie musiał się ubrać i stąd to opóźnienie. Kiedy mnie mijał, rzuciłem:

— Jezu, stary, zawsze musisz się wpieprzać w moje życie.

Wbiegł do mieszkania Tammie, a za nim facet mieszkający naprzeciwko, sprzedawca używanych samochodów i jeszcze jeden, świr na żółtych papierach.

Kilka dni później Tammie zeszła do mnie z jakąś kopertą.

— Hank, administratorka właśnie wymówiła mi mieszkanie.

Pokazała mi kartkę.

Przeczytałem ją uważnie.

— Wygląda na to, że to nie żarty — stwierdziłem.

— Obiecałam, że zapłacę zaległe komorne, ale ona powiedziała tylko: „Chcemy, żebyś się wyniosła, Tammie!".

— Nie można zbyt długo zalegać z płaceniem.

— Posłuchaj, mam pieniądze. Po prostu nie lubię płacić.

Tammie lubiła łamać wszelkie zasady i przepisy. Jej samochód był niezarejestrowany, naklejki na tablice rejestracyjne były nieważne i jeździła, nie mając prawa jazdy. Na wiele dni zostawiała samochód w strefach żółtych, czerwonych, białych, na zastrzeżonych parkingach... Kiedy policja zatrzymywała ją pijaną, naćpaną lub bez dowodu tożsamości, umiała ich jakoś omotać i przeważnie puszczali ją wolno. Mandaty natychmiast darła na strzępy.

— Zdobędę numer telefonu właściciela. Nie mogą mnie stąd tak po prostu wykopać. Masz jego numer?

— Nie.

W tym momencie przeszedł za oknem Irv, właściciel burdelu. Irv dorabiał sobie jeszcze jako bramkarz w miejscowym salonie masażu. Miał metr dziewięćdziesiąt wzrostu. Kawał chłopa. W dodatku był bystrzejszy od pierwszych 3 tysięcy napotkanych przechodniów.

Tammie wybiegła za nim:

— Irv! Irv!

Przystanął i odwrócił się. Tammie kołysała cyckami tuż przed jego nosem.

— Irv, masz numer telefonu właściciela?

— Nie.

— Irv, muszę go mieć. Daj mi jego numer, a zrobię ci loda!

— Nie mam jego numeru.

Podszedł do drzwi swego mieszkania i włożył klucz do zamka.

— Nie wygłupiaj się, Irv, obciągnę ci, jeśli mi powiesz!

— Mówisz poważnie? — zawahał się, spoglądając na nią.

Otworzył drzwi i wszedł do środka, zamykając je za sobą.

Tammie podbiegła do innych drzwi i zaczęła w nie walić. Richard uchylił drzwi i wyjrzał ostrożnie spoza łańcucha. Był łysy, religijny, mieszkał sam, miał około 45 lat i bez przerwy oglądał telewizję. Był różowy i czysty jak kobieta. Ciągle się skarżył na hałasy dobiegające z mojego mieszkania. Twierdził, że nie może się przez nie wysypiać. Administrator zaproponował mu, że może się przeprowadzić. Nienawidził mnie. A teraz jedna z moich dup stała w jego drzwiach. Nie opuścił łańcucha.

— Czego chcesz? — syknął.

— Posłuchaj, mały, chodzi mi o numer właściciela... Mieszkasz tu od lat. Wiem, że masz jego numer telefonu. Muszę go mieć.

— Idź sobie.
— Posłuchaj, mały, potrafię być bardzo miła... Dostaniesz całusa z języczkiem!
— Ladacznica! — krzyknął. — Kurtyzana!
Zatrzasnął drzwi.
Tammie wróciła do mnie.
— Hank?
— Tak?
— Co to jest kurtyzana? Wiem, co to jest kurtyna, ale kurtyzana?
— Kurtyzana, moja droga, to kurwa.
— No, no, ma skurwiel tupet!
Tammie wyszła na dwór i dobijała się do drzwi innych lokatorów. Nie było ich w domu albo nie chcieli otworzyć. Wróciła.
— To niesprawiedliwe! Dlaczego chcą mnie stąd wyrzucić? Co ja takiego zrobiłam?
— Nie wiem. Przypomnij sobie. Może jednak zrobiłaś coś niewłaściwego.
— Nic mi nie przychodzi na myśl.
— Wprowadź się do mnie.
— Nie wytrzymałbyś z dzieciakiem.
— Masz rację.

Mijały dni. Właściciel pozostawał nieuchwytny, nie lubił mieć do czynienia z lokatorami. Za nakazem wyprowadzki stała administratorka.
Nawet Bobby przestał mi się narzucać, jadał odgrzewane posiłki, palił trawkę i słuchał muzyki.
— Hej, stary — powiedział mi. — Jakoś nie lubię tej twojej cizi. Psuje naszą przyjaźń.
— Święta prawda, Bobby.

Pojechałem do sklepu i wziąłem kilka pustych kartonów. Potem mieszkająca w Denver siostra Tammie, Cathy, popadła w obłęd po stracie kochanka i Tammie musiała do niej pojechać. Zabrała ze sobą Dancy. Odwiozłem je na stację i wsadziłem do pociągu.

69

Zabrzęczał telefon. Dzwoniła Mercedes. Poznałem ją po wieczorze autorskim w Venice Beach. Miała jakieś 28 lat, niezłe ciało, całkiem dobre nogi — blondynka średniego wzrostu, błękitnooka blondynka. Miała długie, lekko faliste włosy i bez przerwy paliła. Rozmowa z nią była nudna, w dodatku za często się śmiała, głośno i nienaturalnie.

Poszedłem do niej po tamtym wieczorze. Mieszkała przy molo. Grałem na fortepianie, a ona na bongosach. Mieliśmy galon wina Red Mountain i skręty. Tak się schlałem, że nie byłem w stanie wrócić do domu. Spędziłem u niej noc i rozstałem się z nią o poranku.

— Posłuchaj — powiedziała Mercedes. — Pracuję teraz blisko ciebie i pomyślałam, że mogłabym cię odwiedzić.

— W porządku.

Odłożyłem słuchawkę. Telefon ponownie zadzwonił. Tym razem odezwała się Tammie.

— Posłuchaj, postanowiłam się wyprowadzić. Wrócę za parę dni. Zabierz z mieszkania tylko moją żółtą sukienkę, tę, którą tak lubisz, i zielone pantofle. Reszta jest gówno warta. Może zostać.

— Dobra.

— Wiesz, jestem bez grosza. Nie mamy nawet forsy na jedzenie.

— Prześlę ci rano 40 dolarów. Telegraficznie, przez Western Union.

— Słodki jesteś.

Odłożyłem słuchawkę. Po kwadransie zjawiła się Mercedes. Miała na sobie bardzo krótką spódniczkę, sandały i głęboko wyciętą bluzkę. Do tego małe niebieskie kolczyki.

— Chcesz trochę trawki? — spytała.

— Jasne.

Wyjęła z torebki trawkę i bibułki. Zrobiła kilka skrętów. Otworzyłem piwo, siedzieliśmy na kanapie, paląc i pijąc.

Nie rozmawialiśmy zbyt wiele. Bawiłem się jej nogami, piliśmy i niespiesznie paliliśmy trawkę.

W końcu rozebraliśmy się i wskoczyliśmy do łóżka, najpierw ona, potem ja. Zaczęliśmy się całować, a ja pocierałem jej cipę. Chwyciła mnie za kutasa. Położyłem się na niej. Wprowadziła go do środka. Była niezwykle chwytna tam w dole, bardzo ciasna. Drażniłem się z nią przez jakiś czas, wyciągając go niemal na całą długość i przesuwając główką w górę i w dół. Potem wsunąłem go na powrót do środka, powoli i leniwie. Nagle pchnąłem ją kilka razy, a jej głowa podskakiwała na poduszce.

— Arrrrggghhh — jęknęła.

Zwolniłem nieco i zacząłem posuwać ją bardziej rytmicznie. Noc była upalna i oboje pociliśmy się jak diabli. Mercedes miała odjazd od piwa i skrętów. Postanowiłem wykończyć ją jakimś efektownym sztychem, pokazać jej kilka sztuczek. Pompowałem dalej. Pięć minut. Dziesięć. Nie mogłem się spuścić. Kutas zaczął mnie zawodzić, kurczył się.

Mercedes zaniepokoiła się.

— Dokończ! — krzyczała. — Och, *skończ*, maleńki!

To wcale mi nie pomogło. Stoczyłem się z niej.

Noc była nie do wytrzymania. Wytarłem pot prześcieradłem. Słyszałem bicie własnego serca. Brzmiało smutnie. Zastanawiałem się, co myśli Mercedes.

Leżałem, umierając ze sflaczałym kutasem.

Mercedes zwróciła ku mnie twarz. Pocałowałem ją. Pocałunki są bardziej intymne od rypania. Dlatego właśnie nie lubiłem nigdy, gdy moje dziewczyny całowały się z innymi. Wolałbym już, żeby się z nimi rżnęły.

Całowałem się więc z Mercedes, a ponieważ tak to lubiłem, znów mi stanął. Położyłem się na niej, całując ją, jakby to były moje ostatnie chwile na tym świecie.

Mój kutas znów się w nią wsunął. Tym razem wiedziałem, że mi się uda. Czułem, jaki to cud. Spuszczę się w cipie tej dziwki. Wleję w nią swoje nasienie i nic mnie nie powstrzyma. Jest już moja. Jestem najeźdźcą, gwałcicielem, jestem jej panem, niosę śmierć i zagładę. Była zupełnie bezradna. Rzucała głową na boki, ściskała mnie, jęczała, wydawała różne dźwięki.

— Arrrggg, uufff... Och, och... Aarrgghh, uufff... Ooooooch!

Mój kutas przyjmował to z zachwytem. Wydałem dziwny dźwięk, a potem doszedłem.

Pięć minut później chrapała. Oboje chrapaliśmy.

Rano wzięliśmy prysznic i ubraliśmy się.

— Zabiorę cię gdzieś na śniadanie — zaproponowałem.

— Świetnie. A swoją drogą, czy w nocy mnie przeleciałeś?

— Wielki Boże! Nie pamiętasz? Trwało to chyba z godzinę!

Nie mogłem w to uwierzyć. Mercedes zdawała się wciąż powątpiewać.

Poszliśmy do kafejki za rogiem. Zamówiłem jajka na bekonie, kawę i grzanki. Mercedes zdecydowała się na naleśniki z szynką i kawę.

Kelnerka przyniosła jedzenie. Zacząłem jeść jajka. Mercedes polała naleśniki syropem.

— Masz rację — powiedziała. — Musiałeś mnie zerżnąć. Czuję, jak wypływa ze mnie sperma.

Postanowiłem więcej się z nią nie spotykać.

70

Poszedłem do mieszkania Tammie z kartonami. Najpierw odszukałem ciuchy, o których mi wspomniała. Potem znalazłem pozostałe rzeczy — jakieś sukienki i bluzki, buty, żelazko, suszarkę do włosów, ubrania Dancy, naczynia i sztućce, album ze zdjęciami. Stał tam też ciężki wiklinowy fotel będący jej własnością. Zniosłem to wszystko do siebie. Miałem 8 czy 10 kartonów wypełnionych po brzegi. Ustawiłem je pod ścianą we frontowym pokoju.

Następnego dnia pojechałem na stację po Tammie i Dancy.

— Dobrze wyglądasz — zauważyła Tammie.

— Dzięki.

— Zamieszkamy u mojej matki. Właściwie możesz nas tam zaraz odwieźć. Nie jestem w stanie dłużej przeciwstawiać się tej groźbie eksmisji. Poza tym któż chce mieszkać tam, gdzie go nie chcą?

— Tammie, wyniosłem stamtąd twoje rzeczy. Stoją u mnie w kartonach.

— Dobrze. Mogą tam zostać przez jakiś czas?

— Jasne.

Potem matka Tammie pojechała w odwiedziny do jej siostry do Denver. Skorzystałem z okazji i poszedłem upić się z moją rudowłosą. Była na prochach. Ja nie brałem nic. Kiedy napocząłem drugi karton z 6 piwami, powiedziałem:

— Tammie, nie pojmuję, co widzisz w Bobbym. To zero.

Założyła nogę na nogę i kiwała stopą w przód i w tył.

— On uważa swój bełkot za zniewalający — kontynuowałem.

Wciąż kiwała stopą.

— Filmy, telewizja, trawka, komiksy, świńskie zdjęcia... Nic poza tym go nie interesuje.

Tammie zaczęła jeszcze energiczniej wyrzucać stopę do przodu.

— Naprawdę ci na nim zależy?

Nadal kiwała stopą.

— Ty pieprzona zdziro! — krzyknąłem.

Podszedłem do drzwi, zatrzasnąłem je za sobą i wsiadłem do garbusa. Pędziłem jak wariat, zmieniając bez przerwy pasy i rujnując sprzęgło i skrzynię biegów.

Dotarłem do domu i zacząłem ładować kartony z jej rzeczami do wozu. Dorzuciłem jeszcze płyty, koce, zabawki. Rzecz jasna, garbus nie mógł pomieścić zbyt wiele.

Pognałem z powrotem do Tammie. Zajechałem pod dom, zaparkowałem obok innego parkującego samochodu i włączyłem światła awaryjne. Wyciągnąłem kartony z wozu i ustawiłem je na ganku. Przykryłem je kocami, rzuciłem na to wszystko zabawki, zadzwoniłem do drzwi i odjechałem.

Kiedy wróciłem z drugą partią, pierwszej już nie było na ganku. Ustawiłem następną stertę, zadzwoniłem do drzwi i odjechałem z piskiem opon.

Kiedy wróciłem z trzecią partią, drugiej już nie było na ganku. Ustawiłem kolejną stertę i zadzwoniłem do drzwi. O bladym świcie ruszyłem z powrotem.

Kiedy dojechałem do domu, wypiłem wódkę z wodą i rozejrzałem się, co jeszcze zostało. Tkwił tu wciąż ciężki wiklinowy fotel i wielka fryzjerska suszarka do włosów na metalowej podstawce. Mogłem zrobić tylko jeden kurs. Trzeba było dokonać wyboru między fotelem a suszarką. Garbus nie pomieściłby obu tych gratów.

Zdecydowałem się na fotel. Dochodziła 4 rano. Samochód zostawiłem na światłach awaryjnych obok innego wozu. Wykończyłem wódkę z wodą. Czułem się coraz bardziej pijany i zmęczony. Podniosłem fotel — był naprawdę ciężki — i zaniosłem do wozu. Postawiłem go i otworzyłem drzwi od strony pasażera. Z trudem wcisnąłem fotel do środka i spróbowałem zamknąć drzwi. Wystawał z wozu. Spróbowałem go wyciągnąć. Ani drgnął. Zakląłem i wepchnąłem go głębiej. Jedna noga przebiła się przez przednią szybę i wystawała, wskazując prosto w niebo. Drzwi nadal nie chciały się zamknąć. Pozostawały na wpół otwarte. Spróbowałem wyciągnąć tę cholerną nogę dalej przez okno, myśląc, że w ten sposób uda mi się domknąć drzwi. Nie udało mi się nawet poruszyć tego grata. Zaklinował się na dobre. Spróbowałem jeszcze raz. Nawet nie drgnął. Zrozpaczony to pchałem go, to znów wyciągałem. Gdyby nadjechała policja, byłbym załatwiony. Po jakimś czasie miałem dość. Usiadłem za kierownicą. Na ulicy nie było wolnych miejsc do parkowania.

Podjechałem na parking przed pizzerią, a drzwi telepały się przez cały czas. Zostawiłem tam garbusa z otwartymi drzwiami i zapalonym światłem wewnątrz, bo nijak nie dało się go wyłączyć. Przednia szyba była rozbita, a noga fotela mierzyła prosto w księżyc. Wyglądało to nieprzyzwoicie, wręcz zakrawało na szaleństwo. Czułem żądzę mordu. Oto co spotkało mój piękny samochód.

Wróciłem do domu piechotą. Nalałem sobie jeszcze jedną wódkę z wodą i zadzwoniłem do Tammie.

— Posłuchaj, mała, jestem w kropce. Twój fotel wystaje przez przednią szybę, nie mogę go wyjąć ani wsunąć głębiej i drzwi się nie zamykają. Szyba jest rozbita. Co mam robić? Na Boga, pomóż mi!

— Coś wymyślisz, Hank.

Odłożyła słuchawkę.

Jeszcze raz wykręciłem jej numer.

— Słuchaj, mała...

Odłożyła słuchawkę. Potem musiała wyłączyć telefon: bzzzz, bzzzzzz, bzzzz...

Wyciągnąłem się na łóżku. Zadzwonił telefon.

— Tammie...

— Hank, tu Valerie. Właśnie wróciłam do domu. Chcę ci powiedzieć, że twój samochód stoi na parkingu przed pizzerią z otwartymi drzwiami.

— Dziękuję, Valerie. Widzisz, nie mogę ich domknąć. Przez przednią szybę wystaje wiklinowy fotel.

— Och, nie zauważyłam go.

— Mimo wszystko dzięki za telefon.

Zapadłem w sen, niespokojny jak wszyscy diabli. Odholują mi wóz. Trafię do pudła.

Obudziłem się 20 minut po szóstej, ubrałem się i poszedłem do pizzerii. Samochód wciąż tam stał. Na niebie pojawiło się słońce. Chwyciłem za fotel. Ani drgnął. Byłem wściekły i zacząłem ciągnąć z całych sił, klnąc pod nosem. Im bardziej to zadanie stawało się niemożliwe, tym bardziej się wkurzałem. Nagle rozległ się trzask drewna. Poczułem przypływ natchnienia i energii. Kawałek drewna złamał mi się w rękach. Spojrzałem na niego, cisnąłem go na jezdnię i ze zdwojoną energią zabrałem się do roboty. Coś jeszcze się odłamało.

Dni spędzone w fabrykach, na wyładowywaniu wagonów, dźwiganiu skrzyń z mrożonymi rybami i noszeniu zamordowanych krów na ramionach w końcu się opłaciły. Zawsze byłem silny, choć leniwy. Teraz rozwalałem przeklęty fotel na kawałki. W końcu jednym szarpnięciem wydobyłem mebel z samochodu i zaatakowałem go z pasją. Roztrzaskałem to kurewstwo na drobne kawałki. Później skrupulatnie pozbierałem szczątki i ułożyłem ładnie na czyimś trawniku.

Wsiadłem do garbusa i znalazłem wolne miejsce blisko domu. Wystarczyło teraz odszukać cmentarzysko samochodów na Santa Fe Avenue i kupić nową szybę. To może poczekać. Wszedłem do domu, wypiłem dwie szklanki wody z lodem i poszedłem do łóżka.

71

Minęło kilka dni. Zadzwonił telefon. W słuchawce zadźwięczał głos Tammie.
— Czego chcesz? — zapytałem.
— Posłuchaj, Hank. Znasz ten mały mostek po drodze do mojej matki?
— Tak.
— Tuż obok ktoś urządził wyprzedaż staroci. Poszłam tam i wypatrzyłam maszynę do pisania. Jest w dobrym stanie i kosztuje tylko 20 dolców. Kup mi ją, proszę.
— Po co ci maszyna do pisania?
— Nigdy ci tego nie mówiłam, ale zawsze chciałam zostać pisarką.
— Tammie...
— Proszę, Hank, ostatni raz. Będę ci wdzięczna do końca życia.
— Nie.
— Hank...
— No już dobrze, kurwa, dobrze.
— Spotkajmy się przy mostku za kwadrans. Chcę ją mieć, zanim kupi ją ktoś inny. Znalazłam sobie mieszkanie i mój brat z Filbertem pomagają mi w przeprowadzce...
Tammie nie pojawiła się przy mostku ani po 15, ani po 25 minutach. Wsiadłem do garbusa i podjechałem pod dom jej matki. Filbert ładował kartony do wozu Tammie. Nie zauważył mnie. Zaparkowałem kawałek dalej. Wyszła Tammie

i dostrzegła mój samochód. Filbert wsiadał do swego wozu. Też miał garbusa — żółtego. Tammie pomachała mu:

— Do zobaczenia!

Potem ruszyła w moją stronę. Kiedy podeszła bliżej, położyła się na środku ulicy. Czekałem. W końcu wstała, podeszła do mego wozu i wsiadła.

Ruszyłem. Filbert siedział w swoim aucie. Pomachałem mu. Nie zareagował. W oczach miał smutek. Dla niego to dopiero początek.

— Wiesz — powiedziała Tammie — jestem teraz z Filbertem.

Roześmiałem się. Złość mi już minęła.

— Pospieszmy się, Hank. Jeszcze ktoś podkupi nam tę maszynę.

— Dlaczego nie poprosisz Filberta, żeby ci kupił to kurewstwo?

— Posłuchaj, jeśli nie chcesz mi jej kupić, zatrzymaj wóz i daj mi wysiąść.

Zatrzymałem się i otworzyłem drzwi.

— Posłuchaj, skurwielu, *obiecałeś*, że kupisz tę maszynę! Jeśli tego nie zrobisz, zacznę się wydzierać i tłuc ci szyby!

— W porządku. Maszyna jest twoja.

Zajechaliśmy na miejsce. Maszyna wciąż tam była.

— Ta maszyna stała przez całe życie w domu wariatów — poinformowała nas jej właścicielka.

— Trafia do właściwej osoby — odparłem.

Dałem tej kobiecie 20 dolarów i pojechaliśmy z powrotem. Filberta już nie było.

— Nie wejdziesz na chwilę? — spytała Tammie.

— Nie, muszę już jechać.

Mogła wnieść maszynę do domu bez mojej pomocy. Bądź co bądź była to maszyna walizkowa.

72

Piłem przez cały następny tydzień, w ciągu dnia i po nocach. Napisałem też 25 czy 30 smutnych wierszy o utraconej miłości.
W piątkowy wieczór zabrzęczał telefon. Dzwoniła Mercedes.
— Wyszłam za mąż — oznajmiła. — Za Małego Jacka. Poznałeś go na przyjęciu po wieczorze autorskim w Venice. To miły facet i ma forsę. Przeprowadzamy się do Valley.
— Gratuluję, Mercedes, wszystkiego najlepszego.
— Ale brakuje mi rozmów z tobą przy kieliszku. Co byś powiedział, gdybym wpadła dzisiaj do ciebie?
— Dobrze.

Kwadrans później już siedziała u mnie, robiąc skręty i popijając moje piwo.
— Mały Jack to fajny gość. Jestem z nim szczęśliwa.
W milczeniu delektowałem się piwem.
— Nie mogę się już puszczać na boku. Mam dosyć skrobanek, naprawdę dosyć...
— Coś wymyślimy.
— Chcę tylko wypalić skręta, pogadać i napić się.
— Mnie to nie wystarcza.
— Wy, faceci, macie fioła na punkcie pierdolenia.
— Lubię to.
— Nie mogę się pieprzyć, nie chcę.
— Zrelaksuj się.

Siedzieliśmy obok siebie na kanapie. Nic, nawet jednego pocałunku. Mercedes nie była mocna w konwersacji. Nudziła mnie. Ale miała zgrabne nogi, jędrną dupę, odurzająco pachnące włosy i swoją młodość. Bóg wie, że spotkałem kilka ciekawych kobiet, ale Mercedes nie było na tej liście.

Płynęło piwo i skręty wędrowały wciąż między nami. Mercedes nadal pracowała w hollywoodzkim Instytucie do spraw Stosunków Międzyludzkich. Miała jakieś kłopoty z samochodem. Dowiedziałem się też, że Mały Jack ma krótkiego, grubego chuja, a ostatnia lektura Mercedes to *Grapefruit* autorstwa Yoko Ono. Jeszcze raz podkreśliła, że ma już dość skrobanek. Valley jest fajna, ale tęskno jej za Venice. Brakowało jej zwłaszcza rowerowych przejażdżek po molo.

Nie wiem, jak długo rozmawialiśmy, a właściwie jak długo ona monologowała, ale po jakimś czasie uznała, że jest zbyt pijana, by jechać do domu.

— Rozbierz się i idź do łóżka — zaproponowałem.

— Tylko na nic nie licz.

— Nawet nie tknę twojej cipki.

Zrzuciła ciuchy i położyła się. Rozebrałem się i poszedłem do łazienki. Patrzyła, jak wychodzę stamtąd ze słoiczkiem wazeliny.

— Co ty kombinujesz?

— Spokojnie, mała, odpręż się.

Posmarowałem wazeliną kutasa. Zgasiłem światło i położyłem się do łóżka.

— Odwróć się do mnie plecami.

Wsunąłem pod nią jedną rękę i zacząłem bawić się jej cyckiem, drugą ręką chwyciłem ją za drugą pierś. Z twarzą zanurzoną w jej włosach odczuwałem coraz większą przyjemność. Kutas mi stanął i wsunąłem go jej w tyłek. Ująłem ją w pasie i przyciągnąłem jej dupsko ku sobie, wchodząc w nią jeszcze mocniej.

— Oooooooch — jęknęła.

Zacząłem ją posuwać. Wśliznąłem się głębiej. Jej pośladki były duże i miękkie. Zacząłem się pocić. Przetoczyłem ją potem na brzuch i wsadziłem swoje dłuto głębiej. W jej dziurce było coraz ciaśniej. Dotarłem do końca okrężnicy. Krzyknęła.

— Zamknij się, do cholery! — uciszyłem ją.

Była bardzo ciasna. Udało mi się wsunąć kutasa jeszcze trochę dalej. To, jak go obejmowała, było niesamowite. Nagle, gdy wdarłem się w nią głębiej, poczułem kolkę w boku, potworny, przeszywający ból. Nie spasowałem. Rozdzierałem ją na pół, wzdłuż kręgosłupa. Ryczałem jak szaleniec i w końcu spuściłem się. Leżałem na niej bez ruchu. Ból w boku był nie do zniesienia. Mercedes płakała.

— Co ci jest, do cholery? — spytałem. — Przecież nawet nie tknąłem twojej cipy.

Zsunąłem się z niej.

Rano Mercedes nie była zbyt rozmowna, ubrała się i pojechała do pracy. No cóż, pomyślałem, oto odchodzi jeszcze jedna dupa.

73

W następnym tygodniu przyhamowałem nieco z piciem. Wybrałem się na wyścigi, żeby zaczerpnąć świeżego powietrza, nacieszyć się słońcem i pospacerować. W nocy piłem, zastanawiając się, jakim cudem jeszcze żyję, jak to wszystko działa. Myślałem o Katharine, Lydii, Tammie. Nie czułem się najlepiej.

W piątek wieczorem zadźwięczał telefon. Dzwoniła Mercedes.

— Hank, chciałabym wpaść do ciebie. Ale tylko na pogawędkę, piwo i skręty. Nic poza tym.

— Przyjdź, jeśli masz ochotę.

Zjawiła się po półgodzinie. Ku memu zdziwieniu prezentowała się znakomicie. Nigdy nie widziałem tak krótkiej minispódniczki, a jej nogi wyglądały wspaniale. Pocałowałem ją uszczęśliwiony. Odsunęła się.

— Po ostatnim razie nie mogłam chodzić przez dwa dni. Nie rozerwij mi dzisiaj tyłka.

— W porządku, słowo daję, że tego nie zrobię.

Wszystko wyglądało mniej więcej tak samo. Siedzieliśmy na kanapie przy włączonym radiu, rozmawialiśmy, sączyliśmy piwo i paliliśmy skręty. Co jakiś czas ją całowałem. Nie mogłem się powstrzymać. Zachowywała się, jakby miała ochotę, ale twierdziła, że nie chce. Mały Jack ją kocha, a miłość to prawdziwy skarb.

— Jasna sprawa.

— Nie kochasz mnie.

— Jesteś mężatką.
— Nie kocham Małego Jacka, ale zależy mi na nim, a on mnie kocha.
— Idealny układ.
— Byłeś kiedyś zakochany?
— Cztery razy.
— I co się stało? Gdzie one są teraz?
— Jedna już umarła. Pozostałe trzy żyją. Z innymi facetami.

Tego wieczoru rozmawialiśmy bardzo długo i wypaliliśmy sporo trawki. Około drugiej w nocy Mercedes powiedziała:
— Jestem zbyt ululana, żeby jechać do domu. Rozwaliłabym samochód.
— Rozbierz się i idź do łóżka.
— Dobrze, ale mam pewien pomysł.
— Jaki?
— Chciałabym popatrzeć, jak trzepiesz sobie kapucyna! Chcę zobaczyć twój wytrysk!
— Dobrze, to rozsądna propozycja. Umowa stoi.

Mercedes rozebrała się i weszła do łóżka. Zrzuciłem ubranie i stanąłem przy łóżku.
— Usiądź, żebyś lepiej widziała.

Usiadła na skraju łóżka. Naplułem na dłoń i zacząłem pocierać kutasa.
— Och — wykrzyknęła. — *Już rośnie!*
— Mhm...
— Robi się taki duży!
— Mhm...
— Och, jest cały *fioletowy*, z nabrzmiałymi żyłami! Pulsuje! Jaki on paskudny!
— Jeszcze jak.

Przysunąłem kutasa do jej twarzy. Przyglądała mu się z zapartym tchem. Już miałem wytrysnąć, ale się powstrzymałem.
— Och — szepnęła.
— Posłuchaj, mam lepszy pomysł...
— Jaki?
— Ty mi go wytrzepiesz.

— Dobra.
Zabrała się do roboty.
— Dobrze mi idzie?
— Trochę mocniej. I pośliń rękę. Pocieraj go na całej długości, a nie tylko przy główce.
— Dobrze... Och, Boże, spójrz na niego... Chcę zobaczyć, jak wytryśnie z niego *sok*!
— Nie przerywaj, Mercedes! *O Boże*!
Byłem bliski wytrysku. Zdjąłem jej rękę ze swego kapucyna.
— Niech cię diabli! — wykrzyknęła.
Pochyliła się i wsadziła go sobie do ust. Zaczęła go ssać, kiwając się w przód i w tył, przesuwając językiem po całej jego długości.
— Och, *ty dziwko*!
Zdjęła usta z kutasa.
— Dalej! Zrób to! Chcę się spuścić!
— Nie!
— Nie? No to zaczekaj!
Przewróciłem ją na łóżko i wskoczyłem na nią. Pocałowałem ją gwałtownie i wsadziłem jej. Posuwałem ją bez wytchnienia, rżnąłem z całych sił. Usłyszałem własny jęk i niemal równocześnie wytrysnąłem. Wpuściłem jej obfitą porcję nasienia, czułem, jak ją wypełnia.

74

Musiałem lecieć do Illinois na wieczór autorski na tamtejszym uniwersytecie. Nie znoszę takich imprez, ale pomagają mi opłacić komorne i być może przyczyniają się do zwiększenia sprzedaży moich książek. Dzięki nim wydostaję się ze wschodniego Hollywood i wzbijam się w powietrze wraz z biznesmenami, stewardesami, drinkami z lodem, torebkami na wymioty i orzeszkami serwowanymi, aby zabić nieświeży oddech po alkoholu.

Miał po mnie wyjść poeta William Keesing, z którym korespondowałem od 1966 roku. Po raz pierwszy zobaczyłem jego wiersze na lamach „Buli", jednego z pierwszych kontestujących czasopism, które nadawało ton ówczesnej powielaczowej rewolucji. Wydawał je Doug Fazzick. Żaden z nas nie był literatem we właściwym sensie tego słowa. Fazzick pracował w fabryce gumy. Keesing służył w piechocie morskiej w Korei, siedział w pudle i utrzymywała go żona Cecylia. Ja zasuwałem nocami po 11 godzin na poczcie. W tym samym czasie pojawił się na scenie Marvin ze swymi dziwacznymi wierszami o demonach. Marvin Woodman był największym piszącym ekspertem od demonów w Ameryce. Może nawet w Hiszpanii i w Peru. Zajmowałem się wtedy głównie pisaniem listów. Pisałem do wszystkich cztero- lub pięciostronicowe epistoły, ozdabiając kartki i koperty zwariowanymi rysunkami kredką. Wtedy właśnie zacząłem pisywać do Keesinga, byłego żołnierza, byłego więźnia i zdeklarowanego narkomana — najbardziej lubił brać kodeinę.

Obecnie, wiele lat później, Keesing dostał tymczasową posadę na uniwersytecie. Między odsiadkami za narkotyki udało mu się zdobyć jakiś stopień naukowy, a może nawet dwa. Ostrzegłem go, że to niebezpieczna praca dla każdego o ambicjach literackich. No cóż, przynajmniej zapoznawał studentów z licznymi utworami Chinaskiego.

Na lotnisku czeka! na mnie z żoną. Ponieważ miałem ze sobą bagaż, poszliśmy od razu do samochodu.

— Mój Boże, nigdy nie widziałem nikogo, kto by tak wyglądał, wychodząc z samolotu — zauważył Keesing.

Miałem na sobie płaszcz mojego nieżyjącego ojca, o wiele za duży. Spodnie były za długie, mankiety całkiem zakrywały buty, co zresztą bardzo mi odpowiadało, ponieważ skarpetki nie pasowały do spodni, a buty miały zupełnie ścięte obcasy. Nie przepadałem za fryzjerami, więc sam obcinałem sobie włosy, jeśli akurat nie miałem pod ręką kobiety, która zrobiłaby to za mnie. Nie lubiłem się golić, toteż co kilka tygodni przystrzygałem brodę nożyczkami. Mimo kiepskiego wzroku nie lubiłem nosić okularów i zakładałem je tylko do czytania. Miałem własne zęby, ale nie było ich zbyt wiele. Moja twarz była przekrwiona od picia, zwłaszcza wielki czerwony nochal. Światło raziło mnie w oczy i mrużyłem je, spoglądając niepewnie spomiędzy zapuchniętych powiek. Pasowałbym do każdej dzielnicy mętów na całym świecie.

Ruszyliśmy.

— Spodziewaliśmy się kogoś zupełnie innego — powiedziała Cecylia.

— Tak?

— Chodzi mi o to, że mówisz tak cicho i wyglądasz na łagodnego człowieka. Bill spodziewał się, że wysiądziesz z samolotu zalany w trupa, z przekleństwami na ustach, i będziesz się dobierał do każdej napotkanej kobiety.

— Nigdy nie silę się na wulgarność. Czekam, aż przyjdzie sama.

— Twój występ zaplanowano na jutrzejszy wieczór — poinformował mnie Bill.

— Świetnie, w takim razie dziś możemy się zabawić i zapomnieć o wszystkim.

Pojechaliśmy dalej.

Tego wieczoru Keesing okazał się równie interesujący jak jego listy i wiersze. Mial też dość oleju w głowie, by nie poruszać w rozmowie ze mną tematu literatury. No, powiedzmy, z nielicznymi wyjątkami. Rozmawialiśmy o innych sprawach. Nie miałem jakoś szczęścia do osobistych spotkań z poetami, nawet jeśli ich listy i wiersze były dobre. Spotkanie z Douglasem Fazzickim było więcej niż rozczarowujące. Najlepiej trzymać się z dala od innych pisarzy i robić swoje albo nie robić nic.

Cecylia opuściła nas wcześnie. Rano musiała iść do pracy.

— Rozwodzi się ze mną — oznajmił Bill. — Nie mam do niej żalu. Ma dosyć moich narkotyków, wiecznego odoru wymiotów, ma dość tego wszystkiego. Znosiła to latami. Wreszcie straciła cierpliwość. Nie jestem już nawet w stanie porządnie jej zerżnąć. Znalazła sobie jakiegoś małolata. Nie mam jej tego za złe. Wyprowadziłem się, mam własny pokój. Możemy tam pójść na noc, mogę tam pójść sam, a ty zostaniesz tutaj, albo obaj możemy tu zostać, wszystko mi jedno.

Połknął kilka pigułek.

— Zostańmy tu obaj — zaproponowałem.

— Nieźle ciągniesz.

— Nie mam nic innego do roboty.

— Musisz mieć bebechy z żelaza.

— Nie za bardzo. Raz mi już pękły. Ale kiedy te dziury się zrastają, podobno trzymają lepiej od najlepszego spawu.

— Jak długo jeszcze pożyjesz?

— Wszystko sobie zaplanowałem. Mam zamiar umrzeć w roku 2000, w wieku 80 lat.

— To dziwne — zauważył Keesing. — To rok, w którym sam mam zamiar odejść. Nawet miałem o tym sen. Przyśnił mi się dzień i godzina mojej śmierci. Tak czy owak, ma to nastąpić w roku 2000.

— Ładna, okrągła data. Podoba mi się.
Piliśmy jeszcze przez godzinę czy dwie. Przypadła mi w udziale druga sypialnia. Keesing spał na kanapie. Cecylia chyba rzeczywiście miała zamiar go porzucić.

Wstałem o wpół do jedenastej. Zostało trochę piwa. Wypiłem jedno. Byłem w trakcie drugiego, kiedy wszedł Keesing.
— Jezu, jak ty to robisz? Zrywasz się jak osiemnastolatek.
— Miewam też kiepskie poranki. To po prostu nie jest jeden z nich.
— O pierwszej prowadzę zajęcia z angielskiego. Muszę doprowadzić się do ładu.
— Łyknij białą pigułę.
— Powinienem wpakować w siebie coś do żarcia.
— Zjedz dwa jajka na miękko. Dodaj trochę chili lub papryki.
— Może też masz ochotę na jajko?
— Tak, poproszę.
Zabrzęczał telefon. Dzwoniła Cecylia. Bill rozmawiał z nią przez chwilę i odłożył słuchawkę.
— Zbliża się tornado. Jedno z największych w historii tego stanu. Może tędy przejść.
— Zawsze coś się dzieje, kiedy czytam wiersze.
Zauważyłem, że zaczyna się ściemniać.
— Mogą odwołać zajęcia. Trudno powiedzieć. Lepiej coś zjem.
Bill nastawił jajka.
— Nie rozumiem cię. Nawet nie wyglądasz, jakbyś miał kaca.
— Codziennie mam kaca. To mój normalny stan. Przystosowałem się.
— Nadal pisujesz dobre rzeczy, mimo tych hektolitrów alkoholu.
— Zostawmy ten temat. Może to dzięki różnorodności cipek. Nie gotuj tych jajek za długo.
Poszedłem do łazienki i opróżniłem bebechy. Nigdy nie miałem z tym problemów. Wychodząc, usłyszałem słabe wołanie Billa. Był na podwórku, wymiotował. Weszliśmy do domu. Biedak był naprawdę chory.

— Weź trochę sody oczyszczonej. Masz valium?
— Nie.
— W takim razie odczekaj 10 minut po zjedzeniu sody i wypij ciepłe piwo. Wlej je już teraz do szklanki, żeby dostało się do niego powietrze.
— Mam benzedrynę.
— Łyknij trochę.
Robiło się coraz ciemniej. W kwadrans po zażyciu benzedryny Bill wziął prysznic. Kiedy wyszedł, wyglądał dobrze. Zjadł kanapkę z masłem orzechowym i plasterkami banana. Powinien jakoś przetrwać.
— Wciąż kochasz swoją starą, prawda? — zapytałem.
— O Jezu, tak.
— Wiem, że to żadna pociecha, ale spróbuj zrozumieć, że coś takiego przydarza się nam wszystkim, przynajmniej raz.
— To rzeczywiście żadna pociecha.
— Kiedy już kobieta zwróci się przeciw tobie, zapomnij o niej. Kocha cię, aż tu naraz — trach! — i pozostaje już tylko wrogość. Może wtedy spokojnie się przyglądać, jak umierasz w rynsztoku, jak wpadasz pod samochód... Skwituje to jednym splunięciem.
— Cecylia jest wspaniałą kobietą.
Na dworze coraz bardziej się ściemniało.
— Napijmy się jeszcze piwa — zaproponowałem.
Siedzieliśmy, popijając piwo. Było coraz ciemniej i rozhulał się wiatr. Nie gadaliśmy za dużo. Cieszyłem się z naszego spotkania. Nie było w nim ani odrobiny fałszu. Bill sprawiał wrażenie zmęczonego, może to dlatego. W Stanach nie miał szczęścia. Zdobył popularność w Australii. Może pewnego dnia odkryją go tutaj, a może i nie. Oby stało się to przed rokiem 2000. Bardzo polubiłem tego żylastego, krępego, niezbyt wysokiego faceta. Czuło się, że zna mnóstwo chwytów, nie zawsze czystych, że sporo w życiu przeszedł.
Popijaliśmy w milczeniu. Zadzwonił telefon. Znowu Cecylia. Tornado przeszło bokiem. Zajęcia Billa ze studentami miały się zatem odbyć. Wieczorem będę czytał wiersze. Wszystko działa jak należy. Wszyscy mamy co robić.

O wpół do dwunastej Bill włożył zeszyty i inne rzeczy do plecaka, wsiadł na rower i pojechał na uniwersytet.

Cecylia przyszła po południu.
— Czy Bill był w formie, kiedy wyruszał?
— Tak, pojechał na rowerze. Wyglądał dobrze.
— Jak dobrze? Naćpał się przedtem?
— Wyglądał dobrze. Zjadł, doprowadził się do porządku...
— Wciąż go kocham, Hank. Po prostu nie mam już zdrowia, żeby to znosić.
— Jasne.
— Nawet nie wiesz, ile to dla niego znaczy, że tu jesteś. Czytywał mi twoje listy.
— Te świńskie?
— Nie, te zabawne. Rozśmieszałeś nas do łez.
— Daj mi dupy, Cecylio.
— Hank, teraz uprawiasz tylko swoje gierki.
— Podobasz mi się, pączuszku. Chcę ci wsadzić.
— Jesteś pijany, Hank.
— Masz rację. Zapomnijmy o tym.

75

Tego wieczoru po raz kolejny wypadłem fatalnie. Miałem to gdzieś. Oni też mieli to gdzieś. No, ale skoro John Cage mógł dostać 1000 dolców za publiczne zjedzenie jabłka, ja zgodzę się na 500 plus koszty przelotu za przełknięcie tej żaby.

Potem było to co zwykle. Studentki tłoczyły się ze swymi młodymi, rozpalonymi ciałami i oczami jak światełka na tablicy rozdzielczej, prosząc o autografy w moich książkach. Najchętniej zerżnąłbym hurtem pięć z nich w ciągu jednej nocy i zapomniał o nich raz na zawsze.

Podeszło też kilku profesorów, uśmiechając się do mnie głupawo i dając mi do zrozumienia, że zrobiłem z siebie osła. Od razu poczuli się lepiej, jakby ich własne wypociny zyskały przez to na wartości.

Wziąłem czek i zmyłem się. U Cecylii miało się odbyć przyjęcie za zaproszeniami. Była to niepisana część umowy. Im więcej dziewcząt, tym lepiej, ale w domu Cecylii nie miałem wielkich szans. Wiedziałem o tym. I rzeczywiście, rano obudziłem się w łóżku samotnie.

Bill był chory następnego ranka. Znów miał zajęcia o pierwszej i przed wyjściem powiedział:

— Cecylia odwiezie cię na lotnisko. Muszę już pędzić. Nie znoszę pożegnań.

— Ja też.

Założył plecak i wyszedł, prowadząc przed sobą rower.

76

Byłem w Los Angeles od półtora tygodnia. Wieczorem zadzwonił telefon. W słuchawce usłyszałem płacz Cecylii.
— Hank, Bill nie żyje. Jesteś pierwszym, któremu to mówię.
— Jezu, nie wiem, co powiedzieć.
— Tak się cieszę, że byłeś u nas. Po twoim wyjeździe Bill o niczym innym nie mówił. Nie wiesz, ile ta wizyta dla niego znaczyła.
— Co się stało?
— Skarżył się, że czuje się naprawdę fatalnie, zabraliśmy go do szpitala i po dwóch godzinach już nie żył. Wiem, ludzie pomyślą, że przedawkował, ale to nieprawda. Chociaż chciałam się z nim rozwieść, kochałam go.
— Wierzę ci.
— Nie chcę ci zawracać głowy tym wszystkim.
— Nic nie szkodzi, Bill by to zrozumiał. Po prostu nie wiem, co powiedzieć, żeby było ci łatwiej. Jestem w szoku. Może zadzwonię później, żeby się dowiedzieć, czy u ciebie wszystko w porządku.
— Naprawdę?
— Jasne.

Na tym polega kłopot z piciem, pomyślałem, nalewając sobie drinka. Gdy wydarzy się coś złego, pijesz, żeby zapomnieć. Kiedy zdarzy się coś dobrego, pijesz, żeby to uczcić. A jeśli nie wydarzy się nic szczególnego, pijesz po to, żeby coś się działo.

Chociaż był chory i nieszczęśliwy, Bill nie wyglądał na kogoś, kto stoi nad grobem. Wielu ludzi umiera w ten sposób. Dlatego choć jesteśmy świadomi śmierci i myślimy o niej niemal codziennie, kiedy nadchodzi niespodziewanie i dotyka kogoś nietuzinkowego i zarazem sympatycznego, bardzo trudno się z nią pogodzić, bez względu na to, ilu innych to spotkało. Dobrych, złych i tych nikomu nieznanych.

Tego wieczoru zadzwoniłem do Cecylii. Zrobiłem to także następnego dnia, a potem jeszcze raz. I na tym poprzestałem.

77

Minął miesiąc. R.A. Dwight, redaktor z Dogbite Press, poprosił mnie o napisanie przedmowy do *Wierszy wybranych* Keesinga. Za sprawą swej przedwczesnej śmierci Bill miał w końcu szanse zdobyć uznanie gdzieś poza Australią.
Potem zadzwoniła Cecylia.
— Hank, jadę do San Francisco, żeby spotkać się z Dwightem. Mam kilka zdjęć Billa i trochę jego niepublikowanych utworów. Chcę je zawieźć Dwightowi i razem z nim się zastanowić, co z tego warto opublikować. Ale najpierw chcę się zatrzymać na dzień lub dwa w Los Angeles. Wyjdziesz po mnie na lotnisko?
— Jasne, możesz zatrzymać się u mnie.
— Wielkie dzięki.
Podała mi godzinę przylotu, a ja wyszorowałem muszlę klozetową i wannę oraz zmieniłem pościel w swoim łóżku.

Cecylia przylatywała o 10 rano, więc musiałem zwlec się wyjątkowo wcześnie, żeby zdążyć na czas. Wyglądała dobrze, choć była przy kości. Solidnie zbudowana, nisko osadzona, taka typowa porządna kobieta ze Środkowego Zachodu. Mężczyźni oglądali się za nią, potrafiła jakoś tak kręcić tyłkiem, że wyglądało to ponętnie i seksownie.
Czekaliśmy w barze na jej bagaż. Cecylia nie piła. Zadowoliła się sokiem pomarańczowym.
— Wprost *uwielbiam* lotniska i pasażerów. A ty?
— Nie.

— Ci ludzie wydają się tacy interesujący.
— Mają po prostu więcej forsy od tych, którzy podróżują pociągami lub autobusami.
— Przelatywaliśmy nad Wielkim Kanionem.
— Tak, to po drodze.
— Te kelnerki noszą strasznie krótkie spódniczki! Spójrz, widać im majtki.
— Dostają hojne napiwki. Każda z nich mieszka w luksusowym apartamencie i jeździ sportowym samochodem.
— Wszyscy w samolocie byli tacy mili! Mężczyzna siedzący obok zaproponował mi drinka.
— Chodźmy po twój bagaż.
— Dzwonił do mnie Dwight i powiedział, że otrzymał twoją przedmowę do *Wierszy wybranych* Billa. Przeczytał mi fragmenty przez telefon. Piękny tekst. Chcę ci podziękować.
— Nie ma za co.
— Nie wiem, jak ci się odwdzięczę.
— Jesteś pewna, że nie masz ochoty na drinka?
— Niewiele piję. Może później.
— Na co miałabyś ochotę? Kupię coś do domu. Chcę, żebyś się odprężyła.
— Jestem pewna, że Bill patrzy na nas z góry i jest szczęśliwy.
— Tak sądzisz?
— Tak!
Odebraliśmy bagaż i poszliśmy na parking.

78

Tego wieczoru udało mi się wlać w Cecylię 2 albo 3 drinki. Zapomniała się i założyła wysoko nogę na nogę, dzięki czemu ujrzałem kawał niezłego, ciężkiego uda. Niezniszczalna baba. Kobieta jak krowa, krowie cycki, krowie oczy. Wiele mogła znieść. Keesing miał dobre oko.

Była przeciwna zabijaniu zwierząt, nie jadała mięsa. Chyba sporo go już skosztowała, w różnej postaci. Wszystko jest wspaniałe, powiedziała mi, na świecie jest tyle piękna i wystarczy tylko wyciągnąć rękę i dotknąć go, jest tuż-tuż, dosłownie na długość ramienia, i tylko czeka, byśmy je dostrzegli.

— Masz rację, Cecylio. Napij się jeszcze.
— Kręci mi się od tego w głowie.
— Cóż w tym złego?

Ponownie założyła nogę na nogę i zalśniły jej uda, wysoko, aż po rąbek majtek. Ech, Bill, szkoda, że nie możesz już z tego korzystać. Byłeś dobrym poetą, ale — do diabła — pozostawiłeś coś więcej niż swoje wiersze. A twoje wiersze nigdy nie miały takich ud i pośladków.

Cecylia wypiła jeszcze jednego drinka i na tym poprzestała. Ja pociągałem dalej.

Skąd biorą się kobiety? Tyle ich wokół, aż nadto. Każda z nich ma w sobie coś wyjątkowego, jest inna niż wszystkie. Ich cipki są niepowtarzalne, ich pocałunki i piersi są niepowtarzalne, ale żaden mężczyzna nie może ich wszystkich skosztować, jest ich za dużo. I wystarczy, że założą nogę na nogę, by doprowadzić faceta do szaleństwa. Jakaż uczta dla oka!

— Chcę pójść na plażę. Zabierzesz mnie na plażę, Hank?
— Dzisiaj?
— Nie, niekoniecznie. Ale przed moim wyjazdem.
— Dobrze.

Mówiła o tym, ile krzywd wyrządzono Indianom. Potem przyznała się, że pisze, ale nigdzie tego nie posyła, po prostu prowadzi dziennik. Bill zachęcał ją do tego i starał się ją jakoś wspierać. Ona z kolei pomogła mu ukończyć studia. Rzecz jasna, pomogła mu także kombatancka przeszłość i ułatwienia wynikające z ustawy o weteranach. Niestety, zawsze była kodeina, był od niej uzależniony. Co jakiś czas Cecylia groziła mu, że go zostawi, ale nawet to nie pomogło mu wyrwać się z nałogu. A teraz...

— Napij się, Cecylio. Łatwiej ci będzie zapomnieć.
— Och, nie dam rady wypić tego wszystkiego!
— Podnieś wyżej nogę. Pozwól mi zobaczyć jeszcze kawałek twojego uda.
— Bill nigdy tak do mnie nie mówił.

Piłem ostro. Cecylia coś mówiła. Po jakimś czasie przestałem słuchać. Nie wiadomo kiedy nadeszła północ i równie niepostrzeżenie minęła.

— Posłuchaj, Cecylio, chodźmy do łóżka. Jestem ubzdryngolony.

Poszedłem do sypialni, rozebrałem się i wsunąłem pod prześcieradło. Słyszałem, jak Cecylia idzie do łazienki. Zgasiłem światło w sypialni. Wkrótce wyszła stamtąd i czułem, jak kładzie się po drugiej stronie łóżka.

— Dobranoc, Cecylio — powiedziałem.

Przyciągnąłem ją do siebie. Była naga. Jezu, pomyślałem. Pocałowaliśmy się. Robiła to bardzo dobrze. Był to długi, gorący pocałunek. Wysunąłem się z jej objęć.

— Cecylio?
— Tak?
— Zerżnę cię kiedy indziej.

Odwróciłem się na bok i zasnąłem.

79

Zjawili się Bobby i Valerie. Przedstawiłem ich Cecylii.
— Wybieramy się na wakacje i chcemy wynająć coś nad morzem w Manhattan Beach — powiedział Bobby. — Może pojechalibyście z nami? Moglibyśmy wynająć wspólnie jakiś domek. Mają tam po dwie sypialnie.
— Nie, Bobby, nie sądzę.
— Och, Hank, *proszę*! — odezwała się Cecylia. — Uwielbiam ocean! Hank, jeśli tam pojedziemy, będę nawet z tobą pić. Obiecuję!
— Dobrze, Cecylio.
— Świetnie — stwierdził Bobby. — Wyruszamy dziś wieczorem. Przyjedziemy po was koło szóstej. Zjemy razem kolację.
— Wspaniale! — wykrzyknęła Cecylia.
— Z Hankiem jest zawsze wesoło w restauracjach — powiedziała Valerie. — Ostatnim razem weszliśmy do ekskluzywnej knajpki, a on z miejsca zaczepił kierownika sali: „Zamawiam sałatkę i frytki dla moich przyjaciół! Podwójne porcje. I nie dolewajcie wody do alkoholu, bo obedrę was ze skóry!".
— Wprost nie mogę się *doczekać*. — powiedziała Cecylia.

O drugiej Cecylia nabrała ochoty na spacer dla zdrowia. Wyszliśmy na podwórze. Dostrzegła poinsecje. Podeszła do nich bardzo blisko i dosłownie wsadziła w nie twarz, jednocześnie głaszcząc je pieszczotliwie.
— Och, jakież one *piękne*!

— One *umierają*. Nie widzisz, jakie są uschnięte? Smog je zabija.

Spacerowaliśmy pod palmami.

— Wszędzie tyle ptaków! Dosłownie setki, Hank!

— I mnóstwo kotów.

Pojechaliśmy we czworo do Manhattan Beach, wnieśliśmy rzeczy do apartamentu z widokiem na morze i pojechaliśmy coś zjeść. Kolacja była całkiem niezła. Cecylia wypiła tylko jednego drinka i wyjaśniła wszystkim, dlaczego jest wegetarianką. Zamówiła zupę, sałatkę i jogurt. My zjedliśmy steki, frytki i bułkę francuską z sałatką. Bobby i Valerie ukradli komplet do przypraw, sztućce oraz napiwek, jaki zostawiłem kelnerowi.

Po drodze do apartamentu zatrzymaliśmy się, żeby kupić coś do picia, lód i papierosy. Po tym jednym drinku Cecylia chichotała bez przerwy, usiłując nam dowieść, że zwierzęta mają dusze. Nikt nie próbował podważyć tej opinii. Wiedzieliśmy, że to możliwe. Nie byliśmy natomiast wcale przekonani, czy *my* mamy dusze.

80

Wszyscy pili. Cecylia poprzestała na jeszcze jednym drinku.
— Chcę wyjść popatrzeć na księżyc i gwiazdy — powiedziała. — Na dworze jest tak pięknie!
— Dobrze, Cecylio.
Wyszła i usiadła na składanym krześle obok basenu.
— Nic dziwnego, że Bill umarł — zauważyłem. — Zagłodziła go na śmierć. Nie potrafi wykrzesać z siebie prawdziwego żaru.
— Powiedziała to samo o tobie podczas kolacji, kiedy poszedłeś do toalety — wyznała Valerie. — Powiedziała: „Och, wiersze Hanka są pełne namiętności, ale on sam wcale taki nie jest!".
— Ja i Bóg nie zawsze stawiamy na tego samego konia.
— Zerżnąłeś ją już? — spytał Bobby.
— Nie.
— Jaki był ten Keesing?
— W porządku. Ale naprawdę się zastanawiam, jak on z nią wytrzymywał. Może pomagała mu w tym kodeina i inne prochy. Może traktował ją po trosze jak osobistą pielęgniarkę, po trosze jak hippiskę.
— Pierdol to — powiedział Bobby. — Pijmy.
— Pewnie. Gdybym musiał wybierać między piciem a dymaniem, chyba musiałbym zrezygnować z tego ostatniego.
— Dymanie przysparza kłopotów — zauważyła Valerie.
— Kiedy moja żona pieprzy się z kimś innym, zakładam piżamę, włażę pod kołdrę i śpię — wyznał Bobby.

— Jest tolerancyjny — oddała mu sprawiedliwość Valerie.
— Nikt z nas tak naprawdę nie wie, jak korzystać z seksu i co z tym robić — zauważyłem. — Dla większości ludzi seks jest jak zabawka: nakręca się ją i puszcza wolno.
— A miłość? — spytała Valerie.
— Miłość jest dla tych, którzy potrafią sobie poradzić z balastem psychicznym. Miłość jest jak wór śmierdzących odpadków, który próbuje się przenieść na plecach przez spieniony strumień cuchnących szczyn.
— Och, nie jest *aż tak* źle.
— Miłość to rodzaj uprzedzenia. Co do mnie, to mam zbyt wiele innych uprzedzeń.

Valerie podeszła do okna.
— Ludzie tam się bawią, skaczą do basenu, a ona siedzi, patrząc w księżyc.
— Jej stary dopiero co umarł — zauważył Bobby. — Zostaw ją w spokoju.

Wziąłem flaszkę i poszedłem do sypialni. Rozebrałem się do gatek i wyciągnąłem na łóżku.

Wszędzie panuje chaos. Ludzie po prostu rzucają się na wszystko w zasięgu ręki: komunizm, zdrową żywność, zen, surfing, balet, hipnozę, terapię grupową, orgie, rowery, zioła, katolicyzm, podnoszenie ciężarów, podróże, ucieczkę od rzeczywistości, wegetarianizm, Indie, malarstwo, rzeźbę, pisanie, komponowanie, dyrygenturę, wyprawy z plecakiem, jogę, kopulację, hazard, alkoholizm, wędrówki bez celu, mrożony jogurt, Beethovena, Bacha, Buddę, Chrystusa, transcendentalną medytację, heroinę, sok z marchwi, próby samobójstwa, szyte na miarę garnitury, podróże odrzutowcem do Nowego Jorku, dokądkolwiek... Te fascynacje zmieniają się nieustannie, mijają, ulatują bez śladu. Ludzie po prostu muszą znaleźć sobie jakieś zajęcia w oczekiwaniu na śmierć. To chyba dobrze, że istnieje jakiś wybór.

Ja już swego dokonałem. Uniosłem flaszkę wódki i zdrowo pociągnąłem. Rosjanie wiedzą to i owo.

Otworzyły się drzwi i weszła Cecylia. Świetnie wyglądała ze swym nisko zawieszonym, obfitym ciałem. Amerykanki w większości są albo za chude, albo zbyt miękkie. Jeśli traktujesz je ostro, coś się w nich załamuje i stają się neurastenickami lub robią ze swych mężów fanatycznych kibiców sportowych, szalonych kierowców, na wpół obłąkanych alkoholików. Skandynawowie wiedzą, jak powinna być zbudowana kobieta: szeroka w biodrach, duże dupsko, duże białe uda, duża głowa, duże usta, duże cyce, dużo włosów, duże oczy, duże nozdrza, a tam, poniżej pasa — nie za duża i nie za mała.

— Hej, Cecylio. Chodź do łóżka.
— Ładnie było dzisiaj na dworze.
— Z pewnością. Chodź się przywitać.

Skierowała się do łazienki. Zgasiłem światło w sypialni. Po pewnym czasie wyszła. Czułem, jak wsuwa się do łóżka. Było ciemno, ale przez zasłony wpadało trochę światła. Podałem jej flaszkę. Pociągnęła mały łyczek i oddała mi butelkę. Siedzieliśmy, opierając się o wezgłowie. Nasze uda dotykały się.

— Wiesz, Hank, księżyc wyglądał jak mały rogalik. Ale gwiazdy pięknie świeciły. Nie uważasz, że to skłania do refleksji?
— Tak.
— Niektóre z tych gwiazd przestały istnieć przed milionami lat, a my wciąż je widzimy.

Wyciągnąłem rękę i przysunąłem ku sobie głowę Cecylii. Otworzyła usta. Były wilgotne i bardzo smakowite.

— Cecylio, chcę cię zerżnąć.
— Nie mam ochoty.

Właściwie ja też nie miałem. Dlatego zrobiłem jej tę propozycję.

— Nie masz ochoty? To dlaczego mnie całujesz?
— Uważam, że ludzie powinni spędzić razem trochę czasu, żeby się lepiej poznać.
— Nie zawsze miewa się aż tyle czasu.
— Daj spokój, nie mam ochoty.

Wyszedłem z łóżka. Zbliżyłem się w gatkach do drzwi sypialni Bobby'ego i Valerie. Zapukałem.

— O co chodzi? — spytał Bobby.
— Cecylia nie chce się ze mną pieprzyć.

— I co z tego?
— Chodźmy popływać.
— Jest późno. Basen już zamknięty.
— Zamknięty? Chyba jest w nim woda, nie?
— Chodzi mi o to, że światła są wyłączone.
— Nie szkodzi. Ona nie chce, żebym ją przeleciał.
— Nie masz kąpielówek.
— Ale mam szorty.
— Dobrze, poczekaj chwilę...

Wyszli razem, ubrani w piękne, nowe, obcisłe kostiumy kąpielowe. Bobby podał mi skręta z kolumbijskiej trawy. Zaciągnąłem się mocno.
— Co dolega Cecylii?
— Chrześcijańskie uprzedzenia.
Poszliśmy w stronę basenu. To prawda, światła były wyłączone. Bobby i Valerie jednocześnie wskoczyli do wody. Usiadłem na brzegu, pluskając nogami w wodzie. Pociągnąłem z flaszki.
— Chodź, ćpunie. Nie bądź cykorem! ZANURKUJ!
Łyknąłem jeszcze trochę wódki i odstawiłem butelkę. Nie zanurkowałem. Ostrożnie opuściłem się na rękach do wody. Dziwnie się czułem w wodzie tak po ciemku. Wolno poszedłem na dno. Miałem metr osiemdziesiąt i ważyłem 100 kilo. Czekałem, aż dosięgnę dna i będę mógł się odepchnąć. Gdzie jest to dno? W końcu dotarłem do niego, gdy prawie zaczynało mi brakować tlenu. Odbiłem się nogami. Powoli sunąłem w górę. Wreszcie się wynurzyłem.
— Śmierć wszystkim dziwkom, które zwierają przede mną uda! — ryknąłem.
Otworzyły się jakieś drzwi i z mieszkania na pierwszym piętrze wybiegł zarządca.
— Hej, nie wolno pływać o tej porze. Jest noc! Światła są wyłączone!
Podpłynąłem do niego, podciągnąłem się odrobinę i spojrzałem mu prosto w oczy.
— Posłuchaj, skurwielu, wypijam dwie beczki piwa dziennie i jestem zawodowym zapaśnikiem. Jestem z natury *łagodny*.

Ale zamierzam popływać i chcę, żeby te światła się ZAPALIŁY! I TO JUŻ! Nie będę powtarzał dwa razy!

Odpłynąłem.

Po chwili rozbłysły światła. Basen był wspaniale oświetlony. Wyglądał jak z bajki. Podpłynąłem do butelki wódki, wziąłem ją do ręki i zdrowo pociągnąłem. Flaszka była prawie pusta. Spojrzałem w dół — Valerie i Bobby zataczali pod wodą kółka wokół siebie. Dobrze im to szło, byli gibcy i pełni gracji. Jakie to dziwne, że wszyscy są młodsi ode mnie.

Pożegnaliśmy się z basenem. Podszedłem w mokrych gatkach do drzwi zarządcy i zapukałem. Otworzył mi. Lubiłem go.

— Hej, koleś, możesz teraz wyłączyć światła. Już skończyłem pływać. Jesteś fajny gość.

Poszliśmy do apartamentu.

— Napij się z nami — zaproponował Bobby. — Wiem, że jesteś przybity.

Poszedłem do nich i wypiłem dwa drinki.

Valerie powiedziała:

— Posłuchaj, Hank, ty i te twoje *kobiety*! Nie zerżniesz ich wszystkich, nie wiesz o tym?

— Zwycięstwo lub śmierć!

— Odeśpij to, Hank.

— Dobranoc, kochani, i dziękuję...

Wróciłem do sypialni. Cecylia leżała na plecach i chrapała: ghrrr, ghrrr, ghrrr...

Wydała mi się *gruba*. Zdjąłem mokre gatki i wsunąłem się do łóżka. Potrząsnąłem nią.

— Cecylio, CHRAPIESZ!

— Oooch, oooch... Przepraszam...

— W porządku. Zupełnie jakbyśmy byli małżeństwem. Dobiorę się do ciebie rano, kiedy zbudzę się świeżutki.

81

Obudził mnie jakiś odgłos. Nie było jeszcze całkiem widno. Cecylia krzątała się dziarsko, pospiesznie wkładając ubranie. Spojrzałem na zegarek.
— Jest 5 rano. Co ty wyprawiasz?
— Chcę zobaczyć wschód słońca. Uwielbiam wschody słońca!
— Nic dziwnego, że nie pijesz.
— Niedługo wrócę. Możemy zjeść razem śniadanie.
— Od 40 lat nie jestem w stanie zjeść śniadania.
— Mam zamiar zobaczyć wschód słońca, Hank.
Znalazłem butelkę piwa. Była ciepła. Otworzyłem ją i wypiłem, po czym zapadłem w sen.

O 10.30 rozległo się pukanie do drzwi.
— Proszę.
Weszli Bobby, Valerie i Cecylia.
— Właśnie zjedliśmy razem śniadanie — oznajmił Bobby.
— A teraz Cecylia chce zdjąć buty i pospacerować boso po plaży — dodała Valerie.
— Nigdy w życiu nie widziałam Pacyfiku, Hank. Jest taki piękny!
— Zaraz się ubiorę.
Szliśmy wzdłuż brzegu. Cecylia była szczęśliwa. Kiedy nadbiegały fale, zalewając jej bose stopy, krzyczała z radości.
— Idźcie naprzód — powiedziałem. — Spróbuję znaleźć jakiś bar.

— Pójdę z tobą — zgłosił się Bobby.
— Będę pilnowała Cecylii — obiecała Valerie.

Znaleźliśmy najbliższą knajpkę. Przy barku były tylko dwa wolne stołki. Usiedliśmy. Bobby trafił na faceta, ja na kobietę. Zamówiliśmy drinki.
Kobieta siedząca obok mnie miała jakieś 26, 27 lat. Musiała już sporo przejść — w jej oczach i w kącikach ust widać było zmęczenie — ale mimo to nieźle się trzymała. Miała ciemne zadbane włosy. Ubrana była w spódniczkę odsłaniającą niezłe nogi. Miała topazową duszę, co było widać w jej oczach. Przysunąłem nogę do jej uda. Nie cofnęła go. Wysączyłem swojego drinka.
— Postaw mi coś do picia — poprosiłem ją.
Skinęła na barmana. Podszedł do nas.
— Wódka z 7-Up dla tego pana.
— Dzięki...
— Babette.
— Dzięki, Babette. Jestem Henry Chinaski, pisarz alkoholik.
— Nigdy o tobie nie słyszałam.
— Wzajemnie.
— Prowadzę sklepik koło plaży. Świecidełka i różne gówna, przede wszystkim gówna.
— Jesteśmy siebie godni. Piszę wiele gównianych rzeczy.
— Skoro jesteś taki kiepski, to dlaczego nie przestaniesz pisać?
— Potrzebne mi jedzenie, mieszkanie i ubrania. Postaw mi jeszcze jednego.
Babette przywołała barmana i po chwili miałem następnego drinka. Nasze nogi przylgnęły mocniej do siebie.
— Jestem szczurem — przyznałem się jej. — Mam ciągłe zatwardzenie i mi nie staje.
— Nic mi nie wiadomo na temat twojego zatwardzenia. Ale jesteś szczurem i staje ci.
— Jaki masz numer telefonu?
Babette sięgnęła do torebki po pióro.
Wtedy wkroczyła Cecylia z Valerie.

— Och — wykrzyknęła Valerie — *tu* siedzą te skurczybyki. *Mówiłam ci*. W najbliższym barze!

Babette zsunęła się ze stołka i wyszła z knajpy. Widziałem ją przez żaluzje w oknie. Oddalała się promenadą — ależ miała ciało! Smukła jak pinia. Zakołysała się na wietrze i zniknęła.

82

Cecylia usiadła i przyglądała się, jak popijamy. Widziałem, że budzę w niej obrzydzenie. Jem mięso. Nie mam należytego szacunku dla Boga. Lubię się pieprzyć. Przyroda mnie nie interesuje. Nie chodzę na wybory. Lubię wojny. Przestrzeń pozaziemska mnie nie pociąga. Baseball mnie nudzi. Historia również. Nie przepadam też za ogrodami zoologicznymi.

— Hank — powiedziała. — Wychodzę na chwilę na dwór.
— A cóż tam takiego ciekawego?
— Lubię obserwować ludzi pływających w basenie. Przyjemnie jest popatrzeć, jak inni dobrze się bawią.

Wstała i wyszła. Valerie roześmiała się. Bobby jej zawtórował.

— W porządku, a więc nie dobiorę się do jej cipy.
— A masz ochotę? — spytał Bobby.
— Tu nie tyle chodzi o mój popęd seksualny, co o moje urażone ego.
— I nie zapominaj o swoim wieku — dodał Bobby.
— Nie ma nic gorszego od starej szowinistycznej świni — przyznałem.

Piliśmy dalej w milczeniu.

Po godzinie Cecylia wróciła.
— Hank, chcę już jechać.
— Dokąd?
— Na lotnisko. Chcę lecieć do San Francisco. Mam ze sobą bagaż.

— Nie mam nic przeciwko temu. Ale Valerie i Bobby przywieźli nas tutaj swoim samochodem. Może nie chcą jeszcze wyjeżdżać.

— Nie ma sprawy, odwieziemy cię do Los Angeles — powiedział Bobby.

Zapłaciliśmy rachunek, Bobby usiadł za kierownicą, obok niego Valerie, ja z Cecylią z tyłu. Cecylia odsunęła się, niemal wcisnęła się w drzwi, byle tylko być jak najdalej ode mnie.

Bobby włączył magnetofon. Muzyka uderzyła w tył samochodu z siłą morskiej fali. Bob Dylan. Valerie podała nam skręta. Pociągnąłem i próbowałem podać go Cecylii. Cofnęła się. Popieściłem jedno z jej kolan, ścisnąłem je. Odepchnęła moją rękę.

— Hej, tam, z tyłu, jak wam idzie?! — zawołał Bobby.

— To miłość — odparłem.

Jechaliśmy blisko godzinę.

— To już lotnisko — zauważył Bobby.

— Masz jeszcze dwie godziny — powiedziałem do Cecylii. — Możemy pojechać do mnie i poczekać.

— Nic nie szkodzi. Pójdę już.

— Ale co będziesz robiła przez dwie godziny na lotnisku? — spytałem.

— Och, uwielbiam lotniska!

Zatrzymaliśmy się przed terminalem. Wyskoczyłem i wyjąłem jej bagaż. Gdy staliśmy obok wozu, Cecylia pocałowała mnie w policzek. Pozwoliłem, by sama weszła do budynku.

83

Zgodziłem się na wieczór autorski na północy. W przeddzień tego spotkania, po południu, siedziałem w pokoju Holiday Inn, pijąc piwo. Byli ze mną Joe Washington, sponsor, oraz miejscowy poeta Dudley Barry, ze swoim chłopakiem Paulem. Dudley przestał jakiś czas temu ukrywać, że jest homo. Był nerwowy, gruby i ambitny. Spacerował nerwowo po pokoju.

— Jesteś dzisiaj w formie?
— Nie wiem.
— Przyciągasz tłumy. Jezu, jak ty to robisz? Kolejka ciągnie się aż za róg.
— Lubią, kiedy się im upuszcza trochę krwi.

Dudley schwycił Paula za pośladki.

— Właduję ci w dupę, mój słodki! Potem ty władujesz mnie!

Joe stał przy oknie.

— Hej, spójrzcie, po drugiej stronie idzie William Burroughs. Mieszka w sąsiednim pokoju. Czyta swoje utwory jutro wieczorem.

Podszedłem do okna. Rzeczywiście szedł tam Burroughs. Odwróciłem się i otworzyłem następne piwo. Znajdowaliśmy się na drugim piętrze. Burroughs wszedł po schodach, przeszedł pod moim oknem, otworzył drzwi swego pokoju i wszedł do środka.

— Chciałbyś go poznać? — spytał Joe.
— Nie.

— Za chwilę do niego idę.
— Świetnie.
Dudley i Paul obmacywali sobie nawzajem tyłki. Dudley rechotał donośnie, a Paul chichotał cichutko i rumienił się.
— Nie moglibyście tego robić na osobności?
— Czyż on nie jest słodki? — spytał Dudley. — Uwielbiam takich młodzieniaszków!
— Mnie bardziej interesują kobiety.
— Nie wiesz, co tracisz.
— Jack Mitchell trzyma się transwestytów. Pisze o nich wiersze.
— Przynajmniej wyglądają jak kobiety.
— Niektórzy wyglądają nawet znacznie lepiej.
W milczeniu przełknąłem kolejny łyk piwa.

Wrócił Joe.
— Poinformowałem Burroughsa, że mieszkasz obok. Powiedziałem: „Burroughs, Henry Chinaski mieszka w pokoju obok". On na to: „Och, naprawdę?". Zapytałem go, czy chce się z tobą spotkać. Odparł: „Nie".
— Powinni wstawiać tu lodówki — zauważyłem. — To kurewskie piwo robi się ciepłe.
Wyszedłem w poszukiwaniu maszyny do produkcji lodu. Mijając pokój Burroughsa, zauważyłem, że siedzi na krześle koło okna. Rzucił mi obojętne spojrzenie. Wróciłem z lodem, wsypałem go do umywalki i wstawiłem do niej odpowiedni zapas piwa.
— Nie chcesz chyba za bardzo się uwalić — powiedział Joe. — Naprawdę mówisz wtedy niewyraźnie.
— Mają to gdzieś. Chcą tylko zobaczyć mnie na krzyżu.
— 500 dolców za godzinę pracy? — spytał Dudley. — Nazywasz to krzyżem?
— Tak.
— Też mi Chrystus!

Dudley i Paul wyszli, a Joe poszedł ze mną do kafejki, żeby coś przegryźć i wypić. Znaleźliśmy wolny stolik. Już po chwili dosiadło się mnóstwo obcych. Sami faceci. Co jest, kurwa? Siedziało tam kilka ładnych dziewczyn, ale niektóre obrzuciły nas tylko pobieżnym spojrzeniem i uśmiechnęły się, a inne nawet na nas nie spojrzały, nie mówiąc już o uśmiechu. Pomyślałem, że może te, które się nie uśmiechnęły, nienawidzą mnie z powodu mojego stosunku do kobiet. Pierdolę je. Wśród gości byli poeci Jack Mitchell i Mike Tufts. Żaden z nich nie pracował na życie, mimo że pisanie wierszy nie przynosiło im żadnych dochodów. Żyli dzięki silnej woli i datkom. Tak naprawdę Mitchell był dobrym poetą, ale nie miał szczęścia. Zasługiwał na lepszy los. Potem podszedł Blast Grimly, piosenkarz. Był wiecznie zalany. Nigdy nie widziałem go trzeźwego. Przy naszym stoliku siedzieli też inni, których nie znałem.

— Pan Chinaski? — zagadnęła mnie jakaś apetyczna mała w krótkiej zielonej sukience.

— Tak?

— Złoży pan autograf w tej książce?

Podała mi wczesny zbiorek wierszy, które napisałem, kiedy pracowałem na poczcie: *To coś biega po pokoju i goni mnie*. Złożyłem podpis, ozdobiłem go rysunkiem i oddałem jej.

— Och, dziękuję bardzo!

Odeszła. Ci wszyscy otaczający mnie skurwiele uniemożliwili mi jakąkolwiek akcję.

Wkrótce na stoliku stało 4 czy 5 dzbanków piwa. Zamówiłem kanapkę. Piliśmy przez jakieś 2, 3 godziny i wróciłem do swego pokoju. Pochłonąłem piwa leżące w zlewie i poszedłem spać.

Niewiele pamiętam ze swego wieczoru autorskiego, ale następnego dnia obudziłem się w łóżku samotnie. Joe zapukał około jedenastej.

— Stary, to był jeden z twoich najlepszych wieczorów!

— Naprawdę? Nie nabierasz mnie?

— Nie, świetnie ci poszło. Masz tu czek.

— Dzięki, Joe.

— Naprawdę nie chcesz poznać Burroughsa?

— Ani trochę.

— Będzie dziś czytał swoje kawałki. Zostaniesz, żeby posłuchać?

— Muszę wracać do Los Angeles, Joe.
— Słyszałeś kiedyś, jak czyta?
— Joe, chcę wziąć prysznic i wynieść się stąd. Odwieziesz mnie na lotnisko?
— Jasne.

Kiedy wychodziliśmy, Burroughs siedział na krześle przy oknie. Nie zdradził w żaden sposób, że mnie widzi. Spojrzałem na niego i poszedłem dalej. Miałem czek. Spieszno mi już było znaleźć się na torze wyścigowym...

84

Przez kilka miesięcy korespondowałem z pewną damą z San Francisco. Nazywała się Liza Weston i utrzymywała się jakoś dzięki lekcjom tańca i baletu we własnym studiu. Miała 32 lata, była raz zamężna, a swoje długie listy wystukiwała bezbłędnie na maszynie na różowym papierze. Pisała dobrze, inteligentnie i bez zbytniej egzaltacji. Lubiłem jej listy i odpisywałem na nie. Liza trzymała się z dala od literatury, nie poruszała tak zwanych wielkich problemów. Pisała o drobnych, zwykłych wydarzeniach, ale opisywała je wnikliwie i z humorem. W końcu napisała, że wybiera się do Los Angeles po kostiumy do tańca, i zapytała, czy nie miałbym ochoty się z nią spotkać. Odpisałem, że naturalnie może zatrzymać się u mnie, ale z powodu dzielącej nas różnicy wieku to ona będzie spała na kanapie, a ja w łóżku. Zadzwonię, kiedy znajdę się w mieście, odpowiedziała.

Trzy, cztery dni później zadzwonił telefon.

— Jestem tutaj — powiedziała Liza.
— Jesteś na lotnisku? Przyjadę po ciebie.
— Wezmę taksówkę.
— To kosztuje.
— Tak będzie prościej.
— Co pijesz?
— Niewiele piję, więc może być to, co uznasz za stosowne.

Siedziałem, czekając na nią. W takich sytuacjach zawsze się denerwowałem. Kiedy mi się przytrafiały, niemal pragnąłem, żeby mnie ominęły. Liza wspomniała, że jest ładna, ale nie widziałem żadnych jej zdjęć. Kiedyś przyrzekłem pewnej kobiecie, że się z nią ożenię. Złożyłem tę obietnicę, nie widząc jej nigdy przedtem na oczy, znając ją tylko z korespondencji. Ona też pisywała inteligentne listy, ale dwa i pół roku małżeństwa z nią okazało się katastrofą. Ludzie zwykle lepiej prezentują się w listach niż w rzeczywistości. Pod tym względem bardzo przypominają poetów.

Spacerowałem nerwowo po pokoju. Potem usłyszałem kroki przed domem. Podszedłem do okna i wyjrzałem przez żaluzje. Niezła. Ciemne włosy, ubrana w długą sukienkę do kostek. Poruszała się z gracją, głowę trzymała wysoko. Ładny nos, przeciętne usta. Lubię kobiety w sukienkach, przypominają mi dawno minione czasy. Oprócz walizki trzymała małą torebkę. Zapukała. Otworzyłem drzwi.

— Wejdź.

Postawiła walizkę na podłodze.

— Siadaj.

Była ładna. Miała krótkie, modnie przycięte włosy, delikatny makijaż.

Przyniosłem nam po małej wódce zmieszanej z 7-Up. Sprawiała wrażenie kobiety spokojnej. Na jej twarzy znać było ślady cierpienia, musiała mieć za sobą trudne chwile. Podobnie jak ja.

— Chcę kupić jutro kilka kostiumów. Jest taki niezwykły sklep w Los Angeles.

— Podoba mi się twoja sukienka. Uważam, że im bardziej osłonięta jest kobieta, tym bardziej jest podniecająca. Naturalnie, trudno jest ocenić jej figurę, ale może nawet lepiej jest zawierzyć ogólnemu wrażeniu.

— Jesteś taki, jak myślałam. Wcale się nie boisz.

— Dziękuję.

— Sprawiasz wrażenie powściągliwego.

— Piję trzeciego drinka.

— Co się stanie po czwartym?

— Niewiele. Będę czekał na piąty.

Wyszedłem po gazetę. Kiedy wróciłem, długa sukienka Lizy była podciągnięta nad kolana. Wyglądało to fajnie.

Miała ładne kolana, niezłe nogi. Dzień, a właściwie zmierzch, nabierał kolorów. Z jej listów wiedziałem, że jest fanatyczką zdrowej żywności, jak Cecylia. Tyle że zachowywała się zupełnie inaczej. Usiadłem na drugim końcu kanapy i spoglądałem na jej nogi. Zawsze miałem fioła na punkcie nóg.
— Masz ładne nogi.
— Podobają ci się?
Podciągnęła sukienkę odrobinę wyżej. Oszaleć można. Te zgrabne uda wyłaniające się spod materiału. Było to o wiele lepsze od mini.
Po następnym drinku przysunąłem się bliżej.
— Powinieneś przyjechać zobaczyć moje studio tańca.
— Nie tańczę.
— Nauczę cię.
— Za darmo?
— Oczywiście. Jak na takiego dużego faceta poruszasz się wyjątkowo lekko. Widzę po twoim chodzie, że mógłbyś bardzo dobrze tańczyć.
— Umowa stoi. Wtedy ja będę spał na *twojej* kanapie.
— Mam bardzo ładne mieszkanie, ale do spania jest tam tylko łóżko wodne.
— Może być.
— Ale będziesz musiał pozwolić mi gotować sobie dobre jedzonko.
— To brzmi obiecująco.
Zerknąłem na jej nogi i położyłem dłoń na jej kolanie. Pocałowałem ją. Odwzajemniła pocałunek jak kobieta naprawdę samotna.
— Uważasz, że jestem atrakcyjna?
— Oczywiście. Ale najbardziej podoba mi się twój sposób bycia. Widać w nim klasę.
— Potrafisz prawić komplementy, Chinaski.
— Muszę. Mam prawie 60 lat.
— Wyglądasz bardziej na 40, Hank.
— Ty też potrafisz prawić komplementy, Lizo.
— Muszę. Mam 32 lata.
— Cieszę się, że nie 22.

— A ja, że ty nie masz 32.
— To piękny wieczór.
Sączyliśmy drinki.
— Co sądzisz o kobietach? — spytała.
— Nie jestem myślicielem. Każda jest inna. Wydają się dziwną kombinacją tego, co najlepsze, i tego, co najgorsze — zniewalającego piękna i odrażającej szpetoty. Mimo to cieszę się, że istnieją.
— Jak je traktujesz?
— Gorzej niż one mnie.
— Uważasz, że to sprawiedliwe?
— Nie, ale tak już jest.
— Jesteś szczery.
— Nie do końca.
— Kiedy już kupię jutro te kostiumy, będę chciała je przymierzyć. Powiesz mi, który najbardziej ci się podoba.
— Jasne. Wolę jednak długie sukienki. Z klasą.
— Kupuję różne kreacje.
— Ja nie kupuję ubrań, dopóki stare ze mnie nie spadną.
— Pewnie masz inne wydatki.
— Lizo, po tym drinku idę do łóżka, dobrze?
— Oczywiście.
Wcześniej ułożyłem na kupce jej pościel na podłodze.
— Wystarczy ci koców?
— Tak.
— Poduszka jest w porządku?
— Pewnie.
Dokończyłem drinka, wstałem i zamknąłem frontowe drzwi.
— Nie zamykam cię na klucz. Możesz czuć się bezpiecznie.
— Tak właśnie się czuję.
Poszedłem do sypialni, zgasiłem światło, rozebrałem się i wsunąłem pod prześcieradło.
— Widzisz — krzyknąłem do niej — nie zgwałciłem cię!
— Och — westchnęła. — Jaka szkoda.
Nie za bardzo w to wierzyłem, ale miło było to usłyszeć. Rozegrałem to fair. Lizie nic przez tę noc nie ubędzie.

Kiedy się obudziłem, usłyszałem ją w łazience. Może powinienem był ją zerżnąć? Skąd facet może wiedzieć, co ma robić? Doszedłem do następujących konkluzji. Jeśli żywisz do kobiety jakieś uczucia, powściągnij swoją naturalną chęć, by ją natychmiast zerżnąć. Nie obawiaj się, zdążysz. Jeśli jej nie znosisz od samego początku, spróbuj od razu ją wydymać. Jeśli zaś tego nie zrobiłeś, to lepiej jest odczekać, przy sposobności zerżnąć ją przykładnie, a znienawidzić później.

Liza wyszła z łazienki w czerwonej sukience średniej długości. Dobrze na niej leżała. Liza była szczupła i miała wiele wdzięku. Stała przed lustrem w mojej sypialni i bawiła się swymi włosami.

— Hank, idę teraz po te kostiumy. Zostań w łóżku. Pewnie jesteś chory z przepicia.

— Dlaczego? Wypiliśmy tyle samo.

— Słyszałam, jak ukradkiem popijasz w kuchni. Po co to robiłeś?

— Chyba się bałem.

— Ty? Bałeś się? Myślałam, że jesteś wielkim, ostro pijącym twardzielem, który żadnej nie przepuści.

— Jesteś zawiedziona?

— Nie.

— Bałem się. Moja sztuka budzi we mnie lęk. Muszę od niej uciekać na księżyc.

— Idę po te kostiumy, Hank.

— Jesteś zła. Zawiodłaś się na mnie.

— Wcale nie. Niedługo wrócę.

— Gdzie ten sklep?

— Przy Osiemdziesiątej Siódmej.

— Osiemdziesiątej Siódmej? Wielki Boże, to w Watts!

— Mają najlepszych klientów na całym Wybrzeżu.

— To dzielnica *czarnych*!

— Masz coś przeciwko czarnym?

— Mam coś przeciwko wszystkim.

— Wezmę taksówkę. Wrócę za 3 godziny.

— Tak ma wyglądać twoja zemsta?

— Powiedziałam, że wrócę. Zostawiam swoje rzeczy.

— Nigdy się już nie pojawisz.

— Pojawię się. Dam sobie radę.
— Dobrze, ale posłuchaj... nie bierz taksówki.

Wstałem, odnalazłem swoje dżinsy, a w nich kluczyki do samochodu.

— Masz, weź mego garbusa. Stoi przed domem, TRV 469. Tylko łagodnie obchodź się ze sprzęgłem, bo drugi bieg jest do niczego i zgrzyta, zwłaszcza jak redukujesz.

Wzięła kluczyki, a ja wskoczyłem do łóżka i podciągnąłem prześcieradło pod brodę. Liza pochyliła się nade mną. Objąłem ją i pocałowałem w szyję. Miałem nieświeży oddech.

— Rozchmurz się. Zaufaj mi. Uczcimy to wieczorem. Zrobię ci pokaz mody.

— Nie mogę się doczekać.

— To już niedługo.

— Srebrny kluczyk otwiera drzwi od strony kierowcy. Złoty jest do stacyjki.

Oddaliła się w tej swojej sukience za kolana. Słyszałem, jak zamknęły się za nią drzwi. Rozejrzałem się. Jej walizka wciąż tu stała. A na dywanie leżały jej buty.

85

Kiedy się obudziłem, była 1.30. Wziąłem kąpiel, ubrałem się, sprawdziłem skrzynkę pocztową. List od młodego człowieka z Glendale.

Szanowny Panie Chinaski!
Jestem młodym literatem, moim zdaniem dość dobrym, a nawet bardzo dobrym, ale moje wiersze wciąż są odsyłane przez redakcje. Jak można się wkręcić do tego interesu? Na czym polega sekret? Kogo trzeba znać? Podziwiam Pańskie dokonania pisarskie i chciałbym Pana odwiedzić i porozmawiać. Przyniosę kilka kartonów piwa i pogadamy. Chciałbym również przeczytać Panu swoje wiersze.

Nieszczęsny kutas nie potrafi znaleźć sobie cipy. Wyrzuciłem jego list do kosza.
Godzinę później wróciła Liza.
— Och, znalazłam cudowne kostiumy!
Niosła przed sobą całe naręcze sukienek. Skierowała się do sypialni. Upłynęło trochę czasu, zanim stamtąd wyszła. Miała na sobie wysoko zapinaną suknię i zaczęła w niej wirować przede mną. Złoto-czarna suknia była dobrze dopasowana w biodrach, a Liza miała na nogach czarne pantofle. Wykonała z gracją kilka tanecznych pas.
— Podoba ci się?
— Jeszcze jak.
Usiadłem w oczekiwaniu na ciąg dalszy. Liza wróciła do sypialni. Wyszła następnie w kusym zielono-czerwonym

wdzianku, przetykanym złotymi nitkami. Kamizelka była krótka, odsłaniała pępek. Gdy tak paradowała przede mną, patrzyła mi w oczy jakoś szczególnie, ni to nieśmiało, ni to prowokująco. Była po prostu doskonała.

Nie pamiętam, ile kreacji mi pokazała, ale ostatnia z nich najbardziej przypadła mi do gustu. Włożyła bardzo obcisłą suknię, rozciętą po bokach. Gdy stąpała, spod materiału wyłaniała się jedna noga, potem druga. Suknia była czarna, błyszcząca, z głębokim dekoltem z przodu.

Gdy przechodziła przez pokój, wstałem i chwyciłem ją. Pocałowałem ją gwałtownie, przechylając do tyłu. Nie przestając jej całować, zacząłem podciągać tę jej szałową kiecke. Zadarłem ją wysoko z tyłu i zobaczyłem żółte majtki. Nie tracąc czasu, podciągnąłem sukienkę z przodu i zacząłem napierać na Lizę kutasem. Jej język znalazł się w moich ustach. Był tak chłodny, jakby napiła się wody z lodem. Nie wypuszczając jej z objęć, przemaszerowałem wraz z nią do sypialni, pchnąłem ją na łóżko i zacząłem wędrować rękami po jej ciele. Ściągnąłem te żółte majtki i sam zrzuciłem spodnie. Puściłem wodze swoim najdzikszym chętkom. Obejmowała mnie nogami za szyję, gdy tak nad nią stałem. Rozsunąłem szeroko jej uda, przysunąłem się bliżej i wsadziłem swego pulsującego nabrzmialca w jej ciasną, gorącą pizdę. Trochę się pobawiłem, posuwając ją w różnym tempie, używając pchnięć na przemian brutalnych i pieszczotliwych, subtelnych i gniewnych. Od czasu do czasu wyciągałem go całkiem, żeby zaraz wepchnąć go z powrotem. W końcu zapamiętałem się zupełnie, pchnąłem ją kilka razy wręcz obłąkańczo, wytrysnąłem w nią gęstą strugą spermy, konwulsyjnie wystrzeliwując ją aż do ostatniej kropli... Opadłem na łóżko obok niej. Nie przestawała mnie całować. Nie miałem pewności, czy było jej dobrze. Mnie było.

Zjedliśmy kolację we francuskiej restauracji serwującej również dania amerykańskie po umiarkowanych cenach. Zawsze panował tam ścisk, dzięki czemu mogliśmy spędzić trochę czasu przy barze. Tego wieczoru przedstawiłem się jako Lancelot Lovejoy i byłem nawet na tyle trzeźwy, by

45 minut później rozpoznać to nazwisko, kiedy zwolnił się stolik.

Zamówiliśmy butelkę wina. Postanowiliśmy odwlec nieco kolację. Nie ma lepszego sposobu picia niż przy małym stoliku nakrytym białym obrusem, w towarzystwie atrakcyjnej kobiety.

— Wprasowujesz partnerkę w pościel z entuzjazmem faceta, który robi to po raz pierwszy w życiu — wyznała Liza. — A jednocześnie wykazujesz wiele inwencji.

— Mogę zapisać to na rękawie?

— Jasne.

— Może to kiedyś wykorzystam.

— Bylebyś nie wykorzystywał mnie. Nie chcę być po prostu jeszcze jedną z twoich kobiet.

Milczałem.

— Moja siostra cię nienawidzi. Powiedziała, że z pewnością mnie wykorzystasz.

— Co się stało z twoją klasą, Lizo? Mówisz tak samo jak wszystkie.

Nie zdecydowaliśmy się na zjedzenie kolacji. Kiedy wróciliśmy do domu, napiliśmy się jeszcze trochę. Naprawdę bardzo ją lubiłem. Zacząłem się z nią trochę przekomarzać. Wyglądała na zaskoczoną, jej oczy napełniły się łzami. Pobiegła do łazienki. Wyszła stamtąd dopiero po kilkudziesięciu minutach.

— Moja siostra miała rację. Jesteś kawał skurwysyna!

— Chodźmy do łóżka, Lizo.

Zrzuciliśmy ubrania, weszliśmy do łóżka i położyłem się na niej. Bez pocałunków i pieszczot było to o wiele trudniejsze, ale w końcu jakoś wdarłem się w jej ciasną, suchą dziurkę. Bezskutecznie próbowałem odnaleźć właściwy rytm. Mozoliłem się jak potępieniec. Noc była upalna. Miałem wrażenie, jakbym przeżywał znany już skądś koszmar. Zacząłem się pocić. Posuwałem ją nieprzerwanie. Kutas nie chciał ani się skurczyć, ani wytrysnąć. Uderzałem o jej ciało bez wytchnienia. W końcu dałem za wygraną i sturlałem się z niej.

— Przepraszam, mała, ale za dużo wypiłem.
Liza powoli przesunęła głowę na mój tors, potem na brzuch, później jeszcze niżej i zabrała się do dzieła. Najpierw delikatnie zaczęła drażnić mego pytona językiem, potem wzięła go całego do ust i zaczęła dręczyć go zapamiętale, coraz szybciej, coraz łapczywiej...

Poleciałem z Lizą do San Francisco. Mieszkała na szczycie stromego wzgórza. Gdy tylko wszedłem do domu, poczułem, że muszę się wysrać. Wparowałem do łazienki i usiadłem na sedesie. Wszędzie zielone winorośla. To dopiero kibelek. Podobał mi się. Kiedy wyszedłem, Liza posadziła mnie na wielkich poduszkach, puściła płytę z Mozartem i nalała mi schłodzonego wina. Była pora kolacji i stała w kuchni, coś tam z zapałem gotując. Od czasu do czasu dolewała mi wina. Zawsze wolałem składać wizyty kobietom, niż przyjmować je u siebie. Pewnie dlatego, że z cudzego domu zawsze mogłem wyjść.

Poprosiła mnie na kolację. Podała sałatkę, mrożoną herbatę i rosół. Wszystko mi smakowało. Sam byłem okropnym kucharzem. Potrafiłem jedynie usmażyć steki, chociaż robiłem też niezły rosół wołowy, zwłaszcza kiedy byłem wstawiony. Lubiłem wówczas eksperymentować. Wrzucałem do garnka, co popadnie, i czasami nawet nadawało się to do jedzenia.

Po kolacji wybraliśmy się na przystań rybacką. Liza prowadziła niezwykle ostrożnie. Denerwowało mnie to. Zatrzymywała się na skrzyżowaniu i rozglądała w obie strony. Chociaż nic nie nadjeżdżało, stała nadal. Nie wytrzymywałem.
— Kurwa, Lizo, *jedźmy* już. Nikogo nie ma.
Dopiero wtedy ruszała. Tak to jest z ludźmi. Im dłużej ich znasz, tym bardziej ujawniają się ich dziwactwa. Niekiedy bywają nawet zabawne — przynajmniej z początku.

Pospacerowaliśmy po nabrzeżu, potem usiedliśmy na plaży. Niewiele jej tu było. Liza wyznała mi, że od dość dawna z nikim się nie związała. Mężczyźni w jej wieku, których znała, nieodmiennie ją zdumiewali, wydawało jej się nie do wiary, że mogą być aż tak ograniczeni i pospolici.

— Podobnie sprawa ma się z kobietami — zauważyłem. — Kiedy zapytano Richarda Burtona, na co przede wszystkim zwraca uwagę u kobiety, odparł: „Musi mieć co najmniej 30 lat".

Ściemniło się i wróciliśmy do mieszkania. Liza przyniosła wino i rozsiedliśmy się na poduszkach. Podciągnęła żaluzje i wyglądaliśmy na dwór. Zaczęliśmy się całować, na chwilę przerwaliśmy, by się napić, i znowu zaczęliśmy szukać swoich ust.

— Kiedy masz zamiar iść do pracy? — spytałem.
— A chcesz, żebym już poszła?
— Nie, ale musisz przecież z czegoś żyć.
— Ty także teraz nie pracujesz.
— W jakimś sensie pracuję.
— Chcesz powiedzieć, że żyjesz po to, by pisać?
— Nie, po prostu pozwalam się nieść życiu. Potem usiłuję sobie z tego co nieco przypomnieć i jakoś to opisać.
— Prowadzę moje studio tańca tylko trzy razy w tygodniu.
— I udaje ci się wiązać koniec z końcem?
— Jak dotąd, tak.

Zrezygnowaliśmy z dalszej konwersacji na rzecz pocałunków. Wypiła znacznie mniej niż ja. Przenieśliśmy się na łóżko wodne, rozebraliśmy się i przystąpiliśmy do dzieła. Sporo słyszałem o rżnięciu się na łóżku wodnym. Miało to być podobno niesamowite przeżycie. Ja miałem trudności. Woda pod nami falowała, a kiedy ja opuszczałem się w dół, przelewała się na boki. Zamiast przybliżać do mnie Lizę, oddalała ją ode mnie. Może potrzebna mi była dłuższa praktyka. Zastosowałem swoją wypróbowaną technikę dzikusa, chwytając Lizę za włosy i wsadzając jej bezpardonowo, jakby to był gwałt. Przypadło jej to do gustu, a przynajmniej sprawiała takie wrażenie, wydając jęki rozkoszy. Poniewierałem ją tak przez jakiś czas, aż zaczęła zbliżać się do szczytu, sygnalizując mi to akustycznie, coraz głośniej. To mnie naprawdę rozgrzało i osiągnąłem orgazm, zanim targnął nią ostatni spazm.

Obmyliśmy się i wróciliśmy do naszych poduszek i wina. Liza zasnęła z głową na moich kolanach. Posiedziałem jeszcze godzinkę, po czym wyciągnąłem się na łóżku. Tej nocy za całą pościel mieliśmy poduszki.

Następnego dnia Liza zabrała mnie do swego studia tańca. Kupiliśmy kanapki w sklepie naprzeciwko i zabraliśmy je wraz z drinkami do studia, gdzie je zjedliśmy. Studio zajmowało wielki pokój na drugim piętrze. Nie było tam nic prócz podłogi, sprzętu stereo, kilku krzeseł i lin zwisających z sufitu. Nie miałem pojęcia, do czego mogą służyć.
— Nauczyć cię tańczyć? — spytała Liza.
— Jakoś nie mam nastroju.
Następne dni i noce były do siebie podobne. Nie najgorsze, ale i nie jakieś znów nadzwyczajne. Nauczyłem się radzić sobie trochę lepiej na łóżku wodnym, ale nadal wolałem pieprzyć się na zwykłym łóżku.
Zostałem jeszcze kilka dni i odleciałem do Los Angeles. Nadal pisywaliśmy do siebie.

Po miesiącu znów była w Los Angeles. Tym razem, kiedy weszła do mojego mieszkania, miała na sobie spodnie. Wyglądała inaczej. Chociaż nie mogłem sobie tego wyjaśnić, jednak wyglądała inaczej. Nie przepadałem za siedzeniem z nią w domu, więc zabierałem ją na wyścigi, do kina, na mecze bokserskie, czyli wszędzie tam, gdzie lubiłem zabierać kobiety, które przypadły mi do gustu. Czegoś tu jednak brakowało. Sypialiśmy wciąż ze sobą, ale nie było to już tak podniecające. Czułem się, jakbyśmy byli małżeństwem.
Po pięciu dniach Liza siedziała na kanapie, a ja czytałem gazetę. Nagle spytała:
— Hank, jakoś nam się nie układa, prawda?
— Nie da się ukryć.
— Co jest nie tak?
— Nie wiem.
— Wyjadę. Nie chcę tu zostać.
— Spokojnie, nie jest *aż tak* źle.
— Po prostu tego nie rozumiem.
Nie odpowiedziałem.

— Hank, zawieź mnie do siedziby Ruchu Wyzwolenia Kobiet. Wiesz, gdzie to jest?
— Tak, w Westlake, w miejscu dawnej akademii sztuki.
— Skąd to wiesz?
— Zawiozłem tam kiedyś inną kobietę.
— Ty skurwysynu.
— Dobra, posłuchaj...
— Mam przyjaciółkę, która tam pracuje. Nie wiem, gdzie mieszka, i nie mogę jej znaleźć w książce telefonicznej. Wiem jednak, że pracuje w siedzibie Ruchu Wyzwolenia Kobiet. Zostanę u niej przez kilka dni. Nie chcę jeszcze wracać do San Francisco w tym nastroju...

Liza spakowała swoje rzeczy. Poszliśmy do samochodu i pojechaliśmy do Westlake. Zawiozłem tam kiedyś Lydię na wystawę sztuki kobiecej, na którą zgłosiła swoje rzeźby. Zaparkowałem przed budynkiem.

— Poczekam, żeby mieć pewność, że twoja przyjaciółka tam jest.
— Nie musisz. Możesz już jechać.
— Zaczekam.

Czekałem chwilę. Liza wyszła z gmachu i pomachała do mnie. Pomachałem jej także, włączyłem silnik i odjechałem.

86

Któregoś popołudnia jakiś tydzień później siedziałem tylko w gatkach. Rozległo się delikatne pukanie do drzwi.
— Chwileczkę — powiedziałem.
Narzuciłem na siebie szlafrok i otworzyłem. Za drzwiami stały dwie dziewczyny.
— Przyjechałyśmy z Niemiec. Czytałyśmy twoje książki.
Jedna wyglądała na 19, druga miała może 22 lata.
W Niemczech ukazały się dwie czy trzy moje książki, w niewielkich zresztą nakładach. Urodziłem się w Andernach, w Niemczech, w 1920 roku. W domu, w którym spędziłem dzieciństwo, mieścił się teraz burdel. Nie znam niemieckiego. Na szczęście mówiły po angielsku.
— Wejdźcie.
Usiadły na kanapie.
— Mam na imię Hilda — przedstawiła się dziewiętnastolatka.
— A ja Gertruda — dodała jej dwudziestodwuletnia towarzyszka.
— Mówcie mi Hank.
— Naszym zdaniem twoje książki są bardzo smutne i jednocześnie zabawne — powiedziała Gertruda.
— Dziękuję.
Poszedłem przyrządzić 3 drinki: wódka zmieszana z 7-Up. Wlałem im dużo wódki i niewiele napoju, podobnie zresztą jak sobie.

— Jedziemy do Nowego Jorku. Postanowiłyśmy zajrzeć tu po drodze — powiedziała Gertruda.
Poinformowały mnie, że były w Meksyku. Dobrze mówiły po angielsku. Gertruda była potężniej zbudowana, niemal sama dupa i cyce. Hilda miała szczupłą figurę, wyglądała, jakby jej coś dolegało, może zatwardzenie, była dziwna, ale atrakcyjna.
Pociągając ze szklanki, założyłem nogę na nogę. Szlafrok się rozchylił.
— Och — wykrzyknęła Gertruda. — Masz bardzo seksowne nogi!
— No — potwierdziła Hilda.
— Wiem — przyznałem skromnie.
Dziewczyny dotrzymywały mi tempa. Poszedłem przyrządzić 3 kolejne drinki. Siadając, upewniłem się, że szlafrok okrywa mnie przyzwoicie.
— Możecie zostać tu przez kilka dni, odpocząć trochę.
Nie odpowiedziały.
— Możecie też nie zostawać. Macie wolną rękę. Możemy po prostu porozmawiać. Nie mam żadnych oczekiwań.
— Założę się, że znasz mnóstwo kobiet — powiedziała Hilda. — Czytałyśmy twoje książki.
— To przecież fikcja literacka.
— Co to takiego?
— Udoskonalona wersja życia.
— Chcesz powiedzieć, że kłamiesz? — spytała Gertruda.
— Trochę. Nie za bardzo.
— Masz jakąś przyjaciółkę? — spytała Hilda.
— Nie. Nie w tej chwili.
— Zostaniemy — stwierdziła Gertruda.
— Jest tylko jedno łóżko.
— Nie szkodzi.
— Jeszcze jedna sprawa...
— Jaka?
— Muszę spać w środku.
— Zgoda.

Bez przerwy przyrządzałem koktajle i wkrótce skończył się alkohol. Zadzwoniłem do monopolowego.

— Przyślijcie mi...
— Chwileczkę, przyjacielu. Dostawy do domu zaczynamy dopiero o 6 rano.
— Czyżby? To ja wrzucam wam do kieszeni 200 dolarów miesięcznie...
— Kto mówi?
— Chinaski.
— Aha, *Chinaski*... Co pan chciał zamówić?
Złożyłem zamówienie i zapytałem, czy wie, jak do mnie trafić.
— O, tak.

8 minut później zjawił się u mnie. Był to gruby, wiecznie spocony Australijczyk. Odebrałem od niego dwa kartony i postawiłem je na krześle.
— Cześć, dziewczynki — rzucił w ich stronę.
Nie odpowiedziały.
— Ile płacę, Arbuckle?
— Wychodzi 17,94.
Dałem mu dwadzieścia. Zaczął szukać w kieszeni drobnych.
— Chyba mnie znasz. Kup sobie nowy dom.
— Dziękuję panu!
Pochylił się ku mnie i spytał cicho:
— Mój Boże, jak pan to robi?
— Pisząc na maszynie.
— Pisząc na maszynie?
— Tak, jakieś 18 słów na minutę.
Wypchnąłem go za drzwi i zamknąłem je za nim.

Tej nocy miałem je obie w łóżku i leżałem w środku. Byliśmy pijani i najpierw dobrałem się do jednej, całowałem ją i pieściłem, potem odwróciłem się i zaatakowałem drugą. Powtarzałem to wielokrotnie i było to dla mnie wielce satysfakcjonujące. Koncentrowałem się przez dłuższy czas na jednej, po czym przenosiłem uwagę na drugą. Gertruda była bardziej gorąca, Hilda młodsza. Pieściłem kutasem ich dupcie, leżałem na nich obu, ale nie wsadziłem im. W końcu zdecydowałem się na Gertrudę, ale mi nie wyszło. Byłem zanadto pijany. Zasnęliśmy spleceni w uścisku, ona trzymała mnie za kutasa, ja ściskałem jej piersi. Mój kutas sflaczał, jej cycki pozostały jędrne.

Następnego dnia było bardzo gorąco, a my znów popijaliśmy. Zadzwoniłem, żeby przysłali nam jedzenie. Włączyłem wentylator. Nie rozmawialiśmy zbyt wiele. Te niemieckie dziewczyny umiały pić. Potem obie wyszły na dwór i usiadły na starej kanapie na ganku — Hilda w szortach i staniku, a Gertruda w obcisłych różowych majteczkach, bez szortów i bez stanika. Przyszedł Max, listonosz. Gertruda przyjęła od niego moją pocztę. Biedny Max omal nie zemdlał. Widziałem w jego oczach zazdrość i niedowierzanie. Nie powinien narzekać, w przeciwieństwie do mnie ma przecież stałą posadę...

Około drugiej Hilda oznajmiła, że idzie na spacer. Wszedłem z Gertrudą do środka. W końcu stało się. Leżeliśmy na łóżku pochłonięci wstępnymi pieszczotami. Po jakimś czasie zabraliśmy się do rzeczy. Położyłem się na niej i wszedłem w nią. Mój kutas zboczył ostro w lewo, jakby miała tam zakręt. Pamiętałem tylko jedną podobną kobietę, ale było mi z nią dobrze. Potem zacząłem główkować i doszedłem do wniosku, że mnie nabiera, że wcale tam nie jestem. Wyciągnąłem więc zaganiacza i wsadziłem ponownie. Wszedł do środka i znów ostro skręcił w lewo. Kurwa, co jest grane? Albo ma popieprzoną cipę, albo nie wchodzę w nią jak trzeba. Wolałem uwierzyć, że ma popieprzoną cipę. Posuwałem ją, ile wlezie, a kutas wciąż mijał ten ostry zakręt.

Pompowałem ją i pompowałem. W końcu poczułem, jakbym uderzał o kość. Szok. Zrezygnowałem i sturlałem się z niej.

— Przepraszam — powiedziałem. — Chyba nie jestem dzisiaj w nastroju.

Nie odpowiedziała. Oboje wstaliśmy i ubraliśmy się. Przeszliśmy do frontowego pokoju i usiedliśmy, czekając na Hildę. Popijaliśmy dla zabicia czasu. Hilda długo nie wracała. Bardzo długo. W końcu się zjawiła.

— Cześć — przywitała nas. — Kim są ci wszyscy czarni faceci w okolicy?
— Nie mam pojęcia.
— Mówili mi, że mogłabym zarabiać 2000 tygodniowo.
— W jaki sposób?
— Tego nie powiedzieli.

Niemki zostały jeszcze 2, a może 3 dni. U Gertrudy nadal natrafiałem na ten zakręt w lewo, nawet na trzeźwo. Hilda wyznała, że akurat musi nosić podpaskę, więc nie mogła mi pomóc.
W końcu zebrały swoje rzeczy i wsadziłem je do wozu. Miały na ramionach wielkie płócienne torby. Niemieckie hippiski. Stosowałem się do ich wskazówek. Skręć tutaj, skręć tam. Wspinaliśmy się coraz wyżej na wzgórza Hollywood. Znajdowaliśmy się na terytorium milionerów. Zapomniałem już, że niektórzy pławią się w luksusie, podczas gdy inni nie mają się czym wysrać. Kiedy człowiek mieszka tam gdzie ja, zaczyna wierzyć, że wszystkie mieszkania przypominają jego ciasną klitkę.
— To tutaj — powiedziała Gertruda.
Garbus stał u wlotu do długiego, krętego podjazdu. Gdzieś tam dalej stoi dom, ogromny dom, urządzony z ostentacją właściwą takim siedliskom.
— Chyba lepiej będzie, jeśli dalej pójdziemy już same — zauważyła Gertruda.
— Jasne — przyznałem jej rację.
Wysiadły. Zawróciłem. Stały u wejścia, z płóciennymi workami na ramionach, i machały do mnie. Ja także pomachałem im na pożegnanie, ruszyłem i na luzie stoczyłem się ze wzgórza.

87

Poproszono mnie o przeczytanie swoich wierszy w słynnym nocnym klubie Lancer przy Hollywood Boulevard. Zgodziłem się na dwa wieczory. Miałem wystąpić po grupie rockowej Wielki Gwałt. Dawałem się wciągnąć w labirynt świata show-biznesu. Miałem kilka darmowych biletów, więc zadzwoniłem do Tammie i zapytałem ją, czy nie miałaby ochoty pójść. Zgodziła się i pierwszego wieczoru zabrałem ją ze sobą. Poprosiłem, żeby zafundowali jej darmowe drinki. Siedzieliśmy w barze, czekając, aż przyjdzie moja kolej. Tammie zachowywała się podobnie do mnie. Szybko się schlała i chodziła po barze, rozmawiając z ludźmi. Kiedy nadszedł czas mego występu, przewracała się już na stoliki. Odszukałem jej brata i powiedziałem mu:

— O Chryste, zabierz ją stąd, dobrze?

Wyprowadził ją w mrok. Też byłem nieźle zaprawiony i później zapomniałem nawet, że go poprosiłem, by ją wyprowadził.

Niezbyt dobrze mi się czytało. Publiczność była wybitnie rockowa i nie chwytała pewnych znaczeń i aluzji. Ale było w tym też trochę mojej winy. Niekiedy zdarzały mi się fuksy nawet z tłumem fanów rocka, ale tym razem tak nie było. Sądzę, że niepokoiła mnie nieobecność Tammie. Kiedy dotarłem do domu, zadzwoniłem do niej. Odebrała jej matka.

— Pani córka — powiedziałem jej — to śmieć!

— Hank, nie chcę tego słuchać.
Odłożyła słuchawkę.

Następnego wieczoru poszedłem sam. Usiadłem przy stoliku, gdy podeszła starsza, dystyngowana pani. Przedstawiła się jako nauczycielka literatury angielskiej. Przyprowadziła jedną ze swoich uczennic, mały pulpecik nazwiskiem Nancy Freeze. Nancy sprawiała wrażenie napalonej. Zapytały, czy zechcę udzielić kilku wypowiedzi dla ich klasy.
— Pytajcie.
— Pański ulubiony autor?
— Fante.
— Kto taki?
— John F-a-n-t-e. Autor powieści *Zapytaj pył, Byle do wiosny, Bandini.*
— Gdzie możemy znaleźć jego książki?
— Ja znalazłem je w głównej bibliotece miejskiej, w samym centrum. Na rogu Piątej i Olive, zdaje się.
— Dlaczego tak się panu spodobał?
— Same emocje. Jest brawurowo odważny.
— Kto jeszcze?
— Céline.
— Dlaczego?
— Śmiał się, gdy go wybebeszali, i potrafił zarazić śmiechem tych, którzy mu to robili. Bardzo dzielny człowiek.
— Wierzy pan w odwagę?
— Lubię ją widzieć wszędzie wokół — u zwierząt, ptaków, gadów, ludzi.
— Dlaczego?
— Dlaczego? Poprawia mi to samopoczucie. To kwestia zachowania godności w obliczu życia bez żadnych szans.
— Hemingway?
— Nie.
— Dlaczego?
— Zanadto ponury, zawsze śmiertelnie poważny. Dobry pisarz, świetna kadencja zdania. Ale dla niego życie było jedynie totalną wojną. Nigdy nie potrafił się wyluzować i zatańczyć.

Zamknęły zeszyty i zniknęły. Wielka szkoda. Miałem zamiar im powiedzieć, że *rzeczywisty* wpływ wywarli na mnie Clark Gable, James Cagney, Humphrey Bogart i Errol Flynn.

Następnie zdałem sobie sprawę, że siedzę z trzema ładnymi kobietami, Sarą, Cassie i Debrą. Sara miała 32 lata, laleczka z klasą, w jakiś sposób pełna dobroci. Miała rudoblond włosy opadające na ramiona i dzikie, nieco szalone oczy. Przytłaczał ją nadmierny ciężar współczucia, na tyle rzeczywisty, że sporo ją to kosztowało. Debra była Żydówką o wielkich brązowych oczach i wydatnych ustach, grubo pokrytych czerwono krwistą szminką. Jej usta lśniły kusząco. Oceniłem ją na jakieś 30, 35 lat. Przypominała moją matkę w roku 1935, chociaż matka była o wiele ładniejsza. Cassie — wysoka, o długich jasnych włosach, ubrana była w drogie, modne ciuchy, w stu procentach au courant. Była nerwowa i bardzo ładna. Siedziała najbliżej, ściskając mnie za rękę i pocierając udem o moje udo. Czując, jak ściska moją dłoń, zdałem sobie sprawę, że ma rękę większą od mojej. Chociaż jestem dużym facetem, zawsze wstydziłem się swoich małych dłoni. W młodości, podczas moich barowych awantur w Filadelfii, szybko zrozumiałem znaczenie rozmiaru rąk. Jak zdołałem wygrać 30 procent bijatyk, pozostaje dla mnie zagadką. Tak czy inaczej Cassie czuła, że ma przewagę nad rywalkami, a ja chyba przyznawałem jej rację.

Potem musiałem wystąpić z wierszami i tym razem poszło mi lepiej. Publiczność była taka sama, ale bardziej zaangażowałem się w to, co robię. Tłum rozgrzewał się coraz bardziej, nabierał animuszu i entuzjazmu. Czasami to była ich zasługa, czasami moja. Zwykle to ostatnie. Przypominało to wejście na ring: powinieneś czuć, że jesteś im coś winien, albo nie pchać się tam w ogóle. Waliłem na oślep, parowałem ciosy i odskakiwałem, a w ostatniej rundzie poszedłem na całość i znokautowałem sędziego. Spektakl rządzi się swoimi prawami. Ponieważ poprzedniego wieczoru dałem plamę, mój sukces musiał im się wydawać czymś dziwnym. Przynajmniej ja to tak odebrałem.

Cassie czekała w barze. Sara wsunęła mi do ręki liścik miłosny ze swoim numerem telefonu. Debra nie miała tyle inwencji, po prostu zapisała na kartce swój numer telefonu. W pewnej chwili ku swemu zdziwieniu przypomniałem sobie Katharine. Postawiłem Cassie drinka. Nigdy już nie zobaczę Katharine, mojej teksańskiej dziewczynki, piękności nad pięknościami. Żegnaj, Katharine.

— Posłuchaj, Cassie, możesz odwieźć mnie do domu? Jestem zbyt zaprawiony, by prowadzić. Jeszcze jeden incydent z jazdą po pijanemu, a będę załatwiony.

— W porządku, odwiozę cię. A co z twoim samochodem?

— Pieprzę go. Zostawię go tutaj.

Odjechaliśmy jej MG. Zupełnie jak na filmie. W każdej chwili spodziewałem się, że mnie wyrzuci na następnym rogu. Miała dwadzieścia kilka lat. Opowiadała mi o sobie podczas jazdy. Pracuje w firmie płytowej, lubi swoją pracę, nie musi zjawiać się w biurze przed 10.30, a kończy o 3.

— Podoba mi się tam — stwierdziła. — Mogę przyjmować i zwalniać pracowników. Awansowałam, ale nie musiałam jeszcze nikogo zwolnić. To dobrzy ludzie i wydaliśmy kilka świetnych płyt.

Przyjechaliśmy do mnie. Rozdziewiczyłem butelkę wódki. Włosy sięgały Cassie prawie do tyłka, a ja zawsze miałem fioła na punkcie włosów i nóg.

— Naprawdę wspaniale dziś czytałeś — powiedziała. — Byłeś kimś zupełnie innym niż poprzedniego wieczoru. Nie wiem, jak to wyjaśnić, ale kiedy jesteś w szczytowej formie, pokazujesz takie bardzo ludzkie oblicze. Większość poetów to takie zasrane kołtuny.

— Ja też za nimi nie przepadam.

— A oni za tobą.

Wypiliśmy jeszcze trochę i poszliśmy do łóżka. Miała cudowne, wspaniałe ciało, w typie „Playboya", ale, niestety, byłem zalany jak prosię. Wprawdzie mi stanął i dźgałem jak wściekły, chwyciłem jej długie włosy, wydobyłem je spod niej i pieściłem je rękoma, byłem naprawdę podniecony, ale nie mogłem skończyć. Sturlałem się z niej, powiedziałem „dobranoc" i zapadłem w sen winowajcy.

Rano czułem się zażenowany. Byłem pewien, że nigdy jej już nie zobaczę. Ubraliśmy się. Dochodziła 10. Poszliśmy do jej MG i wsiedliśmy do środka. Nic nie mówiłem, ona też nie. Czułem się jak głupiec, ale cóż tu można było powiedzieć. Zajechaliśmy pod Lancera, gdzie stał mój niebieski garbus.

— Dzięki za wszystko, Cassie. Pomyśl ciepło o Chinaskim.

Nie odpowiedziała. Pocałowałem ją w policzek i wysiadłem. Odjechała. Ostatecznie wyglądało to tak, jak często powtarzała mi Lydia: „Jeśli chcesz pić, pij. Jeśli chcesz się pieprzyć, odstaw flaszkę".

Mój problem polegał na tym, że pragnąłem robić jedno i drugie.

88

Tak więc byłem zaskoczony, gdy kilka dni później zadzwonił telefon i odezwała się Cassie.
— Co porabiasz, Hank?
— Siedzę sobie.
— Może byś wpadł do mnie?
— Chętnie.

Podała mi adres, gdzieś w Westwood lub w zachodniej części Los Angeles.
— Mam mnóstwo picia. Nie musisz nic przynosić.
— Może nie powinienem w ogóle pić?
— Jak chcesz.
— Jeśli mi nalejesz, wypiję. Jeżeli nie, nie będę pił.
— Nie rób z tego problemu.

Ubrałem się, wsiadłem do garbusa i pojechałem pod podany adres. Ileż razy facet może mieć fart? Bogowie są łaskawi dla mnie ostatnimi czasy. Może wystawiają mnie na próbę? Może to jakaś sztuczka? Podtuczyć Chinaskiego, a potem rozkroić go na pół. Wiedziałem, że coś takiego też może mi się przydarzyć. Ale cóż można zrobić, kiedy kilka razy wyliczono cię do 8, a zostały jeszcze 2 rundy?

Mieszkanie Cassie znajdowało się na drugim piętrze. Sprawiała wrażenie zadowolonej, że mnie widzi. Rzucił się na mnie duży czarny pies. Był to wielki i ślamazarny samiec. Oparł mi łapy na ramionach i lizał mnie po twarzy. Odepchnąłem go. Stał, machając ogonem i skomląc błagalnie.

Miał długie czarne włosy i wyglądał na kundla, ale był ogromny.

— Wabi się Elton — przedstawiła go Cassie.

Podeszła do lodówki i wyjęła wino.

— Powinieneś pijać coś takiego. Mam tego mnóstwo.

Włożyła na to spotkanie zieloną obcisłą sukienkę. Wyglądała jak wąż. Na nogach miała pantofle zdobione zielonymi kamykami i po raz kolejny zauważyłem, jak długie są jej włosy, nie tylko długie, ale i niezwykle gęste. Sięgały jej poniżej talii. Oczy miała duże i niebieskozielone, niekiedy bardziej niebieskie niż zielone, innym razem odwrotnie, zależnie od tego, jak padało światło. Dostrzegłem na półce dwie moje książki, te najlepsze.

Cassie usiadła, otworzyła wino i nalała dwie lampki.

— Podczas ostatniego zbliżenia spotkaliśmy się poniekąd, dotknęliśmy się nawzajem. Nie chciałam tak tego zostawić — powiedziała.

— Mnie było przyjemnie.

— Chcesz coś na ożywienie?

— Chętnie.

Przyniosła dwa prochy. Czarne kapsułki. Najlepsze. Popiłem swoją winem.

— Mam najlepszego dostawcę w mieście. Nie próbuje ze mnie zedrzeć.

— Świetnie.

— Byłeś kiedyś uzależniony?

— Przez jakiś czas zażywałem kokę, ale źle znosiłem psychiczny dół, jaki potem następował. Nazajutrz bałem się iść do kuchni, bo leżał tam nóż rzeźnicki. Poza tym 50 do 75 dolców dziennie przekracza moje możliwości.

— Mam trochę koki.

— Pasuję.

Nalała nam wina. Nie wiem dlaczego, ale z każdą kobietą czułem się, jakby to był ten pierwszy raz, czułem się niemal jak prawiczek. Pocałowałem Cassie. Jednocześnie moja ręka zabłądziła w jej długie włosy.

— Chcesz jakąś muzykę?

— Niespecjalnie.

— Znałeś Dee Dee Bronson, prawda? — spytała.
— Tak, ale się rozstaliśmy.
— Słyszałeś, co jej się przytrafiło?
— Nie.
— Najpierw straciła pracę, potem pojechała do Meksyku. Poznała tam byłego toreadora. Pobił ją i zabrał jej oszczędności całego życia — 7 tysięcy dolarów.
— Biedna Dee Dee, po mnie coś takiego.
Cassie podniosła się. Patrzyłem, jak idzie przez pokój. Ruszała tyłkiem, który emanował żywotnością pod tą dopasowaną zieloną suknią. Wróciła z bibułkami i porcją trawki. Zrobiła skręta.
— Potem miała wypadek samochodowy.
— Prowadziła fatalnie. Dobrze ją znasz?
— Nie. Ale pracując w tej branży, wie się o wszystkim.
— Życie samo w sobie aż po śmierć jest ciężką pracą.
Cassie podała mi skręta.
— Twoje życie wydaje się uporządkowane.
— Naprawdę?
— Chodzi mi o to, że nie próbujesz nikogo epatować ani koniecznie zrobić wrażenie, jak niektórzy faceci. I jesteś zabawny w sposób naturalny.
— Podoba mi się twoja dupcia i włosy — wyznałem. — Masz świetne usta, oczy, wino, mieszkanie i skręty. Ale nie jestem tak całkiem w porządku.
— Wiele piszesz o kobietach.
— Wiem. Zastanawiam się niekiedy, o czym będę pisał potem.
— Może nie będzie temu końca.
— Wszystko dobiega kiedyś kresu.
— Daj pociągnąć.
— Jasne, Cassie.
Zaciągnęła się głęboko. Pocałowałem ją. Trzymając ją za włosy, odchyliłem jej głowę do tyłu. Siłą rozwarłem jej usta. Pocałunek trwał długo. Puściłem ją.
— Lubisz to, nie? — spytała.
— Moim zdaniem to bardziej intymne od spółkowania.
— Chyba masz rację.

Przez kilka godzin paliliśmy i popijaliśmy, później poszliśmy do łóżka. Całowaliśmy się, nie szczędząc sobie pieszczot. Byłem w formie, stwardniał mi jak trzeba i dobrze ją posuwałem, ale po 10 minutach wiedziałem już, że nic z tego nie będzie. Znów za dużo wypiłem. Zacząłem się pocić i wytężać. Pchnąłem ją jeszcze kilka razy i dałem sobie z tym spokój.

— Przykro mi, Cassie.

Obserwowałem, jak jej głowa przesuwa się w stronę mego penisa. Nadal był twardy. Zaczęła go lizać. Pies wskoczył na łóżko, ale odepchnąłem go nogą. Przyglądałem się, jak Cassie liże mego kutasa. Przez okno wpadało światło księżyca i widziałem ją dokładnie. Wzięła końcówkę do ust i kąsała ją lekko. Nagle wzięła go całego do buzi i zaczęła go umiejętnie obrabiać, przesuwając językiem po całej długości i z zapałem ssąc główkę. Wspaniałe uczucie.

Sięgnąłem w dół i chwyciłem jej włosy, unosząc je do góry, wysoko nad jej głowę. Trzymałem w garści ten gąszcz włosów, a ona obciągała mi kutasa. Trwało to bardzo długo, ale w końcu poczułem, że jestem gotów wytrysnąć. Ona także to wyczuła i zdwoiła swoje wysiłki. Zacząłem jęczeć i słyszałem, jak jej wielki pies jęczy obok na dywanie. Podobało mi się to. Powstrzymywałem się, jak mogłem, by przedłużyć rozkosz. Potem, wciąż trzymając i pieszcząc jej włosy, eksplodowałem w jej ustach.

Kiedy się obudziłem następnego ranka, Cassie ubierała się.

— Nie przejmuj się — powiedziała. — Możesz zostać. Tylko dobrze zamknij drzwi, kiedy będziesz wychodził.

— W porządku.

Po jej wyjściu wziąłem prysznic. Potem znalazłem piwo w lodówce, wypiłem je, ubrałem się, pożegnałem się z Eltonem, upewniłem się, że drzwi są dobrze zamknięte, wsiadłem do garbusa i wróciłem do domu.

89

3 czy 4 dni później znalazłem kartkę Debry i zatelefonowałem do niej. Powiedziała, żebym wpadł. Dała mi wskazówki, jak dotrzeć do Playa del Rey, i pojechałem tam. Mieszkała w małym wynajętym domku z podwórkiem od frontu. Wjechałem tam, wysiadłem i zapukałem, a potem zadzwoniłem do drzwi. Był to jeden z tych dzwonków wydających dźwięk gongu. Otworzyła mi Debra. Była taka, jaką ją zapamiętałem, o wielkich uszminkowanych ustach, krótko obciętych włosach, z błyszczącymi kolczykami w uszach, pachnąca perfumami, jak zwykle szeroko uśmiechnięta.

— Och, wejdź, Henry!

Wszedłem. W pokoju siedział jakiś facet, ale było tak oczywiste, że jest homoseksualistą, iż nie uznałem tego za afront.

— To Larry, mój sąsiad. Mieszka na tyłach domu.

Wymieniliśmy uścisk dłoni i usiadłem.

— Jest coś do picia? — zapytałem.

— Och, *Henry*!

— Mogę pojechać coś kupić. Już bym to zrobił, tylko nie wiedziałem, na co masz ochotę.

— Och, coś się znajdzie.

Debra poszła do kuchni.

— Jak leci? — spytałem Larry'ego.

— Nie szło mi zbyt dobrze, ale teraz jest już lepiej. Zająłem się autohipnozą. Zdziałała cuda.

— Napijesz się czegoś, Larry? — spytała Debra z kuchni.

— Och, nie, dziękuję.

Przyniosła dwa kieliszki czerwonego wina. Jej dom był zbyt bogato urządzony. Wszędzie coś stało lub wisiało na ścianach. Był po prostu zagracony kosztownymi przedmiotami, a ze wszystkich stron z małych głośniczków sączyła się muzyka rockowa.
— Larry potrafi sam się zahipnotyzować.
— Powiedział mi.
— Nawet nie wiesz, o ile lepiej sypiam, o ile lepiej układają mi się kontakty z ludźmi — oświadczył Larry.
— Uważasz, że wszyscy powinni tego spróbować? — spytała Debra.
— Trudno powiedzieć. Ale wiem, że to się sprawdza w moim przypadku.
— Wydaję przyjęcie na Halloween, Henry. Wszyscy tu będą. Może byś się do nas przyłączył? Larry, jak sądzisz, za kogo mógłby się przebrać?
Oboje przyjrzeli mi się uważnie.
— Cóż, sam nie wiem — powiedział Larry. — Naprawdę nie wiem. Może?... Och, nie... Chyba jednak nie....
Dzwonek u drzwi zrobił „bing-bong" i Debra poszła otworzyć. Przyszedł następny homoseksualista. Był bez koszuli. Miał na twarzy maskę — paszczę wilka ze zwisającym wielkim gumowym językiem. Sprawiał wrażenie rozdrażnionego i przygnębionego.
— Vincent, to Henry. Henry, pozwól, to Vincent.
Vincent zignorował mnie. Stał na środku ze swym gumowym językiem.
— Miałem okropny dzień w pracy. Nie zniosę tego dłużej. Chyba rzucę tę robotę.
— Ależ, Vincent, co będziesz *robił*? — spytała go Debra.
— Nie wiem. Potrafię wiele rzeczy. Nie muszę tkwić w tym gównie!
— Przyjdziesz na przyjęcie, prawda?
— Jasne, przygotowuję się od dawna.
— Nauczyłeś się swoich kwestii w sztuce?
— Tak, ale uważam, że tym razem powinniśmy zrobić przedstawienie wcześniej. Ostatnim razem, zanim pokazaliśmy sztukę, byliśmy tak pijani, że nie zagraliśmy jej tak, jak trzeba.

— Chyba masz rację.
Vincent odwrócił swój wilczy pysk i wyszedł. Larry także wstał.
— Cóż, też już muszę iść. Miło było cię poznać — rzucił w moją stronę.
— W porządku, Larry.
Uścisnęliśmy sobie dłonie i Larry wyszedł kuchennymi drzwiami.
— Larry bardzo mi pomagał, to dobry sąsiad. Cieszę się, że byłeś dla niego miły.
— Był w porządku. Do diabła, siedział tu, zanim przyszedłem.
— Nie łączy nas seks.
— Nas też nie.
— Wiesz, co mam na myśli.
— Pojadę kupić coś do picia.
— Nie martw się, dobrze się zaopatrzyłam. Wiedziałam, że przyjdziesz.

Napełniła kieliszki. Przyjrzałem się jej. Była młoda, ale wyglądała jak wyjęta żywcem z lat trzydziestych. Miała na sobie czarną spódnicę sięgającą do połowy łydek, czarne buciki na wysokich obcasach, białą, zapiętą pod szyją bluzkę, naszyjnik, kolczyki w uszach, bransoletki, a do tego uszminkowane usta, mnóstwo różu, perfumy. Była dobrze zbudowana, miała ładne piersi i pośladki, którymi kręciła, chodząc. Bez przerwy paliła papierosy, wszędzie leżały umazane szminką niedopałki. Nie mogłem wyzbyć się uczucia, że znalazłem się znów w czasach swojej młodości. Nie nosiła nawet rajstop i od czasu do czasu podciągała czarne pończochy, ukazując kawałek uda i kolano, akurat tyle, żeby podziałało to na takiego faceta jak ja. Należała do tego typu dziewcząt, w których kochali się nasi ojcowie.

Opowiedziała mi o swojej pracy — miało to coś wspólnego z protokołami sądowymi i adwokatami. Doprowadzało ją to zajęcie do szału, ale nieźle zarabiała.

— Czasami wkurzam się na swój personel, ale potem mi przechodzi, a oni mi wybaczają. Nawet nie masz pojęcia, jacy są ci cholerni adwokaci! Wszystko musi być gotowe na wczoraj, a nie pomyślą, ile czasu zajmuje przygotowanie tych cholernych papierzysk.

— Adwokaci i lekarze są najbardziej przepłacanymi, zepsutymi członkami naszego społeczeństwa. Następny na liście jest mechanik samochodowy z warsztatu na rogu. Potem możesz dorzucić dentystę.

Debra skrzyżowała nogi i jej spódnica podjechała nieco do góry.

— Masz bardzo ładne nogi, Debro. I wiesz, jak się ubrać. Przypominasz mi dziewczyny z czasów mojej matki. Wtedy kobiety były jeszcze kobietami.

— Masz świetne odzywki, Henry.

— Wiesz, co mam na myśli. Odnosi się to zwłaszcza do Los Angeles. Nie tak dawno temu wyjechałem z miasta, a kiedy wróciłem, czy wiesz, w którym momencie się zorientowałem, że jestem tu z powrotem?

— No?

— Jak tylko minąłem na ulicy pierwszą napotkaną kobietę. Miała na sobie tak krótką spódniczkę, że widać jej było majtki ledwo zasłaniające krocze. Z majtek, wybacz, wystawały jej włosy. Wiedziałem, że znalazłem się z powrotem w Los Angeles.

— Gdzie to było? Na Main Street?

— A skądże. Na rogu Beverly i Fairfax.

— Smakuje ci wino?

— Tak. I podoba mi się twój dom. Może nawet się tu wprowadzę.

— Mój gospodarz jest zazdrosny.

— Ktoś jeszcze może być zazdrosny?

— Nie.

— Dlaczego?

— Ciężko pracuję i wracam do domu, żeby wieczorem odpocząć. Lubię urządzać to mieszkanie. Moja przyjaciółka — pracuje u mnie — wybiera się ze mną jutro rano do sklepów z antykami. Chcesz pójść z nami?

— A będę tu rano?

Debra nie odpowiedziała. Nalała mi wina i usiadła obok na kanapie. Pochyliłem się i pocałowałem ją. Robiąc to, podciągnąłem wyżej jej spódnicę i zerknąłem na tę okrytą nylonem nogę. Wyglądała dobrze. Kiedy skończyliśmy się całować, Debra obciągnęła spódnicę, ale ja już nauczyłem się na pamięć jej nóg. Wstała i poszła do łazienki. Słyszałem wodę spuszczaną w klozecie. Potem cisza. Pewnie nakłada sobie więcej szminki. Wyjąłem chusteczkę i wytarłem usta. Chusteczka była umazana krwistym karminem. Oto w końcu dostaję wszystko to, co przedtem przypadało w udziale tej złotej młodzieży z ekskluzywnych college'ów, tym nadzianym, odpasionym, dobrze ubranym byczkom jeżdżącym nowymi autami, gdy ja miałem wtedy tylko znoszone łachy i zdezelowany rower.

Debra wyszła z łazienki. Usiadła i zapaliła papierosa.

— Chodź się pieprzyć — powiedziałem.

Debra skierowała się do sypialni. Na stoliku zostało pół butelki wina. Nalałem sobie i zapaliłem papierosa. Wyłączyła muzykę rockową. Miły gest. Zapanowała cisza. Nalałem następny kieliszek. Może bym się tu wprowadził? Gdzie postawić maszynę do pisania?

— Henry?
— Słucham.
— Gdzie jesteś?
— Poczekaj. Dokończę tylko wino.
— Dobrze.

Wychyliłem kieliszek i nalałem resztę tego, co zostało w butelce. Jestem w Playa del Rey. Rozebrałem się, zostawiając ubrania rzucone niechlujnie na podłogę. Nigdy nie przywiązywałem żadnej wagi do stroju. Wszystkie moje koszule są wypłowiałe, skurczone i przetarte, mają po kilka lat. Nienawidzę domów towarowych, nienawidzę sprzedawców. Okazują takie poczucie wyższości, jakby posiedli jakąś wiedzę tajemną, i mają tę pewność siebie, której mnie brakuje. Moje buty zawsze były stare i znoszone, bo nie lubiłem także sklepów z butami. Nigdy nic sobie nie kupowałem, chyba że jakaś rzecz okazywała się już nie do użytku, dotyczy to również samochodów. Nie chodziło przy tym o zwyczajne skąpstwo, po prostu nie trawiłem myśli, że jestem kupującym, który potrzebuje sprzedawcy — z reguły wyniosłego, przystojnego faceta, patrzącego na mnie z góry. Poza tym to wszystko wymagało czasu, który przecież mogłem spędzić na wylegiwaniu się i piciu.

Wszedłem do sypialni w samych gatkach. Byłem świadomy mojego białego brzucha przelewającego się przez gumkę majtek, ale nie próbowałem go wciągnąć. Stanąłem przy łóżku i zsunąłem gatki. Nagle zapragnąłem jeszcze się napić. Wsunąłem się do łóżka, pod prześcieradło. Odwróciłem się w stronę Debry. Objąłem ją. Przytuliliśmy się do siebie. Rozchyliła usta. Pocałowałem ją. Jej usta przypominały mokrą cipę. Wyczułem, że jest gotowa. Nie było potrzeby oddawać się wstępnym igraszkom. Pocałowaliśmy się, a jej język wsuwał się i wysuwał z moich ust. Przytrzymałem go zębami, po czym wtoczyłem się na nią i wsadziłem jej.

Chodziło chyba o to, w jaki sposób trzymała głowę — zwróconą w bok. Podniecało mnie to. Jej odwrócona głowa podskakiwała na poduszce przy każdym moim pchnięciu. Posuwając ją, obracałem co jakiś czas jej głowę ku sobie i całowałem te krwistoczerwone usta. W końcu poszczęściło mi się. Uosabiała dla mnie wszystkie te kobiety i dziewczyny, na które gapiłem się tęsknie na ulicach Los Angeles w 1937 roku, ostatnim naprawdę fatalnym roku Wielkiego Kryzysu, kiedy to dziwki brały dwa dolary za numer, a wszyscy byli kompletnie bez grosza i bez jakichkolwiek widoków na przyszłość. Długo musiałem czekać. Posuwałem ją bez wytchnienia. Może było to bez sensu, ale rżnąłem ją dziko, rozpalony do czerwoności. Ponownie chwyciłem jej głowę, przycisnąłem usta do tych karminowych warg i trysnąłem spermą na jej spiralę.

90

Następnego dnia była sobota i Debra przyrządziła dla nas śniadanie.
— Pójdziesz z nami dzisiaj rozejrzeć się za antykami?
— Dobrze.
— Masz kaca? — spytała.
— Nie jest najgorzej.
Przez chwilę jedliśmy w milczeniu. Odezwała się pierwsza:
— Podobał mi się twój wieczór poetycki w Lancerze. Byłeś wstawiony, ale dobrze ci poszło.
— Czasami nie wychodzi.
— Kiedy będziesz znowu czytał wiersze?
— Ktoś telefonował z Kanady. Próbują zebrać fundusze.
— Kanada! Mogę pojechać z tobą?
— Zobaczymy.
— Zostaniesz dziś na noc?
— A chcesz, żebym został?
— Tak.
— No to zostanę.
— Świetnie.

Dokończyliśmy śniadanie i poszedłem do łazienki, podczas gdy Debra zmywała naczynia. Spuściłem wodę, podtarłem się, spuściłem wodę jeszcze raz, umyłem ręce i wyszedłem. Debra myła naczynia, stojąc przy zlewie. Chwyciłem ją od tyłu.

— Możesz skorzystać z mojej szczoteczki do zębów, jeśli chcesz.
— Czy mam nieświeży oddech?
— Nie jest taki zły.
— Gówno prawda.
— Możesz też wziąć prysznic, jeśli masz ochotę...
— Zdążę...?
— Przestań. Tessie przyjdzie dopiero za godzinę. Zdążymy nawet zmieść pajęczyny.

Poszedłem do łazienki i odkręciłem wodę. Lubiłem brać prysznic jedynie w motelach. Na ścianie łazienki wisiała fotografia mężczyzny — śniadego, długowłosego, z twarzą o regularnych rysach, naznaczoną piętnem kretynizmu właściwego takim przystojniaczkom. Szczerzył do mnie białe zęby. Szorowałem to, co zostało z moich własnych przebarwionych zębów. A tak, Debra wspomniała, że jej były mąż jest psychiatrą.

Debra wzięła prysznic po mnie. Nalałem sobie mały kieliszek wina i siedziałem na krześle, spoglądając przez okno. Nagle uświadomiłem sobie, że zapomniałem wysłać alimenty. Trudno, zrobię to w poniedziałek.

W Playa del Rey czułem się spokojnie. Dobrze jest się wyrwać z zatłoczonego, brudnego domu, w którym mieszkałem. Brakowało tam cienia i słońce paliło niemiłosiernie. Można było dostać od tego fioła. Nawet psy i koty zachowywały się jak oszalałe, podobnie jak ptaki, roznosiciele gazet i kurwy.

U nas, we wschodniej części Hollywood, ubikacje nigdy nie działały jak należy, a tani hydraulik zatrudniany przez właściciela nigdy nie był w stanie ich naprawić. Zdejmowaliśmy pokrywy zbiorników na wodę i ręcznie obsługiwaliśmy spłuczkę. Z kranów kapało, wszędzie łaziły karaluchy, psy srały, gdzie popadnie, a siatkowe okna miały wielkie dziury, przez które wlatywały muchy i inne dziwne latające owady.

Dzwonek zrobił „bing-bong", więc wstałem i otworzyłem drzwi. Przyszła Tessie. Przekroczyła już czterdziestkę, ale wyglądała młodo, miała włosy ufarbowane na rudo.
— Jesteś Henry, prawda?

— Tak, Debra jest w łazience. Usiądź, proszę.
Miała na sobie krótką czerwoną spódniczkę. Jej uda wyglądały dobrze. Kostki i łydki też nie były najgorsze. Wyglądała na taką, co lubi się pieprzyć.
Podszedłem do drzwi łazienki i zapukałem.
— Debro, Tessie już tu jest.

Pierwszy sklep z antykami był prawie nad samą wodą. Pojechaliśmy tam moim garbusem i weszliśmy do środka. Oglądałem meble razem z nimi. Wszystko — stare zegary, krzesła i stoły — kosztowało od 800 do 1500 dolarów. Ceny były nieprawdopodobne. Dwóch czy trzech sprzedawców stało w sklepie, zacierając ręce. Najwidoczniej oprócz pensji dostawali jeszcze prowizję. Właściciel z pewnością zdobywał te graty za bezcen w Europie lub w górach Ozark. Znudziło mnie oglądanie tych metek ze słonymi cenami. Powiedziałem dziewczynom, że zaczekam w samochodzie.

Wypatrzyłem bar po drugiej stronie ulicy, wszedłem i usiadłem. Zamówiłem butelkę piwa. W barze pełno było młodych mężczyzn poniżej 25 lat. Byli jasnowłosi i szczupli albo ciemnowłosi i szczupli, ubrani w doskonale skrojone koszule i spodnie. Ich twarze pozbawione były wyrazu, nic nie mąciło ich spokoju. Ani jednej kobiety. Włączony był ogromny telewizor, ale bez dźwięku. Nikt nie patrzył na ekran. Nikt się nie odzywał. Dokończyłem piwo i wyszedłem.
Znalazłem sklep monopolowy i kupiłem 6 puszek piwa. Wróciłem do samochodu i usiadłem w środku. Piwo było ekstra. Wóz stał na parkingu na tyłach sklepu z antykami. Na ulicy po mojej lewej stronie zrobił się korek i obserwowałem, jak ludzie cierpliwie czekają w swoich autach. Prawie zawsze w środku siedział mężczyzna z kobietą — patrzyli prosto przed siebie, nie odzywając się ani słowem. W ostatecznym rozrachunku wszyscy muszą czekać. Nic, tylko czekać. Na szpital, na lekarza, na hydraulika, na dom wariatów, na więzienie, wreszcie na matkę śmierć we własnej osobie. Czerwone światło, potem zielone. Obywatele tego świata napychają sobie brzuchy, oglądają telewizję, zamartwiają się o swoje

posady lub ich brak, a wszystko tylko po to, by skrócić sobie czas oczekiwania.
 Zacząłem myśleć o Debrze i Tessie w sklepie z antykami. Tak naprawdę nie przepadałem za Debrą, a przecież wkroczyłem w jej życie. Poczułem się jak zboczeniec-podglądacz.
 Siedziałem, popijając piwo. Kończyłem ostatnią puszkę, kiedy wreszcie wyszły.
 — Och, Henry — powiedziała Debra.— Znalazłam najpiękniejszy stół z marmurowym blatem za jedyne 200 dolarów.
 — Jest naprawdę *wspaniały*! — dodała Tessie.
 Wsiadły do samochodu. Debra przycisnęła udo do mojej nogi.
 — Znudziło cię to wszystko? — spytała.

Włączyłem silnik, podjechałem pod monopolowy i kupiłem kilka butelek wina i papierosy.
 Ta dziwka Tessie w tej swojej krótkiej czerwonej spódniczce i nylonowych pończochach, pomyślałem, płacąc sprzedawcy. Mogę się założyć, że wykończyła przynajmniej z tuzin porządnych facetów, ot tak, mimochodem. Doszedłem do wniosku, że jej problem polega na całkowitej *bezmyślności*. Nie lubi myśleć. I to jest w porządku, ponieważ nie regulują tego żadne prawa ani przepisy. Ale jeszcze zacznie myśleć, za parę lat, kiedy przekroczy pięćdziesiątkę. Stanie się wtedy zgorzkniałą babą, będzie w supermarkecie najeżdżać wózkiem na tyłki i łydki innych ludzi w kolejce do kasy; na nosie ciemne okulary, twarz opuchnięta i nieszczęśliwa, a w wózku pełno kubków z wiejskim twarożkiem, chipsów ziemniaczanych, kotletów schabowych, czerwonej cebuli i butla jima beama.
 Wróciłem do wozu i pojechaliśmy do Debry. Dziewczyny usiadły. Otworzyłem butelkę i napełniłem 3 kieliszki.
 — Henry — powiedziała Debra — pójdę po Larry'ego. Zawiezie mnie furgonetką po stół, który kupiłam. Nie będziesz musiał w tym uczestniczyć. Jesteś zadowolony?
 — Tak.
 — Tessie dotrzyma ci towarzystwa.
 — W porządku.

— Tylko *zachowujcie się przyzwoicie*!

Larry wszedł kuchennymi drzwiami i wraz z Debrą wyszedł frontowymi. Rozgrzał silnik furgonetki i odjechali.

— Zostaliśmy sami — stwierdziłem.

— Tak — przyznała Tessie. Siedziała prawie bez ruchu, patrząc prosto przed siebie. Dokończyłem wino i poszedłem do łazienki się odlać. Kiedy stamtąd wyszedłem, nadal spokojnie siedziała na kanapie.

Zaszedłem ją od tyłu. Kiedy znalazłem się blisko, ująłem ją pod brodę i przechyliłem jej twarz do tyłu. Przywarłem ustami do jej ust. Miała ogromną głowę. Pod oczami pomalowała się na fioletowo i pachniała zepsutym sokiem owocowym, morelowym. Z uszu zwisały jej cieniutkie srebrne łańcuszki, z maleńkimi kuleczkami na końcach. Kiedy się całowaliśmy, wsadziłem jej rękę pod bluzkę. Trafiłem na jeden z jej cyców i zacząłem go miętosić. Nie miała stanika. Wyprostowałem się i cofnąłem rękę. Obszedłem kanapę i usiadłem obok Tessie. Nalałem dwa kieliszki wina.

— Jak na takiego odrażającego skurwysyna to nie brak ci tupetu — przyznała.

— Co powiesz na jakiś szybki numerek, zanim wróci Debra?

— Nie.

— Nie złość się na mnie. Próbuję tylko nieco ożywić to przyjęcie.

— Uważam, że posunąłeś się za daleko. To, co zrobiłeś, było wulgarne i nachalne.

— Chyba brak mi wyobraźni.

— I jesteś pisarzem?

— Owszem, piszę. Przede wszystkim jednak fotografuję rzeczywistość.

— Wydaje mi się, że pieprzysz panienki wyłącznie po to, by móc o tym pisać.

— Nie wiem.

— Oj, chyba wiesz.

— Dobra, zapomnij o tym. Napij się.

Zanurzyła usta w kieliszku. Wypiła wino i odłożyła papierosa. Spojrzała na mnie, mrugając długimi sztucznymi rzęsami. Była podobna do Debry — miała takie same duże uszminkowane usta. Tyle że usta Debry były ciemniejsze i nie tak błyszczące. Usta Tessie były jaskrawoczerwone i błyszczały, trzymała je lekko rozchylone, bez przerwy oblizując dolną wargę. Nagle mnie objęła. Te jej usta otworzyły się tuż nad moimi. Było to podniecające. Czułem się, jakby mnie gwałcono. Kutas zaczął mi się podnosić. Kiedy mnie całowała, sięgnąłem ręką w dół, zadarłem jej spódnicę i powędrowałem palcami w górę jej uda.

— Chodź — powiedziałem, kiedy nasze usta się rozłączyły.

Wziąłem ją za rękę i pociągnąłem w stronę sypialni Debry. Popchnąłem ją na łóżko. Leżała na nim narzuta. Zsunąłem buty i spodnie, po czym podciągnąłem jej czerwoną spódnicę. Nie miała rajstop. Nylony i różowe majteczki. Ściągnąłem jej majtki. Miała zamknięte oczy. Gdzieś w oddali słyszałem muzykę symfoniczną. Potarłem palcem jej cipę. Wkrótce zrobiła się mokra i zaczęła się otwierać. Wsunąłem palec głębiej. Potem wyciągnąłem go i pocierałem łechtaczkę. Była przyjemna w dotyku i soczysta. Wsadziłem jej. Pchnąłem kilka razy — szybko i brutalnie, potem zwolniłem i znów przyspieszyłem. Spojrzałem w tę zepsutą, pospolitą twarz. Naprawdę mnie podniecała. Posuwałem ją dalej.

Nagle mnie odepchnęła.

— Złaź!

— Co? Co takiego?

— Nadjeżdżają! Wyrzuci mnie z roboty! Zostanę bez pracy!

— Nie, nie teraz, ty KURWO!

Posuwałem ją bezlitośnie, przyssałem się do tych błyszczących, paskudnych ust i wytrysnąłem w niej. Zeskoczyłem z łóżka. Tessie chwyciła pantofle i majtki i pobiegła do łazienki. Wytarłem się chusteczką, poprawiłem narzutę i poduszki. Gdy zapinałem spodnie, otworzyły się drzwi. Wszedłem do frontowego pokoju.

— Henry, pomożesz Larry'emu wnieść stolik? Jest bardzo ciężki.

— Jasne.

— Gdzie Tessie?

— Chyba w łazience.

Poszedłem za Debrą do furgonetki. Wyciągnęliśmy stolik i wnieśliśmy do domu. Kiedy wróciliśmy, Tessie siedziała na kanapie z papierosem w ręce.

— Nie upuśćcie towaru, chłopcy! — rzuciła w naszą stronę.

— Nie ma mowy! — powiedziałem.

Wnieśliśmy stolik do sypialni Debry i postawiliśmy obok łóżka. Stał tam poprzednio inny stolik, który usunęła. We troje gapiliśmy się na marmurowy blat.

— Och, Henry... Kosztował tylko 200 dolarów. Podoba ci się?

— Jest fajny, Debro, całkiem niezły.

Poszedłem do łazienki. Umyłem twarz i uczesałem się. Potem opuściłem spodnie i gatki i cichcem obmyłem swoje męskie klejnoty. Wysikałem się, spuściłem wodę i wróciłem do pokoju.

— Napijesz się wina, Larry? — spytałem.

— Och, nie, dziękuję.

Larry wyszedł kuchennymi drzwiami.

— Och, jestem taka *podekscytowana*! — wykrzyknęła Debra.

Tessie siedziała, sączyła wino i rozmawiała z nami przez jakiś kwadrans, po czym powiedziała:

— Muszę już iść.

— Zostań, jeśli masz ochotę — zaproponowała Debra.

— Nie, nie, muszę iść. Czas posprzątać mieszkanie, straszny tam bałagan.

— Będziesz sprzątać? Dzisiaj? Kiedy masz dwoje przyjaciół, z którymi można się napić?

— Siedzę tutaj, myśląc przez cały czas o tym bałaganie, i nie potrafię się odprężyć. Nie bierzcie tego do siebie.

— W porządku, Tessie, idź. Wybaczymy ci.

— Dobrze, kochanie.

Pocałowały się w drzwiach i Tessie wyszła. Debra ujęła mnie za rękę i poprowadziła do sypialni. Patrzyliśmy na marmurowy blat stolika.

— Co *tak naprawdę* o nim sądzisz, Henry?

— No, cóż, puściłem kiedyś 200 dolców na wyścigach i nic z tego nie miałem, toteż uważam, że może być. Jest fajny.

— Będzie tu stał obok nas w nocy, kiedy będziemy razem spać.
— Może ja tam postoję, a ty pójdziesz do łóżka z tym stolikiem?
— Jesteś zazdrosny!
— Jeszcze jak.
Debra poszła do kuchni i wróciła ze szmatkami i płynem do czyszczenia. Zaczęła przecierać marmur.
— Spójrz, jest taki sposób polerowania marmuru, żeby uwidocznić żyłki.
Rozebrałem się i usiadłem w gatkach na brzegu łóżka. Potem położyłem się na poduszkach i narzucie. Nagle się zerwałem.
— Jezu, Debro, gniotę twoją narzutę.
— Nic nie szkodzi.
Poszedłem nalać wina i podałem jej kieliszek. Przyglądałem się, jak pucuje stolik. Spojrzała na mnie.
— Wiesz, masz najpiękniejsze nogi, jakie kiedykolwiek widziałam u faceta.
— Niezłe jak na takiego starucha, nie, mała?
— Całkiem niezłe.
Tarła stolik jeszcze przez chwilę, potem dała spokój.
— Jak było z Tessie?
— Fajna dziewczyna. Naprawdę ją lubię.
— Jest dobrą pracownicą.
— O tym akurat nie mogę nic powiedzieć.
— Głupio mi, że sobie poszła. Pewnie chciała po prostu zostawić nas samych. Powinnam do niej zadzwonić.
— Czemu nie.
Debra podniosła słuchawkę. Przez dłuższą chwilę rozmawiała z Tessie. Zaczęło się ściemniać. Co z kolacją? Telefon stał na środku łóżka, a Debra przycupnęła obok. Miała ładny tyłek. Roześmiała się i pożegnała z Tessie. Spojrzała na mnie.
— Tessie twierdzi, że słodki z ciebie facet.
Poszedłem dolać nam wina. Kiedy wróciłem, wielki kolorowy telewizor był włączony. Siedzieliśmy obok siebie oparci plecami o ścianę, oglądając telewizję i popijając wino.
— Henry? Co robisz w Święto Dziękczynienia?

— Nic.
— Może zjadłbyś ze mną kolację? Kupię indyka. Zaproszę kilkoro przyjaciół.
— W porządku, brzmi to nieźle.
Debra pochyliła się i wyłączyła telewizor. Wyglądała na uszczęśliwioną. Potem zgasiła światło. Poszła do łazienki i wróciła owinięta czymś zwiewnym. Znalazła się w łóżku obok mnie. Przytuliliśmy się do siebie. Natychmiast mi stanął. Penetrowała językiem moje usta. Był duży i ciepły. Przesunąłem głowę na jej podbrzusze. Rozsunąłem włoski i lizałem ją. Potem popracowałem trochę nosem. Reagowała na te pieszczoty. Potem położyłem się na niej i wsadziłem jej.

Posuwałem ją, czując, że nic z tego nie będzie. Próbowałem myśleć o Tessie w krótkiej czerwonej spódniczce, ale i to na nic. Tessie dostała wszystko, co miałem tego wieczoru do dania. Mimo to jeszcze przez dłuższą chwilę nie ustawałem.

— Przepraszam, mała, za dużo wypiłem. Och, dotknij mego *serca*!

Położyła mi rękę na piersi.

— Ależ wali — powiedziała.
— Nadal jestem zaproszony na Święto Dziękczynienia?
— Jasne, mój biedaku, nie martw się, proszę.

Pocałowałem ją na dobranoc, zszedłem z niej i próbowałem zasnąć.

91

Kiedy Debra poszła następnego ranka do pracy, wykąpałem się i próbowałem oglądać telewizję. Łaziłem nago po mieszkaniu, ale zauważyłem, że można mnie dostrzec z ulicy przez frontowe okno. Wypiłem szklankę soku grejpfrutowego i ubrałem się. W końcu nie pozostało mi nic innego, jak wrócić do siebie. Może w skrzynce znajdę jakiś list. Sprawdziłem, czy wszystkie drzwi są zamknięte, poszedłem do garbusa, uruchomiłem go i odjechałem.

Po drodze przypomniałem sobie o Sarze, trzeciej dziewczynie, którą poznałem podczas wieczoru poetyckiego w Lancerze. Miałem jej numer telefonu w portfelu. Przyjechałem do domu, wypróżniłem się i zadzwoniłem do niej.

— Halo — powiedziałem. — Tu Chinaski, Henry Chinaski.

— Tak, pamiętam cię.

— Co porabiasz? Pomyślałem, że mógłbym do ciebie przyjechać.

— Muszę dzisiaj być w swojej restauracji. Może byś tam wpadł.

— Podajesz zdrową żywność, prawda?

— Tak, zrobię ci dobrą, zdrową kanapkę.

— Hmmm...

— Zamykam o czwartej. Może przyjechałbyś na krótko przedtem?

— Dobrze. Jak się tam dostać?

— Weź coś do pisania.

Zanotowałem jej wskazówki.

— Do zobaczenia o wpół do czwartej — powiedziałem.

Około 2.30 wsiadłem do garbusa. Na autostradzie jej wskazówki zrobiły się niezbyt jasne albo ja się w nich pogubiłem. Żywię głęboką niechęć zarówno do autostrad, jak i wszelkich wskazówek. Zjechałem z autostrady i znalazłem się w Lakewood. Podjechałem na stację benzynową i zadzwoniłem do Sary.

— Gospoda Wstąp na Chwilkę — zgłosiła się.

— Kurwa!

— Co się stało? Jesteś wściekły!

— Znalazłem się w Lakewood! Twoje wskazówki są do dupy!

— W Lakewood? Poczekaj.

— Wracam. Muszę się napić.

— Zaczekaj. Chcę się z tobą spotkać! Powiedz, na jakiej ulicy jesteś w Lakewood, i podaj nazwę najbliższej przecznicy.

Zostawiłem słuchawkę dyndającą na sznurze i wyszedłem zobaczyć, gdzie jestem. Przekazałem Sarze te informacje. Dała mi nowe wskazówki.

— To łatwe — powiedziała. — Obiecaj, że przyjedziesz.

— Dobrze.

— A jeśli znów się zgubisz, zadzwoń do mnie.

— Przykro mi, ale widzisz, nie mam zmysłu orientacji. W nocy wiecznie dręczą mnie koszmary o tym, że się gubię. Wydaje mi się, że jestem z innej planety.

— Już dobrze. Po prostu rób dokładnie, co mówię.

Wróciłem do wozu i tym razem okazało się to rzeczywiście proste. Wkrótce znalazłem się na autostradzie Pacific Coast i rozglądałem się za zjazdem. Znalazłem go. Zaprowadził mnie do snobistycznej dzielnicy sklepów nad oceanem. Jechałem wolno i dostrzegłem dużą, ręcznie malowaną reklamę: Gospoda Wstąp na Chwilkę. Do okien poprzyklejano fotografie i jakieś karteczki. Jezu, prawdziwa restauracja ze zdrową żywnością, słowo daję. Nie miałem ochoty tam wchodzić. Zrobiłem kółko i wolno ją minąłem. Skręciłem w prawo i jeszcze raz w prawo. Dostrzegłem bar Gdzie Raki Zimują. Zaparkowałem i wszedłem do środka.

Dochodziła czwarta i wszystkie miejsca były zajęte. Większość klientów miała już dobrze w czubie. Stanąłem przy barze i zamówiłem wódkę z 7-Up. Wziąłem ze sobą szklankę do telefonu i zadzwoniłem do Sary.
— Mówi Henry. Jakoś tu dotarłem.
— Widziałam, jak dwa razy przejechałeś obok. Nie bój się. Gdzie jesteś?
— Gdzie Raki Zimują. Piję wódkę. Zjawię się u ciebie wkrótce.
— Dobrze. Tylko nie pij za dużo.
Wypiłem drinka i zamówiłem jeszcze jednego. Znalazłem wolny stolik i usiadłem. Naprawdę nie miałem ochoty iść do Sary. Ledwo pamiętałem, jak wygląda. Dokończyłem drinka i pojechałem do restauracji. Wysiadłem, otworzyłem drzwi siatkowe i wszedłem do środka. Sara stała za bufetem. Spostrzegła mnie.
— Cześć, Henry! — powiedziała. — Zaraz do ciebie przyjdę.
Przygotowywała coś do jedzenia. W pobliżu kręciło się paru facetów. Kilku siedziało na sofie. Inni na podłodze. Wszyscy mieli na oko po dwadzieścia kilka lat i byli do siebie podobni jak dwie krople wody — ubrani byli w szorty i po prostu *siedzieli*. Od czasu do czasu któryś z nich krzyżował nogi lub kasłał. Sara okazała się całkiem atrakcyjna. Była szczupła i poruszała się żwawo. Klasa. Miała rudoblond włosy. Wyglądały naprawdę ładnie.
— Zajmiemy się tobą — rzuciła w moją stronę.
— Dobrze.
Stała tam półka z książkami, a wśród nich kilka moich. Znalazłem też tomik Lorki. Usiadłem i udawałem, że czytam. W ten sposób nie musiałem patrzeć na tych facetów w szortach. Wyglądali, jakby nic nie było ich w stanie poruszyć — dobrze odkarmieni, chowani pod kloszem, z błyszczącą polewą samozadowolenia. Żaden z nich nigdy nie wylądował w pudle, nie skalał sobie rąk ciężką pracą fizyczną ani nawet nie dostał mandatu za złe parkowanie. Śmietankowe przyjemniaczki, wszyscy co do jednego.
Sara przyniosła mi kanapkę z samych naturalnych produktów.

— Masz, spróbuj.
Zjadłem kanapkę, a faceci nadal się wałkonili. Wkrótce jeden z nich wstał i wyszedł. Potem następny. Sara sprzątała. Został już tylko jeden. Miał jakieś 22 lata i siedział na podłodze, chudzina ze zgarbionym grzbietem. Miał na nosie okulary w ciężkich czarnych oprawkach. Sprawiał wrażenie bardziej osamotnionego i głupkowatego od innych.
— Hej, Saro — powiedział. — Chodźmy na piwo.
— Nie dzisiaj, Mike. Może jutro wieczorem?
— Dobrze.
Wstał i podszedł do bufetu. Położył monetę i wziął zdrowe ciastko. Zjadł je przy bufecie, po czym odwrócił się i wyszedł.
— Smakowała ci kanapka? — spytała Sara.
— Tak, była niezła.
— Mógłbyś przynieść stolik i krzesła wystawione na chodnik?
Przyniosłem.
— Co chciałbyś teraz robić?
— Nie przepadam za barami. Zła atmosfera. Kupmy coś do picia i pojedźmy do ciebie.
— Dobrze. Pomóż mi wynieść śmieci.
Pomogłem jej wynieść śmieci. Zamknęła restaurację.
— Jedź za moim mikrobusem. Znam sklep, w którym przechowują dobre wino. Potem pojedziemy do mnie.
Miała mikrobus Volkswagena. Jechałem za nią. Na tylnej szybie wisiał plakat z jakimś mężczyzną. „Uśmiechnij się i raduj się życiem" — radził mi ten gość, a u dołu plakatu widniało jego nazwisko — Drayer Baba.

Otworzyliśmy butelkę wina i usiedliśmy na kanapie w jej domu.
Podobało mi się to wnętrze. Jak się okazało, wszystkie sprzęty zrobiła sama, łącznie z łóżkiem. Wszędzie wisiały zdjęcia Drayera Baby. Pochodził z Indii i umarł w 1971 roku, twierdząc, że jest Bogiem.
Kiedy siedzieliśmy, wypijając pierwszą butelkę wina, otworzyły się drzwi i wszedł młody człowiek z wystającymi zębami, długimi włosami i bardzo długą brodą.

— To Ron, mój współlokator — przedstawiła go Sara.
— Cześć, Ron. Chcesz wina?
Ron napił się z nami. Później pojawiła się otyła dziewczyna z chudzielcem o ogolonej głowie. Byli to Pearl i Jack. Usiedli. Potem przyszedł inny młody człowiek. Na imię miał Jean John. Usiadł. Wszedł Pat. Miał czarną brodę i długie włosy. Usiadł na podłodze u moich stóp.
— Jestem poetą — przedstawił się.
Łyknąłem wina.
— Co zrobić, żeby coś opublikować? — zapytał.
— Trzeba wysłać utwory wydawcy.
— Ale nikt mnie nie zna.
— Każdy tak zaczyna.
— 3 razy w tygodniu czytam swoje wiersze. Do tego jestem aktorem, więc czytam bardzo dobrze. Wykombinowałem, że jeśli dostatecznie często będę czytał swoje wiersze, to może w końcu ktoś zechce je opublikować.
— Nie jest to niemożliwe.
— Kłopot w tym, że nikt nie przychodzi na moje wieczory poetyckie.
— Nie wiem, co ci poradzić.
— Zamierzam sam opublikować swoją książkę.
— Robił to już Whitman.
— Przeczytasz jakieś swoje wiersze?
— Broń Boże.
— Czemu nie?
— Chcę się tylko napić.
— W swoich książkach mówisz wiele o piciu. Uważasz, że picie pomogło ci w pisaniu?
— Nie. Jestem tylko alkoholikiem, który został pisarzem, żeby móc wylegiwać się w łóżku do południa.
Zwróciłem się do Sary.
— Nie wiedziałem, że masz tylu przyjaciół.
— Zbieg okoliczności. Rzadko bywa tu aż tyle osób.
— Cieszę się, że mamy dużo wina.
— Jestem pewna, że niedługo sobie pójdą.
Reszta gości wiodła jakieś drętwe rozmówki. Przeskakiwali z tematu na temat i przestałem słuchać. Sara prezen-

towała się dobrze. Kiedy zabierała głos, robiła to dowcipnie i inteligentnie. Była bystra. Pearl i Jack wyszli pierwsi. Potem Jean John. Po nim Pat — poeta. Ron siedział po jednej stronie Sary, ja po drugiej. Byliśmy tylko we troje. Ron nalał sobie kieliszek wina. Nie miałem do niego pretensji, ostatecznie dzielił z nią mieszkanie. Nie liczyłem na to, że go przeczekam. Był już, kiedy przyszedłem. Nalałem Sarze wina i napełniłem swój kieliszek. Kiedy go wychyliłem, powiedziałem do Sary i Rona:

— Cóż, chyba już pójdę.

— Och, nie — zaprotestowała Sara — nie tak prędko. Nie miałam okazji porozmawiać z tobą, a mam wielką ochotę.

Spojrzała na Rona.

— Rozumiesz, Ron?

— Jasne.

Wstał i poszedł na tył domu.

— Hej — powiedziałem. — Nie chcę być przyczyną jakichś głupich niesnasek.

— Jakich niesnasek?

— Między tobą i twoim współlokatorem.

— Och, między nami nic nie ma. Nic z tych rzeczy. Po prostu wynajmuje pokój na tyłach domu.

— Aha.

Usłyszałem brzdąkanie na gitarze, a potem śpiew.

— To Ron — wyjaśniła Sara.

Porykiwał i kwiczał jak zarzynana świnia. Miał tak fatalny głos, że nie wymagało to żadnych komentarzy. Śpiewał przez godzinę. Wypiliśmy z Sarą jeszcze trochę wina. Zapaliła świece.

— Masz, spróbuj beedie.

Spróbowałem. Beedie to mały brązowy papieros z Indii. Miał dobry, ostry smak. Zwróciłem się w stronę Sary i pocałowaliśmy się po raz pierwszy. Dobrze to robiła. Wieczór zapowiadał się interesująco. Drzwi otworzyły się z trzaskiem i do pokoju wszedł młody człowiek.

— Barry — zwróciła się do niego Sara — nie przyjmuję już dzisiaj więcej gości.

Drzwi ponownie trzasnęły i Barry'ego już nie było. Przewidywałem już przyszłe problemy. Jako odludek nie zniósłbym tej ciągłej krzątaniny. Nie chodziło o zazdrość, po prostu nie lubię tłumu, z wyjątkiem moich wieczorów autorskich. Ludzie mnie pomniejszają, wysysają mnie do czysta. Ludzkości! Nigdy nie byłaś wiele warta — tak mogłaby brzmieć moja dewiza.

Pocałowaliśmy się znowu. Oboje za dużo wypiliśmy. Sara otworzyła następną butelkę. Dobrze znosiła duże ilości wina. Nie mam pojęcia, o czym rozmawialiśmy. Najbardziej podobało mi się u niej to, że robiła niewiele aluzji do moich książek. Kiedy opróżniliśmy ostatnią butelkę, powiedziałem, że jestem zbyt pijany, by jechać do domu.

— Och, możesz spać w moim łóżku, ale bez seksu.
— Dlaczego?
— Seks bez małżeństwa jest niedozwolony.
— Niedozwolony?
— Drayer Baba nie pochwala czegoś takiego.
— Bóg też może się niekiedy mylić.
— Nigdy.
— Dobrze, chodźmy do łóżka.

Pocałowaliśmy się w ciemnościach. Miałem kota na tym punkcie, a Sara była jedną z najlepiej całujących się kobiet, jakie kiedykolwiek znałem. Musiałbym odbyć długą drogę z powrotem, aż do Lydii, żeby znaleźć kogoś mogącego się z nią równać. A przecież każda kobieta jest inna, każda całuje się na swój sposób. Lydia zapewne całuje w tej chwili jakiegoś skurwysyna albo jeszcze gorzej, całuje jego genitalia. Katharine śpi słodko w Austin.

Sara trzymała mego kutasa w dłoniach, pieszcząc go i głaszcząc. Potem przytuliła go sobie do cipki. Jeździła nim w górę i w dół po swojej szparce. Słuchała zaleceń swego Boga, Drayera Baby. Nie bawiłem się jej dziurką, gdyż czułem, że to obrazi Drayera. Całowaliśmy się tylko, a ona nadal pocierała kutasem o swoją cipkę. Może zresztą była to łechtaczka, sam nie wiem. Czekałem, aż wsadzi go sobie do środka. Ale nic na to nie wskazywało. Jej włoski zaczęły ocierać mnie boleśnie. Odsunąłem się.

— Dobranoc, mała — powiedziałem. Obróciłem się do niej plecami. Drayer Babo, pomyślałem, masz w tym łóżku nie lada wyznawczynię.

Rano powróciliśmy do zabawy w pocieranie — z tym samym skutkiem. Do diabła z tym, postanowiłem, nic mi po takich jałowych igraszkach.
— Chcesz się wykąpać? — spytała Sara.
— Jasne.
Poszedłem do łazienki i odkręciłem wodę. W nocy zdradziłem Sarze, że jedno z moich dziwactw polega na braniu kilku gorących kąpieli dziennie. Stara, dobra hydroterapia. Wanna Sary była pojemniejsza od mojej i woda była bardziej gorąca. Miałem metr osiemdziesiąt wzrostu, a w tej wannie mogłem się wyciągnąć na całą długość. Dawniej robiono wanny dla cesarzy, nie dla kurduplowatych urzędników bankowych.

Wszedłem do wanny i wyciągnąłem się. Coś wspaniałego. Potem wstałem i spojrzałem na swego wymęczonego przez jej włosy łonowe kutasa. Ciężkie przejścia, stary, ale niewiele brakowało. To chyba lepiej niż nic? Usiadłem i znów rozprostowałem wszystkie kości. Zadzwonił telefon. Potem cisza.

Sara zapukała do drzwi łazienki.
— Wejdź!
— Hank, dzwoni Debra.
— Debra? Skąd wiedziała, że tu jestem?
— Dzwoniła wszędzie. Mam jej powiedzieć, że oddzwonisz?
— Nie, każ jej zaczekać.

Znalazłem wielki ręcznik i owinąłem się nim w pasie. Poszedłem do pokoju. Sara rozmawiała z Debrą przez telefon.
— O, już tu jest.
Podała mi słuchawkę.
— Halo, Debra?
— Hank, gdzie byłeś?
— W wannie.
— W wannie?
— Tak.
— Co masz na sobie?

— Jestem przepasany ręcznikiem.
— Jak możesz rozmawiać przez telefon, mając na sobie tylko ręcznik?
— Właśnie to robię.
— Czy między wami do czegoś doszło?
— Nie.
— Dlaczego?
— Co dlaczego?
— Dlaczego jej nie zerżnąłeś?
— Myślisz, że wędruję z miejsca na miejsce, nie robiąc nic innego? Sądzisz, że to wszystko, na co mnie stać?
— A więc do niczego nie doszło?
— Zgadza się.
— Co?
— Do niczego nie doszło.
— Dokąd pójdziesz potem?
— Do siebie.
— Przyjdź tutaj.
— A twoje biuro?
— Już prawie odrobiłyśmy zaległości. Tessie jakoś sobie poradzi.
— Dobrze.
Odłożyłem słuchawkę.
— Jakie masz plany? — spytała Sara.
— Jadę do Debry. Obiecałem, że się zjawię za 45 minut.
— Myślałam, że zjemy razem lunch. Znam taką meksykańską knajpkę.
— Posłuchaj, ona się *zamartwia*. Jak możemy siedzieć we dwoje i paplać nad lunchem?
— Byłam pewna, że zjemy razem lunch.
— Do diabła, a kiedy zaczynasz karmić *swoich* klientów?
— Otwieram o jedenastej, a jest dopiero dziesiąta.
— W porządku, jedźmy coś zjeść.

Była to meksykańska knajpka w pseudohippisowskiej dzielnicy Hermosa Beach. Gładkie, zblazowane typy. Śmierć na plaży. Wyłącz się, weź głęboki wdech, włóż sandały i udawaj, że świat jest piękny.

Kiedy czekaliśmy na zamówione potrawy, Sara zanurzyła palec w salaterce z pikantnym sosem i oblizała go. Potem jeszcze raz. Pochyliła się nad salaterką. Kosmyki jej włosów sterczały na wszystkie strony. Raz po raz zanurzała palec w salaterce i oblizywała go.
— Posłuchaj, inni też chcą używać tego sosu. Robi mi się od tego niedobrze. Przestań!
— Za każdym razem napełniają salaterkę na nowo.
Miałem nadzieję, że rzeczywiście to robią. Potem przyniesiono jedzenie. Sara pochyliła się i zaatakowała je jak zwierzę, zupełnie jak niegdyś Lydia. Skończyliśmy jeść, wyszliśmy na zewnątrz. Sara wsiadła do mikrobusu i pojechała do swojej restauracji ze zdrową żywnością, a ja ruszyłem garbusem w stronę Playa del Rey. Dostałem szczegółowe instrukcje, jak dojechać, niezbyt może precyzyjne, ale zastosowałem się do nich i nie miałem kłopotów. Czułem się niemal zawiedziony, ponieważ wyglądało na to, że kiedy stres i szaleństwo zostaną wyeliminowane z mego codziennego życia, pozostanie niewiele, na czym można by polegać.

Wjechałem na podwórko przed domem Debry. Zauważyłem jakiś ruch za żaluzjami. Czekała na mnie. Wysiadłem z wozu, upewniłem się, że drzwiczki z obu stron są zamknięte, ponieważ skończyło mi się już ubezpieczenie. Podszedłem do drzwi i zadzwoniłem. Otworzyła mi i wyglądała na zadowoloną, że mnie widzi. Było to miłe, ale właśnie przez takie rzeczy pisarz nie wykonuje swojej pracy.

92

Nie napisałem wiele przez resztę tygodnia. Trwały wyścigi w Oaktree. Wybrałem się tam 2, 3 razy i wyszedłem na swoje. Napisałem świńskie opowiadanie dla jakiegoś seksmagazynu i kilkanaście wierszy. Onanizowałem się regularnie i co wieczór dzwoniłem do Sary i Debry. Pewnego wieczoru zatelefonowałem do Cassie i odebrał jakiś facet. Żegnaj, Cassie.

Myślałem o rozstaniach, o tym, jakie są trudne, ale zazwyczaj dopiero po rozstaniu z jedną kobietą spotykasz następną. Musiałem zakosztować wielu kobiet, żeby je naprawdę poznać, żeby w nie wejść. Na poczekaniu potrafię wymyślać postacie facetów, ponieważ jestem jednym z nich, ale niemal nie jestem w stanie opisać fikcyjnej kobiety bez poznania prawdziwej. Tak więc eksplorowałem je na miarę swoich możliwości i odkrywałem w nich istoty ludzkie. Utwory zostaną zapomniane. Utwory staną się czymś mniej ważnym od samego epizodu, jeszcze zanim on się zakończy. Utwory są tylko osadem. Facet nie musi mieć kobiety, aby poczuć się tak realnym, jak tylko potrafi, ale dobrze jest znać kilka panienek. Wówczas, kiedy romans zacznie się psuć, poczuje, co znaczy być prawdziwie samotnym i zbzikowanym. I tylko w ten sposób zrozumie, z czym przyjdzie mu się zmierzyć, gdy nadejdzie jego własny koniec.

Traktowałem sentymentalnie wiele rzeczy: kobiece pantofelki pod łóżkiem; spinkę do włosów pozostawioną za toaletką; sposób, w jaki zapowiadają: „Idę się wysiusiać..."·;

wstążki do włosów; spacery we dwoje po bulwarze o wpół do drugiej w nocy; długie wspólne balangi, palenie i rozmowy; kłótnie i sprzeczki; myśli o samobójstwie; wspólne posiłki w miłej atmosferze; dowcipy, śmiech bez powodu; marzenia o niebieskich migdałach; siedzenie we dwoje w zaparkowanym samochodzie; porównywanie dawnych miłości o trzeciej nad ranem; wyrzuty, że chrapię; ich chrapanie; ich matki, córki, synów, koty i psy; raz śmierć, innym znów razem rozwód; kontynuowanie romansu po rozstaniu z nadzieją na ostateczny sukces; czytanie w samotności gazety w jakiejś knajpce i uczucie mdłości, bo ona wyszła za dentystę z ilorazem inteligencji 95; tory wyścigowe, parki, pikniki w parkach; nawet więzienia; jej głupawych przyjaciół, swoich głupawych przyjaciół; twoje picie, jej tańce; twoje flirty, jej flirty; jej pigułki; twoje skoki w bok, jej numery na stronie; sypianie razem...

Trudno ferować wyroki, ale z konieczności trzeba dokonywać wyboru. Życie poza dobrem i złem dobrze brzmi w teorii, ale jeśli chce się dalej żyć, potrzebna jest selekcja: niektóre były milsze od innych, inne po prostu bardziej zainteresowane twoją osobą, a niekiedy te na zewnątrz piękne i w środku zimne także okazywały się niezbędne, choćby dla rozrywki, potrzebnej jak jakiś zasrany film. Te milsze naprawdę lepiej się pieprzyły, a kiedy byłeś z nimi przez jakiś czas, wydawały się piękniejsze. Bo też i w istocie były. Pomyślałem o Sarze, miała to coś szczególnego. Gdyby tylko nie istniał Drayer Baba ze znakiem STOP w ręce.

Nadeszły urodziny Sary, 11 listopada, Dzień Kombatantów. Ponownie spotkaliśmy się dwa razy, raz u niej, raz u mnie. Towarzyszyło nam wielkie poczucie radości i nadziei. Była dziwna, ale oryginalna i pomysłowa. Można by nawet mówić o szczęściu, z wyjątkiem łóżka, w którym żarzył się ogień, ale Drayer Baba nie dopuszczał do zbliżenia. Przegrywałem bitwę z Bogiem.

— Seks nie jest aż taki ważny — poinformowała mnie.

Poszedłem do egzotycznej restauracji na rogu Hollywood Boulevard i Fountain Avenue — U Cioci Bessie. Kelnerzy byli obrzydliwymi typami. Młodzi, czarni i biali chłopcy o wysokiej inteligencji, którą zamienili na snobizm. Zadzierali nosa, ignorowali i obrażali klientów. Pracujące tam kobiety miały obfite kształty. Rozmarzone, jakby nieobecne, nosiły obszerne, luźne bluzki i zwieszały głowy, jakby pozostawały w jakimś stanie ospałego zażenowania. A klienci przypominali siwowłose mimozy: znosili te obelgi i przychodzili po następne. Obsługa nie dała mi się we znaki, więc pozwoliłem im łaskawie przeżyć jeszcze jeden dzień.

Kupiłem Sarze prezent urodzinowy, którego głównym składnikiem był ekstrakt pszczeli, to znaczy mózgi wielu pszczół wyciągnięte igłą z ich łebków. Miałem wiklinowy koszyk i w nim, oprócz pszczelego ekstraktu, umieściłem pałeczki do jedzenia, sól z wody morskiej, dwa granaty wyhodowane w naturalnych warunkach, dwa jabłka, także naturalne, oraz nasiona słonecznika. Jednak najważniejszy był ten koncentrat z pszczół, który sporo kosztował. Sara często wspominała, że chciałaby spróbować czegoś takiego. Powiedziała, że nie stać jej na to.

Pojechałem do Sary. Miałem ze sobą kilka butelek wina. Prawdę mówiąc, jedną z nich wysączyłem już w trakcie golenia. Goliłem się rzadko, ale zrobiłem to z okazji urodzin Sary i Dnia Kombatantów. Sara jest dobrą kobietą. Ma uroczą psychikę i, o dziwo, jej abstynencja seksualna jest całkiem zrozumiała. Respektowałem jej punkt widzenia — zasadę, że warto zachować dziewictwo dla dobrego faceta. Nie twierdzę, że jestem dobrym facetem, ale jej rzucająca się w oczy klasa prezentowałaby się znakomicie obok mojej rzucającej się w oczy klasy gdzieś w snobistycznej paryskiej kawiarni, gdy już w końcu stanę się sławny. Sara jest miłą, spokojną intelektualistką, a co najważniejsze, ma tę szaloną domieszkę rudego odcienia w swych złotych włosach. Zupełnie jakbym szukał włosów tej barwy od dziesięcioleci, a może jeszcze dłużej.

Zatrzymałem się w barze na autostradzie Pacific Coast i wypiłem podwójną wódkę z 7-Up. Martwiłem się o Sarę. Nadal utrzymywała, że małżeństwo jest warunkiem seksu. I wierzyłem, że mówi serio. Bez wątpienia postanowiła żyć w czystości. A przecież potrafiłem sobie również wyobrazić, że zaspokaja się na sto sposobów i że z pewnością nie jestem pierwszym, którego kutas jest ocierany do żywego o jej cipkę. Domyślałem się, że jest tak samo zdezorientowana jak wszyscy. Pozostawało dla mnie tajemnicą, dlaczego przystaję na jej szczególne upodobania. Nie liczyłem nawet specjalnie na to, że ją zmęczę i zmuszę do poddania się. Nie zgadzałem się z jej poglądami, ale mimo to ją lubiłem. Może zanadto się rozleniwiłem. Może miałem dość seksu. Może w końcu się starzeję. Wszystkiego najlepszego w dniu urodzin, Saro.

Zajechałem pod jej dom i wniosłem koszyk pełen zdrowych wiktuałów. Sara była w kuchni. Odstawiłem wino i koszyk.

— Tu jesteś, Saro!

Wyszła z kuchni. Rona nie było, ale ona rozkręciła na cały regulator jego stereo. Zawsze nienawidziłem sprzętu grającego. Kiedy człowiek mieszka w biednych dzielnicach, wiecznie słyszy hałasy innych, nie wyłączając odgłosów kopulacji, ale najbardziej daje się we znaki to, że jest się zmuszonym godzinami słuchać *ich* muzyki, tych rzygawicznych odgłosów, atakujących uszy z całą mocą. W dodatku ludzie zwykle zostawiają otwarte okna, jakby w przeświadczeniu, że to, co podoba się im, spodoba się też i tobie.

Sara nastawiła Judy Garland. Lubiłem trochę Judy, zwłaszcza jej występ w nowojorskiej Metropolitan Opera. Ale teraz wydała mi się cholernie głośna, gdy wykrzykiwała te swoje sentymentalne bzdury.

— Na Boga, Saro, *ścisz to!*

Ściszyła, ale nie za bardzo. Otworzyła butelkę wina i usiedliśmy naprzeciw siebie przy stole. Czułem się dziwnie poirytowany. Sara sięgnęła do koszyka i znalazła ekstrakt pszczeli. Ucieszyła się. Zdjęła pokrywkę i spróbowała odrobinkę.

— To koncentrat — powiedziała. — Sama esencja. Chcesz trochę?

— Nie, dziękuję.

— Zrobię kolację.

— Świetnie. Ale chyba powinienem zaprosić cię do restauracji.
— Już zaczęłam ją przygotowywać.
— Dobrze.
— Potrzebne mi masło. Będę musiała wyjść do sklepu. Potrzebuję też na jutro ogórków i pomidorów do restauracji.
— Sam kupię wszystko. To twoje urodziny.
— Jesteś pewien, że nie chcesz spróbować ekstraktu z pszczół?
— Nie, dziękuję.
— Nie wyobrażasz sobie, ile trzeba było pszczół, żeby napełnić ten słoik.
— Wszystkiego najlepszego. Pójdę po zakupy.

Napiłem się wina, wsiadłem do garbusa i pojechałem do małego sklepu spożywczego. Znalazłem masło, ale ogórki i pomidory były pomarszczone i wyglądały na stare. Zapłaciłem za masło i pojechałem poszukać większego magazynu. Znalazłem taki, kupiłem jarzyny i wróciłem do Sary. Idąc podjazdem do jej domu, znów usłyszałem głośną muzykę. Zbliżając się coraz bardziej, zacząłem się wkurzać; nerwy miałem napięte do granic ostateczności, a potem nagle puściły mi całkowicie. Wszedłem do domu tylko z masłem, zostawiając ogórki i pomidory w samochodzie. Nie wiem, co nastawiła, ale muzyka była tak głośna, że nie rozróżniałem dźwięków.

Sara wyszła z kuchni.
— NIECH CIĘ SZLAG! — krzyknąłem.
— Co mówisz? — spytała.
— NIC NIE SŁYSZĘ!
— Co takiego?
— TO PIERDOLONE STEREO GRA ZA GŁOŚNO! NIE ROZUMIESZ?
— Co?
— IDĘ SOBIE!
— Nie!

Odwróciłem się i wyszedłem, trzaskając drzwiami. Podszedłem do garbusa i zauważyłem torbę z pomidorami i ogórkami, o której zapomniałem. Wziąłem ją i wróciłem na podjazd. Spotkaliśmy się w połowie drogi.

Wcisnąłem jej torbę.
— Masz.
Odwróciłem się i ruszyłem do samochodu.
— Ty parszywy sukinsynu! — krzyknęła za mną.
Rzuciła we mnie torbą. Trafiła mnie w środek pleców.
Odwróciła się i wbiegła do domu. Spojrzałem na pomidory i ogórki rozrzucone na ziemi w świetle księżyca. Przez chwilę miałem zamiar je pozbierać, ale odwróciłem się tylko na pięcie i odszedłem.

93

Wieczór autorski w Vancouverze miał dojść do skutku, 500 dolców plus przelot i zakwaterowanie. Mój sponsor, Bart McIntosh, denerwował się sprawą przekroczenia granicy. Miałem polecieć do Seattle, gdzie mieliśmy się spotkać i przekroczyć razem granicę samochodem, a po imprezie miałem wrócić samolotem z Vancouveru do Los Angeles. Nie bardzo rozumiałem, o co chodzi, ale się zgodziłem.

I tak znów znajdowałem się w powietrzu, popijając podwójną wódkę z 7-Up. Obok mnie siedzieli handlowcy i biznesmeni. Miałem ze sobą małą walizeczkę z zapasowymi koszulami, bielizną, skarpetami, kilkoma tomikami poezji i maszynopisami kilkunastu nowych wierszy. Do tego pasta i szczoteczka do zębów. To absurdalne tak lecieć gdzieś tylko po to, żeby dostać forsę za czytanie wierszy. Nigdy tego nie lubiłem i nie mogłem pogodzić się z tym, jakie to głupie. Harować jak wół do pięćdziesiątki, wykonując bezsensowne, źle opłacane zajęcia, a potem nagle latać sobie po kraju niczym truteń, z drinkiem w ręku.

McIntosh czekał w Seattle. Wsiedliśmy do jego samochodu. Jazda była przyjemna, ponieważ żaden z nas nie mówił zbyt wiele. Mój wieczór sponsorowała osoba prywatna, co wolałem od sponsorowania przez uniwerki. Uniwersytety bały się poetów wywodzących się ze slumsów, ale z drugiej strony ciekawość nie pozwalała im pominąć któregoś z nich.

Długo czekaliśmy na granicy, ponieważ w korku stało ze sto samochodów. Straż graniczna nie spieszyła się. Od czasu do czasu ściągali jakiś stary wóz na bok, ale przeważnie zadawali tylko jedno, dwa pytania i kazali jechać dalej. Nie mogłem zrozumieć paniki McIntosha z powodu całej tej procedury.

— Stary — powiedział. — Udało się!

Vancouver leżał niedaleko. McIntosh zajechał pod hotel, który sprawiał dobre wrażenie. Stał tuż nad oceanem. Dostaliśmy klucz i wjechaliśmy na górę. Pokój był całkiem przyjemny, wyposażony w lodówkę, do której jakaś dobra duszyczka wstawiła piwo.

— Napij się — zaproponowałem.

Siedzieliśmy, sącząc piwo.

— W zeszłym roku był tu Creeley — powiedział.

— Naprawdę?

— To coś w rodzaju spółdzielczego, samofinansującego się centrum sztuki. Mają wielu członków płacących słone składki, wynajmują lokale biurowe i tak dalej. Wszystkie bilety na twój występ już sprzedano. Silvers stwierdził, że mógłby zarobić kupę szmalu, gdyby podniósł ich cenę.

— Kto to jest Silvers?

— Myron Silvers, jeden z dyrektorów.

Dochodziliśmy do nudnych szczegółów.

— Mogę pokazać ci miasto — zaproponował McIntosh.

— Nie trzeba. Przejdę się sam.

— A co z kolacją? Na koszt sponsora.

— Wystarczy mi kanapka. Nie jestem aż taki głodny.

Wykombinowałem sobie, że jeśli wyciągnę go do miasta, będę mógł go zostawić, kiedy tylko skończymy jeść. Nie twierdzę, że był złym facetem, ale większość ludzi po prostu mnie nie interesuje.

Znaleźliśmy knajpkę o kilka przecznic od hotelu. Vancouver jest bardzo czystym miastem i ludzie nie mają tego zimnego spojrzenia, tak typowego dla wielkich metropolii. Podobała mi się ta restauracja. Kiedy jednak spojrzałem na kartę, zauważyłem, że ceny są o jakieś 40 procent wyższe niż w mojej dzielnicy Los Angeles. Wziąłem kanapkę z pieczenią wołową i jeszcze jedno piwo.

Dobrze jest znaleźć się poza granicami Stanów. Widać ogromną różnicę. Kobiety prezentują się lepiej, wszystko jest spokojniejsze, mniej fałszywe. Skończyłem kanapkę i McIntosh odwiózł mnie do hotelu. Zostawiłem go w samochodzie i pojechałem windą na górę. Wziąłem prysznic i nie chciało mi się znowu ubierać. Stanąłem przy oknie i patrzyłem na wodę. Jutro wieczorem będzie już po wszystkim, zgarnę ich forsę i w południe znajdę się w powietrzu.

Szkoda. Wypiłem jeszcze kilka butelek piwa i poszedłem spać.

Zawieźli mnie na miejsce o godzinę wcześniej. Na scenie śpiewał jakiś młody chłopak. Publiczność gadała podczas jego występu, butelki pobrzękiwały, słychać było śmiechy. Rozgrzany, pijany tłumek, mój typ publiki. Popijaliśmy za kulisami: McIntosh, Silvers, ja i paru innych.

— Jest pan pierwszym od dłuższego czasu poetą płci męskiej, jakiego tu gościmy — powiedział Silvers.

— Co pan ma na myśli?

— To, że mieliśmy całą serię pedałów. To miła odmiana.

— Dzięki.

Dałem z siebie wszystko. Pod koniec byłem już zalany w dym, podobnie jak oni. Sprzeczaliśmy się, warczeliśmy na siebie, ale przeważnie wszystko było, jak należy. Dostałem czek przed występem, co mi z pewnością pomogło.

Potem odbyło się przyjęcie w wielkim domu. Po godzinie czy dwóch znalazłem się między dwoma kobietami. Jedna była blondynką, wyglądała jak wyrzeźbiona z kości słoniowej, miała piękne oczy i ciało. Była ze swoim chłopakiem.

— Chinaski — powiedziała po jakimś czasie. — Idę z tobą.

— Chwileczkę. Jesteś z chłopakiem.

— Kurwa mać. *To zero!* Idę z tobą!

Przyjrzałem się temu chłopcu. Miał łzy w oczach. Drżał. Biedak był zakochany.

Z drugiej strony siedziała zgrabna brunetka. Miała równie dobre ciało, chociaż nie tak atrakcyjną twarz.

— Chodź ze mną — zaproponowała.

— Nie słyszałeś? Zabierz mnie ze sobą — przerwała ta pierwsza.

— Poczekaj chwilkę — przeprosiłem ciemnowłosą.

Obróciłem się w stronę natarczywej blondynki.

— Posłuchaj, jesteś piękna, ale nie mogę z tobą iść. Nie chcę skrzywdzić twojego przyjaciela.

— Pierdol tego skurwysyna. Jest gówno wart.

Ciemnowłosa dziewczyna pociągnęła mnie za ramię.

— Weź mnie ze sobą teraz, bo inaczej sobie pójdę.

— W porządku. Chodźmy.

Odnalazłem McIntosha. Nie wyglądał na zbyt zajętego. Pewnie nie lubi przyjęć.

— Chodź, Mac, zawieź nas do hotelu.

Kolejne litry piwa. Ciemnowłosa dziewczyna nazywała się Iris Duarte. Była półkrwi Indianką i powiedziała, że pracuje jako tancerka. Najbardziej lubi taniec brzucha. Wstała i potrząsnęła nim. Rzeczywiście umiała to robić.

— Potrzebny jest odpowiedni kostium, żeby uzyskać pełny efekt — powiedziała.

— Mnie on niepotrzebny.

— Mam na myśli, że *ja* go potrzebuję, żeby to dobrze wyglądało, rozumiesz.

Wyglądała na Indiankę. Miała indiański nos i usta, jakieś 23 lata, ciemnobrązowe oczy, mówiła cicho. Do tego to wspaniałe ciało. Czytała kilka z moich książek. *Hura!*

Piliśmy jeszcze przez godzinę, po czym poszliśmy do łóżka. Wylizałem ją, ale kiedy jej wsadziłem, nic z tego nie wyszło. Wielka szkoda.

Rano umyłem zęby, spryskałem twarz zimną wodą i wróciłem do łóżka. Zacząłem bawić się jej cipką. Zrobiła się mokra. Ja też. Położyłem się na niej. Wbiłem się w nią, myśląc o tym ciele — tak pięknym i młodym. Wzięła wszystko, co mogłem jej dać. Był to dobry numer, wręcz bardzo dobry. Później Iris poszła do łazienki.

Wyciągnąłem się wygodnie, myśląc o tym, jakie to było przyjemne. Iris wróciła i wsunęła się z powrotem do łóżka. Nie rozmawialiśmy. Minęła godzina, a potem zrobiliśmy to jeszcze raz.

Ubraliśmy się. Dała mi swój adres i numer telefonu, ja podałem jej swoje namiary. Chyba naprawdę przypadłem jej do gustu. Po kwadransie zapukał do drzwi McIntosh. Zawieźliśmy Iris na skrzyżowanie w pobliżu lokalu, w którym pracowała. Okazało się, że tak naprawdę pracuje jako kelnerka. Taniec brzucha to tylko jej hobby. Pocałowałem ją na do widzenia. Wysiadła. Odwróciła się jeszcze i pomachała mi. Przyglądałem się jej ciału, kiedy odchodziła.

— Chinaski zalicza kolejną panienkę — zauważył McIntosh, kierując się w stronę lotniska.
— Nie przejmuj się tym.
— Też miałem trochę szczęścia.
— Tak?
— Tak. Zaliczyłem twoją blondynkę.
— Co takiego?
— Mówię serio. — Roześmiał się.
— Zawieź mnie na lotnisko, ty skurczybyku!

Na trzy dni wróciłem do Los Angeles. Miałem tego wieczoru randkę z Debrą. Zadzwonił telefon.
— Hank, tu *Iris*!
— Och, Iris, co za niespodzianka! Co słychać?
— Hank, lecę do Los Angeles, żeby się z tobą zobaczyć!
— Świetnie. Kiedy?
— W środę przed Świętem Dziękczynienia.
— Przed Świętem Dziękczynienia?
— I mogę zostać do następnego poniedziałku!
— W porządku.
— Masz pod ręką pióro? Podam ci numer lotu.

Tego wieczoru zjedliśmy z Debrą kolację w przyjemnej knajpce nad morzem. Stoliki nie były stłoczone, a lokal specjalizował się we frutti di mare. Zamówiliśmy butelkę białego wina i czekaliśmy na jedzenie. Debra wyglądała lepiej niż ostatnio, ale powiedziała mi, że natłok pracy zaczyna ją przerastać. Miała zamiar przyjąć jeszcze jedną dziewczynę. A trudno znaleźć kogoś na poziomie. Ludzie są tacy niekompetentni.

— Owszem — przyznałem.
— Sara odezwała się do ciebie?
— Zadzwoniłem do niej. Mieliśmy drobną sprzeczkę. Załagodziłem ją jakoś.
— Widziałeś się z nią po powrocie z Kanady?
— Nie.
— Zamówiłam wielkiego indyka na Święto Dziękczynienia. Potrafisz go pokroić?
— Jasne.
— Nie pij dzisiaj za dużo. Wiesz, co się dzieje, kiedy przeholujesz. Stajesz się mokrą kluchą.
— W porządku.

Debra pochyliła się i dotknęła mojej ręki.
— Moja kochana, słodka, stara, mokra klucha!

Kupiłem tylko jedną butelkę wina na wieczór po kolacji. Piliśmy je wolno, siedząc w jej łóżku i oglądając telewizję na ogromnym odbiorniku. Pierwszy oglądany program był do niczego. Drugi trochę lepszy. Rzecz dotyczyła zboczeńca seksualnego i nierozgarniętego parobka. Szalony lekarz przeszczepił głowę zboczeńca parobkowi i jego tułów z dwiema głowami wymknął się na wolność; biegał po okolicy i dopuszczał się najróżniejszych okropieństw. Ten film wprawił mnie w dobry humor.

Po butelce wina i dwugłowym chłopaku wsadziłem Debrze i dla odmiany miałem trochę szczęścia. Długo galopowałem, wypróbowując nieoczekiwane zmiany rytmu i inne nowinki, zanim w końcu wytrysnąłem w niej.

Rano Debra poprosiła mnie, żebym został do jej powrotu z pracy. Obiecała, że zrobi dobrą kolację. Zgodziłem się. Próbowałem pospać po jej wyjściu, ale nie mogłem. Martwiło mnie zbliżające się Święto Dziękczynienia i to, jak jej mam powiedzieć, że nie przyjdę. Nie dawało mi to spokoju. Wstałem z łóżka i kręciłem się w kółko po pokoju. Wykąpałem się. Nic nie pomagało. Może Iris zmieni plany, może jej samolot się rozbije. Zadzwoniłbym wtedy do Debry w świąteczny poranek i oznajmił, że mimo wszystko przyjdę.

Spacerowałem po pokoju, czując się coraz gorzej. Może to dlatego, że zostałem, zamiast iść do domu. Zupełnie jakbym chciał przedłużyć agonię. Co ze mnie za kutas? Bez wątpienia stać mnie na różne paskudne zagrywki nie z tej ziemi. Co mną powoduje? Czy próbuję wyrównać jakieś stare rachunki? Czy mogę nadal wmawiać sobie, że chodzi o literackie studia nad kobiecą naturą? Po prostu pozwalam, żeby sprawy biegły swoim torem, nie zastanawiając się nad nimi. Nie biorę pod uwagę niczego prócz swojej egoistycznej, taniej przyjemności. Przypominam rozpuszczonego bachora z ogólniaka. Jestem gorszy od pierwszej z brzegu kurwy. Dziwka bierze twoją forsę i nic poza tym. Ja eksperymentuję z życiem i duszą innych, jakby były moimi zabawkami. Jak mogę nazywać się człowiekiem? Jak mogę pisać wiersze? Z czego się składam? Jestem markizem de Sade dla ubogich, pozbawionym jego intelektu. Morderca jest bardziej bezpośredni i uczciwszy ode mnie. Albo gwałciciel. Nie chciałbym, żeby ktoś zabawiał się z *moją* duszą, wyśmiewał ją i obsikiwał. Przynajmniej *tego jednego* jestem pewien. Przecież nie jestem bogiem. Czułem to, chodząc z miejsca na miejsce po dywanie. *Jestem nic niewart.* Najgorsze, że podaję się za kogoś, kim nie jestem — za uczciwego człowieka. Jestem w stanie wkraczać w życie innych ludzi dzięki ich zaufaniu do mnie. Idę na łatwiznę, wykonując swoją ohydną robotę. Wciąż gromadzę materiał do *Miłosnych opowieści hieny*.

Stałem na środku pokoju, zaskoczony własnymi myślami. Stwierdziłem nagle, że siedzę na skraju łóżka i płaczę. Łzy spływały mi po palcach. W głowie mi się kotłowało, chociaż czułem, że jestem przy zdrowych zmysłach. Nie mogłem zrozumieć, co się ze mną dzieje. Podniosłem słuchawkę i zadzwoniłem do gospody Sary.

— Jesteś zajęta? — spytałem.

— Nie, przed chwilą otworzyłam. Nic ci nie jest? Masz taki dziwny głos.

— Osiągnąłem dno.
— O co chodzi?
— Wiesz, obiecałem Debrze, że spędzę z nią Święto Dziękczynienia. Ona bardzo na to liczy. Ale teraz coś się wydarzyło.
— Co takiego?
— Nie mówiłem ci o tym. Wiesz, nie spaliśmy ze sobą. Seks zmienia nieco stosunki między ludźmi.
— Co się stało?
— Spotkałem w Kanadzie pewną tancerkę.
— Tak? Zakochałeś się?
— Nie, nic podobnego.
— Poczekaj, mam klienta. Możesz nie odkładać słuchawki?
— W porządku.

Siedziałem ze słuchawką przy uchu. Wciąż byłem bez ubrania. Spojrzałem w dół na swojego penisa: *ty nędzny skurwysynu*! Czy wiesz, ile zgryzot wywołujesz swymi prymitywnymi pragnieniami?

Siedziałem tak przez pięć minut. Była to rozmowa międzymiastowa. Przynajmniej obciąży rachunek Debry.

— Już jestem — powiedziała Sara. — Mów dalej.
— No więc, będąc w Vancouverze, powiedziałem tej tancerce, żeby odwiedziła mnie kiedyś w Los Angeles.
— I co?
— Jak ci już mówiłem, obiecałem Debrze, że spędzę z nią Święto Dziękczynienia...
— Mnie też obiecałeś.
— Naprawdę?
— No cóż, *byłeś pijany*. Powiedziałeś, że jak każdy Amerykanin nie lubisz spędzać świąt w samotności. Pocałowałeś mnie i spytałeś, czy moglibyśmy spędzić Święto Dziękczynienia razem.
— Przykro mi, ale nie pamiętam...
— Nie szkodzi. Poczekaj, wszedł nowy klient.

Położyłem słuchawkę i poszedłem przyrządzić sobie coś do picia. Wracając do sypialni, ujrzałem w lustrze swój obwisły bęben. Był paskudny, wręcz obsceniczny. Dlaczego kobiety mnie tolerują?

Jedną ręką trzymałem słuchawkę przy uchu, drugą unosiłem kieliszek z winem do ust. Sara odezwała się ponownie.

— Już dobrze. Opowiadaj.

— Dobrze. A więc tak: tancerka zadzwoniła do mnie wczoraj wieczorem. Tak naprawdę to nie jest tancerką, tylko kelnerką. Powiedziała, że przylatuje spędzić ze mną Święto Dziękczynienia. W jej głosie było tyle szczęścia...

— Powinieneś był jej powiedzieć, że masz już inne zobowiązania.

— Nie zrobiłem tego.

— Zabrakło ci odwagi.

— Iris ma takie piękne ciało.

— Są w życiu jeszcze inne rzeczy oprócz pięknych ciał.

— Tak czy inaczej teraz muszę powiedzieć Debrze, że nie mogę z nią spędzić Święta Dziękczynienia, i nie wiem, jak to zrobić.

— Gdzie jesteś?

— W łóżku Debry.

— A gdzie ona?

— W pracy.

Nie mogłem powstrzymać szlochu.

— Jesteś tylko dużym mazgajem.

— Wiem. Ale muszę jej powiedzieć. Doprowadza mnie to do szaleństwa.

— Sam wpakowałeś się w tę kabałę. Sam będziesz musiał się z niej wyplątać.

— Pomyślałem, że mi pomożesz, poradzisz, co mam robić.

— Chcesz, żebym zmieniła ci pieluszki? Mam do niej zadzwonić *w twoim imieniu*?

— Nie, już w porządku. Jestem mężczyzną. *Zadzwonię do niej sam*. Zrobię to zaraz. Powiem jej prawdę. Skończę z tą kurewską sytuacją!

— To dobrze. Daj mi znać, jak poszło.

— Chodzi o moje dzieciństwo, rozumiesz. Nie wiedziałem, co to takiego miłość...

— Zadzwoń później.

Sara odłożyła słuchawkę.

Nalałem następny kieliszek wina. Nie mogłem pojąć, co się stało z moim życiem. Prysł gdzieś wyrafinowany smak, światowe obycie, szczelna skorupa ochronna. Straciłem poczucie humoru w obliczu problemów innych ludzi. Pragnąłem je teraz odzyskać. Chciałem, żeby wszystko szło mi jak z płatka. Ale wiedziałem jednocześnie, że nie da się tego tak łatwo osiągnąć, przynajmniej nie od razu. Pisane mi było poczucie winy i bezradności.

Próbowałem powiedzieć sobie, że poczucie winy jest tylko swego rodzaju chorobą, że tylko ludzie *pozbawieni* wyrzutów sumienia posuwają świat naprzód. Ludzie, którzy potrafią kłamać, oszukiwać, znają wszystkie skróty. Na przykład Cortez. Z nikim się nie certolił. Tak samo Vince Lombardi. Ale bez względu na to, ile o tym myślałem, nadal czułem się fatalnie. Postanowiłem z tym skończyć. Byłem gotów. Jak w konfesjonale. Stanę się znów katolikiem. Dalej, pozbyć się tego, wyrzucić z siebie, w oczekiwaniu na rozgrzeszenie. Dokończyłem wino i wykręciłem numer służbowy Debry.

Telefon odebrała Tessie.

— Cześć, mała. Mówi Hank! Jak leci?

— Wszystko pod kontrolą, Hank. Co u ciebie?

— W porządku. Posłuchaj, nie jesteś na mnie wkurzona, prawda?

— Nie, Hank. To było dość paskudne, he, he, he, ale i przyjemne. To teraz nasz sekret.

— Dzięki. Wiesz, tak naprawdę ja nie...

— Wiem.

— Posłuchaj, chciałem rozmawiać z Debrą. Jest tam?

— Nie, jest w sądzie, protokołuje.

— Kiedy wróci?

— Zwykle po wizycie w sądzie nie wraca już do biura. Gdyby jednak wróciła, mam jej coś przekazać?

— Nie, Tessie, dziękuję ci.

To mnie dobiło. Nie mogłem nawet naprawić wyrządzonego zła. Nici z odpuszczenia grzechów. Brak łączności. Mam pewnie Wrogów tam, Wysoko w Górze.

Napiłem się jeszcze wina. Byłem gotów oczyścić atmosferę i wyjawić wszystko. A teraz muszę się z tym męczyć. Czułem się coraz gorzej. Depresja, a nawet samobójstwo, to często wynik niewłaściwej diety. A przecież odżywiam się dobrze. Przypomniały mi się dawne czasy, kiedy potrafiłem przeżyć dzień o jednym batoniku, wysyłając pisane ręcznie opowiadania do „Atlantic Monthly" i „Harpera". Myślałem wyłącznie o jedzeniu. Jeśli ciało się nie odżywia, umysł również głoduje. Ale ostatnio dla odmiany jadałem wręcz wystawnie i pijałem cholernie dobre wino. A to musi oznaczać, że moje myśli z całą pewnością są odbiciem *prawdy*. Każdy uważa się za kogoś wyjątkowego, uprzywilejowanego, predestynowanego do wyższych celów. Nawet ohydny stary pierdoła podlewający chryzantemy na ganku. Wyobrażałem sobie, że jestem wyjątkowy, ponieważ w wieku 50 lat wydostałem się z fabryk i zostałem poetą. Zasranym ważniakiem. Tak więc olewam teraz wszystkich, tak samo jak moi szefowie i kierownicy olewali mnie, kiedy to ja byłem bezradny. Sprowadza się to do tego samego. Jestem zapijającym się, zepsutym, przegniłym palantem, który uznał za powód do chwały swą niewielką, wręcz znikomą popularność.

Ta autoanaliza nie uleczyła moich ran.

Zabrzęczał telefon. Odezwała się Sara.

— Obiecałeś do mnie zadzwonić. Co się stało?
— Nie było jej w biurze.
— Nie?
— Jest w sądzie.
— Co masz zamiar zrobić?
— Poczekam. I wszystko jej powiem.
— To dobrze. Nie powinnam była ci tyle nagadać.
— Nie szkodzi. *Chcę* się jeszcze z tobą spotkać.
— Kiedy? Po tej tancerce?
— No, tak.
— Dzięki, ale nie. Wielkie dzięki.
— Zadzwonię do ciebie.
— Dobrze. Upiorę ci pieluchy.

Popijałem wino i czekałem. Trzecia, czwarta, piąta. W końcu pomyślałem, że pora się ubrać. Siedziałem z kieliszkiem w dłoni, kiedy samochód Debry zatrzymał się przed domem.

Czekałem. Otworzyła drzwi. Miała w ręku torbę z zakupami. Wyglądała bardzo dobrze.
— Cześć! — powiedziała. — Jak tam się miewa moja dzielna mokra klucha?
Podszedłem do niej i objąłem ją. Zacząłem drżeć i rozpłakałem się. Upuściła torbę z zakupami. Nasza kolacja. Przytuliłem Debrę do siebie. Płakałem. Łzy płynęły mi z oczu jak wino. Nie mogłem się powstrzymać. Większa część mego jestestwa naprawdę to przeżywała, reszta miała ochotę zwiać gdzie pieprz rośnie.
— Hank, co się stało?
— Nie mogę spędzić z tobą Święta Dziękczynienia.
— Dlaczego? Co się stało?
— Chodzi o to, że jestem WIELKIM KAWAŁEM GÓWNA!
Poczucie winy dosłownie wywracało mi wnętrzności i wstrząsnął mną gwałtowny spazm. Straszliwie zabolało.
— Pewna tancerka przylatuje z Kanady, żeby spędzić ze mną Święto Dziękczynienia.
— Tancerka?
— Tak.
— Jest ładna?
— Tak. Przepraszam. Bardzo mi *przykro*.
Debra odepchnęła mnie.
— Daj mi rozpakować zakupy.
Podniosła torbę i poszła do kuchni. Słyszałem, jak otwiera i zamyka drzwi lodówki.
— Wychodzę, Debro.
Z kuchni nie dolatywał żaden dźwięk. Otworzyłem drzwi i wyszedłem. Wsiadłem do swego garbusa. Włączyłem radio, zapaliłem światła i pojechałem w stronę Los Angeles.

94

Środowy wieczór zastał mnie na lotnisku, czekałem na Iris. Siedziałem, przyglądając się kobietom. Żadna z nich — z wyjątkiem jednej lub dwóch — nie wyglądała tak dobrze jak ona. Coś ze mną jest nie tak: naprawdę myślę zbyt wiele o seksie. Każdą kobietę wyobrażałem sobie ze mną w łóżku. Interesujący sposób zabicia czasu oczekiwania na lotnisku. KOBIETY. Podobają mi się jaskrawe barwy ich ubrań, podoba mi się ich chód. I to okrucieństwo dostrzeżone naraz na twarzy którejś z nich. I niemal czyste piękno na innej twarzy, tak bardzo, tak zniewalająco kobiecej. Mają nad nami przewagę: potrafią dokładniej wszystko sobie obmyślić, są lepiej zorganizowane. Kiedy faceci oglądają mecze futbolowe, popijają piwo lub grają w kręgle, to one, kobiety, myślą o nas w skupieniu, uczą się mężczyzn i podejmują decyzje — czy nas zaakceptować, porzucić, wymienić, zabić czy po prostu opuścić. W ostatecznym rozrachunku nie ma to większego znaczenia; cokolwiek zrobią, i tak czeka nas jedynie samotność i szaleństwo.

Kupiłem dla Iris i dla siebie ośmiokilogramowego indyka. Rozmrażał się w zlewie. Święto Dziękczynienia — dowód na to, że udało ci się przeżyć kolejny rok mimo wojen, inflacji, bezrobocia, smogu, prezydentów. Oznacza to wielkie neurotyczne zgromadzenie klanów: hałaśliwych pijaczków, babć, sióstr, rozkrzyczanych dzieciaków, przyszłych samobójców. Wystrzegajcie się niestrawności. Nie różnię się od innych: w moim zlewie leży ośmiokilogramowy indyk, martwy, oskubany i wypatroszony. Iris upiecze go dla mnie.

Tego popołudnia otrzymałem list. Wyjąłem go z kieszeni i ponownie przeczytałem. Wysłano go z Berkeley.

Szanowny Panie Chinaski!
Nie zna mnie Pan, ale jestem atrakcyjną laleczką. Chodziłam z marynarzami i jednym kierowcą ciężarówki, ale mnie nie zadowalają. Chodzi mi o to, że pieprzymy się i nic poza tym się nie dzieje. Te skurwysyny nie mają za grosz indywidualności. Mam 22 lata i 5-letnią córeczkę Aster. Mieszkam z jednym facetem, ale nie żyjemy ze sobą, po prostu mieszkamy razem. Na imię ma Rex. Chciałabym przyjechać do Pana. Moja mama zaopiekowałaby się Aster. Załączam swoją fotkę. Proszę napisać, czy miałby Pan ochotę się ze mną spotkać. Czytałam kilka Pańskich książek. Trudno je znaleźć w księgarni.
Podoba mi się w Pańskich utworach to, że tak łatwo Pana zrozumieć. I jest Pan zabawny.
Pozdrowienia
Tania

Wylądował samolot Iris. Stałem w oknie i patrzyłem, jak wysiada. Nadal wyglądała dobrze. Przyjechała aż z Kanady, żeby się ze mną spotkać. Miała tylko jedną walizkę. Pomachałem jej, kiedy szła w tłumie innych pasażerów. Musiała jeszcze tylko przejść przez kontrolę celną i już znalazła się w moich ramionach. Pocałowaliśmy się. Poczułem, jak mi staje. Miała na sobie praktyczną, dopasowaną niebieską sukienkę, buciki na wysokich obcasach, a na głowie mały przekrzywiony kapelusik. Rzadko widuje się kobiety w sukienkach. Wszystkie kobiety w Los Angeles bez przerwy noszą spodnie...

Ponieważ nie musieliśmy czekać na bagaż, od razu pojechaliśmy do mnie. Zaparkowałem wóz przed domem i przeszliśmy przez podwórko. Iris usiadła na kanapie, a ja nalałem jej drinka. Przeglądała książki na mojej wykonanej domowym sposobem półce.
— Napisałeś te wszystkie książki?
— Tak.

— Nie wiedziałam, że aż tyle.
— Napisałem je wszystkie.
— Ile?
— Nie wiem. Dwadzieścia, dwadzieścia pięć...
Pocałowałem ją, obejmując ręką jej talię i przyciągając ją do siebie. Drugą rękę położyłem na jej kolanie.
Zabrzęczał telefon. Wstałem i podniosłem słuchawkę. Dzwoniła Valerie.
— Hank?
— Tak?
— Kto to był?
— Kto taki?
— Ta dziewczyna.
— Och, znajoma z Kanady.
— Ty i twoje cholerne panienki!
— Tak?
— Bobby pyta, czy ty i...
— Iris.
— Chciałby wiedzieć, czy ty i Iris wpadlibyście do nas na drinka.
— Nie dzisiaj. Chętnie skorzystam innym razem.
— Ależ ona ma *ciało*!
— Wiem.
— Dobrze, może jutro.
— Może...

Odłożyłem słuchawkę, myśląc, że Valerie pewnie lubi też kobiety. Jakie to zresztą ma znaczenie? Nalałem jeszcze dwa drinki.
— Ile kobiet spotykałeś na lotnisku? — spytała Iris.
— Nie było ich aż tyle, ile sobie wyobrażasz.
— Straciłeś rachubę? Jak w przypadku swoich książek?
— Matematyka nie jest moją najmocniejszą stroną.
— Lubisz wychodzić po kobiety na lotnisko?
— Tak.
Iris nie wydawała mi się przedtem taka rozmowna.
— Ty świntuchu! — Roześmiała się.
— Nasza pierwsza sprzeczka. Lot upłynął ci przyjemnie?

— Siedziałam obok jednego nudziarza. Popełniłam błąd i pozwoliłam mu postawić sobie drinka. Rozgadał się na dobre.
— Był tylko podniecony. Jesteś seksowna.
— Tylko to we mnie widzisz?
— To najbardziej rzuca się w oczy. Może z czasem zauważę inne twoje zalety.
— Po co ci tyle kobiet?
— Widzisz, to się bierze z mojego dzieciństwa. Brak uczucia, brak miłości. I kiedy miałem 20, 30 lat, też nie było tego za wiele. Próbuję to nadrobić...
— Będziesz wiedział, kiedy już to ci się uda?
— Mam wrażenie, że będzie mi potrzebne przynajmniej jeszcze jedno życie.
— Pleciesz takie bzdury!
Roześmiałem się.
— Dlatego właśnie piszę.
— Wezmę prysznic i przebiorę się.
— Jasne.
Poszedłem do kuchni i pomacałem indyka. Pokazał mi swoje nogi, dziurę w dupie, udka: rozwalił się tam na dobre. Całe szczęście, że nie ma oczu. Cóż, trzeba będzie coś z nim zrobić. To następne posunięcie. Usłyszałem wodę spuszczaną w ubikacji. Jeśli Iris nie będzie chciała go upiec, sam się tym zajmę.
Kiedy byłem młody, przez cały czas czułem się przygnębiony. Jednak samobójstwo nie wydawało mi się już odpowiednim rozwiązaniem. W moim wieku niewiele już można było w sobie zabić. Dobrze jest być starym, bez względu na to, co ludzie o tym mówią. Wydaje się rozsądne, że facet musi mieć przynajmniej 50 lat, żeby pisać w miarę jasno. Im więcej rzek przekroczysz, tym więcej o nich wiesz. O ile uda ci się wyjść cało spośród wirów i skał. A to bywa trudne.
Iris wyszła z łazienki. Miała na sobie niebieskoszarą sukienkę, która wyglądała na jedwabną, a materiał przylegał do ciała. W niczym nie przypominała przeciętnej amerykańskiej dziewczyny, dzięki czemu nie była wulgarna. Będąc kobietą w każdym calu, nie obnosiła się z tym. Amerykanki zwykle podbijają swoją cenę, zawzięcie się targują i kiepsko

na tym wychodzą. Tych kilka naturalnych Amerykanek, jakie jeszcze pozostały, mieszka w Teksasie i Luizjanie.

Iris uśmiechnęła się do mnie. Trzymała coś w obu dłoniach. Uniosła je nad głowę i rozległy się klekotliwe dźwięki. Zaczęła tańczyć, a właściwie wpadła w wibracje. Zupełnie jakby była podłączona do prądu, a jądro jej duszy przemieściło się do brzucha. Taniec był piękny i perfekcyjny, choć niepozbawiony akcentów humorystycznych. Wyrażał pełne wdzięku poczucie własnej wartości, zwłaszcza że Iris przez cały czas nie spuszczała ze mnie wzroku. Kiedy skończyła, zgotowałem jej zasłużoną owację i nalałem drinka.

— Nie zrobiłam tego jak należy — powiedziała. — Potrzebny jest kostium i muzyka.

— Mnie się bardzo podobało.

— Miałam zamiar przywieźć taśmę z muzyką, ale wiedziałam, że nie będziesz miał magnetofonu.

— Masz rację. Ale i tak tańczyłaś wspaniale.

Pocałowałem ją delikatnie.

— Może zamieszkałabyś w Los Angeles? — spytałem.

— Moje korzenie są na Północnym Zachodzie. Podoba mi się tam. Rodzice, przyjaciele, mam tam wszystko, rozumiesz?

— Tak.

— A może ty przeprowadzisz się do Vancouveru? Mógłbyś tam pisać.

— Pewnie tak. Mógłbym pisać nawet na szczycie góry lodowej.

— Może byś spróbował?

— Czego?

— Życia w Vancouverze.

— Co by sobie pomyślał twój ojciec?

— O czym?

— O nas.

95

W dniu Święta Dziękczynienia Iris przygotowała indyka i ułożyła go na brytfannie. Bobby i Valerie wpadli na drinka, ale nie siedzieli długo. Miła odmiana. Iris miała na sobie inną sukienkę, równie atrakcyjną jak poprzednia.
— Wiesz — powiedziała. — Przywiozłam za mało ubrań. Idę jutro z Valerie na zakupy do Fredericka. Chcę kupić sobie takie rajcowne pantofle prawdziwej dziwki. Spodobają ci się.
— Na pewno.
Poszedłem do łazienki. W apteczce ukryłem zdjęcie przysłane mi przez Tanię. Stała z zadartą sukienką i nie miała majtek. Widać jej było cipę. Naprawdę fajna z niej dupa. Kiedy wyszedłem, Iris zmywała naczynia. Chwyciłem ją od tyłu, odwróciłem i pocałowałem.
— Ależ z ciebie napalony stary kundel!
— Zapłacisz za to w nocy, moja droga!
— Bardzo chętnie!

Piliśmy przez całe popołudnie, a około 5 czy 6 zabraliśmy się do indyka. Jedzenie nas otrzeźwiło. W godzinę później znów zaczęliśmy pić. Wcześnie poszliśmy do łóżka, już koło 10. Tym razem nie miałem żadnych problemów. Byłem na tyle trzeźwy, że mogła sobie na mnie dobrze i długo pohasać. W chwili gdy zacząłem ją posuwać, wiedziałem, że doprowadzę rzecz do końca. Nie wysilałem się specjalnie, żeby ją zaspokoić. Wsadziłem jej i robiłem to rytmicznie jak rasowy ogier. Łóżko się uginało, a jej mimika dodawała mi jeszcze animuszu. Potem nastąpiły ciche jęki. Zwolniłem nieco, przyspieszyłem rytm i dotarłem do mety. Sprawiała wrażenie, jakby szczytowała jednocześnie ze mną. Rzecz jasna, facet nigdy nie ma pewności. Zsunąłem się z niej. Zawsze uwielbiałem kanadyjską polędwicę.

Następnego dnia przyszła Valerie i zabrała Iris do Fredericka. W godzinę później przyniesiono pocztę. Znalazł się tam następny list od Tani:

Henry, kochany...
Szłam dzisiaj ulicą, a faceci gwizdali. Minęłam ich, nie reagując. Tak naprawdę najbardziej nienawidzę tych typków z myjni samochodowych. Wykrzykują różne świństwa i wysuwają języki, jakby naprawdę mogli coś nimi zdziałać, ale nie ma wśród nich ani jednego zdolnego do tych rzeczy. Coś takiego wyczuwa się na milę, sam wiesz.
Wczoraj poszłam do sklepu z ciuchami, żeby kupić gatki dla Reksa. Dał mi na to pieniądze. Nie potrafi sobie niczego kupować. Wprost tego nie znosi. Weszłam więc do sklepu z męską bielizną i wzięłam do ręki jakieś slipki. Za ladą stało dwóch facetów w średnim wieku, a jeden z nich silił się na sarkazm. Kiedy wybierałam slipy, podszedł do mnie, ujął moją rękę i położył sobie na kutasie. Powiedziałam do niego: „To wszystko, co masz, biedaku?". Roześmiał się i próbował zbyć to żartem. Znalazłam naprawdę fajne gatki dla Reksa, zielone, w wąskie białe paseczki. Rex lubi kolor zielony. Tak czy owak, ten facet mówi do mnie: „Chodź do przymierzalni". Wiesz, takie kabotyńskie gnojki zawsze mnie fascynują, więc weszłam tam z nim. Ten drugi widział, jak wchodzimy. Zaczęliśmy się całować, a on rozpiął suwak spodni. Miał wzwód i położył moją rękę na swoim kutasie. Wciąż się całowaliśmy, a on zadarł mi sukienkę i patrzył w lustrze na moje figi. Zabawiał się moimi pośladkami. Ale jego fiut nie zrobił się naprawdę sztywny, miał tylko częściowy wzwód. Powiedziałam mu, że jest gówno wart. Wyszedł z przymierzalni z fiutem na wierzchu i schował go w obecności tego drugiego. Obaj zaśmiewali się. Ja też stamtąd wyszłam i zapłaciłam za te slipy. Włożył je do torby. „Powiedz mężowi, że wzięłaś jego gatki do przymierzalni!" — roześmiał się.

„Jesteś zwykłą ciotą! — powiedziałam mu. — Tak samo jak twój kumpel!". I naprawdę byli homo. Prawie każdy facet jest teraz pedałem. Ciężkie czasy dla kobiet. Miałam przyjaciółkę, która wyszła za mąż, i kiedy pewnego dnia wróciła do domu, przyłapała męża w łóżku z innym facetem. Nic dziwnego, że wszystkie dziewczyny kupują wibratory. Kurewski los. To by było na tyle, napisz.
Twoja Tania

Kochana Taniu!
Otrzymałem Twoje listy i zdjęcie. Siedzę w domu sam nazajutrz po Święcie Dziękczynienia. Mam kaca. Podobało mi się Twoje zdjęcie. Masz jeszcze jakieś?

Czytałaś kiedyś Céline'a? Chodzi mi o Podróż do kresu nocy. Potem stracił cały impet i stał się dziwakiem narzekającym na wydawców i czytelników. Wielka szkoda. Po prostu wysiadła mu makówka. Sądzę, że był dobrym lekarzem. A może nie. Może nie wkładał w to serca. Może wykańczał swoich pacjentów. To dopiero byłby materiał na dobrą powieść. Wielu lekarzy postępuje podobnie. Zapisują ci pierwsze z brzegu pigułki, byle szybciej mieć cię z głowy. Zdzierają z ciebie pieniądze, bo chcą odzyskać to, co wydali na swoje wykształcenie. Dlatego napychają sobie ludźmi poczekalnie, a przyjmując pacjenta, myślami są już przy następnym. Ważą cię, mierzą ciśnienie, wypisują receptę i odsyłają z powrotem na ulicę, a ty czujesz się jeszcze gorzej niż przedtem. Dentysta może cię pozbawić oszczędności całego życia, ale zwykle przynajmniej robi ci coś z zębami.

Tak czy inaczej nadal piszę i starcza mi na komorne. Twoje listy są ciekawe. Kto ci zrobił to zdjęcie bez majtek? Jakiś dobry przyjaciel, bez dwóch zdań. Rex? Widzisz, robię się zazdrosny! To dobry znak, prawda? Nazwijmy to jednak życzliwym zainteresowaniem. No, powiedzmy, troską...

Będę miał na oku skrzynkę na listy. Może dołączysz jeszcze jakieś zdjęcia?
Twój (tak, tak)
Henry

Drzwi się otworzyły i stanęła w nich Iris. Wyciągnąłem kartkę z maszyny i położyłem ją na stole zapisaną stroną do dołu.

— Och, Hank! Kupiłam sobie te dziwkarskie buciki!
— Wspaniale! Bomba!
— Założę je specjalnie dla ciebie. Jestem pewna, że ci się spodobają.
— Dalej! Śmiało!
Poszła do sypialni. List do Tani wsunąłem w stertę innych papierów.
Wróciła Iris. Pantofelki były jaskrawoczerwone i miały okrutnie wysokie obcasy. Wyglądała na jedną z największych dziwek wszech czasów. Buciki nie miały pięt.
Przechadzała się po pokoju. I tak miała cholernie prowokujące ciało i tyłek, a te wysokie szpilki wynosiły je pod niebo. Oszaleć można! Zatrzymała się i spojrzała na mnie przez ramię, uśmiechając się. Ależ wspaniała dziwka! Miała najlepsze uda, dupsko i łydki, jakie kiedykolwiek widziałem. Wybiegłem i nalałem dwa drinki. Iris usiadła i założyła wysoko nogę na nogę. Siedziała na krześle naprzeciwko mnie. Wciąż jeszcze przytrafiają mi się cuda. Nie potrafiłem tego zrozumieć. Kutas mi stanął i pulsował, rozpychając spodnie.
— Wiesz, co lubi mężczyzna — powiedziałem.
Dokończyliśmy drinki. Wziąłem ją za rękę i poprowadziłem do sypialni. Pchnąłem ją na łóżko. Podciągnąłem jej sukienkę i zabrałem się do majtek. Szło mi to niesporo. Zahaczyły o obcas, ale w końcu udało mi się je zdjąć. Sukienka okrywała jeszcze uda. Uniosłem jej tyłek i zadarłem sukienkę wyżej, pod plecy. Już była mokra. Pomacałem ją palcami. Iris prawie zawsze była wilgotna i gotowa. Sama radość! Na nogach miała długie nylonowe pończochy na niebieskich podwiązkach ozdobionych czerwonymi różyczkami. Wsadziłem mego drągala w tę wilgoć. Nogi trzymała uniesione wysoko w górę i kiedy ją pieściłem, ujrzałem te dziwkarskie pantofle na jej nogach, czerwone szpilki sterczące jak sztylety. Iris czekał jeszcze jeden staroświecki numer z ogierem. Miłość jest dla gitarzystów, katolików i fanatyków szachów. Ta dziwka w czerwonych pantofelkach i długich pończochach zasłużyła sobie na to, co ode mnie dostanie. Próbowałem ją rozerwać, rozszczepić na pół. Obserwowałem tę dziwną, na wpół indiańską twarz w łagodnych promieniach słońca sączącego

się przez żaluzje. Przypominało to morderstwo. Dopadłem ją. Nie mogła uciec. Rżnąłem ją ostro, trzaskałem po policzkach i niemal rozdarłem ją na pół.

Byłem zdziwiony, że jest w stanie wstać z uśmiechem i iść do łazienki. Wyglądała na szczęśliwą. Pantofle spadły jej z nóg i leżały przy łóżku. Mój zaganiacz wciąż sterczał groźnie. Podniosłem jeden pantofelek i pogłaskałem nim tego drania. Wspaniałe uczucie. Odłożyłem bucik na podłogę. Dopiero kiedy Iris wyszła z łazienki z uśmiechem na ustach, kutas mi opadł.

96

Niewiele wydarzyło się podczas reszty jej pobytu. Piliśmy, jedliśmy, pieprzyliśmy się. Nie było żadnych kłótni. Jeździliśmy na długie przejażdżki wzdłuż wybrzeża, jadaliśmy w kafejkach oferujących frutti di mare. Nie zawracałem sobie głowy pisaniem. Przychodzą takie chwile, kiedy najlepiej trzymać się z dala od maszyny. Dobry pisarz wie, kiedy dać sobie spokój. Pisać na maszynie potrafi każdy. Nie chcę przez to powiedzieć, że sam robię to dobrze. Nie znam też ortografii i reguł gramatycznych. Ale wiem, kiedy nie powinienem pisać. Podobnie jest z pieprzeniem. Trzeba od czasu do czasu dać odpocząć temu żarłocznemu demonowi. Mam starego przyjaciela, który niekiedy do mnie pisuje. Nazywa się Jimmy Shannon. Pisze 6 powieści rocznie, wszystkie o kazirodztwie. Nic dziwnego, że przymiera głodem. Mój problem polega na tym, że nie potrafię dać odpocząć swojemu boskiemu kutasowi, tak jak mojej boskiej maszynie do pisania. To dlatego, że pojawianiem się chętnych kobiet rządzi prawo serii. Dlatego trzeba dopaść ich tyle, ile się da, zanim pojawi się jakiś inny bożek. To, że na dziesięć lat porzuciłem pisanie, było chyba jednym z najszczęśliwszych zdarzeń w moim życiu. Przypuszczam, że część krytyków dodałaby, że było to również jedno z najszczęśliwszych zdarzeń dla czytelników. Dziesięć lat odpoczynku dla obu stron. Co by się stało, gdybym na dziesięć lat rzucił picie?

Nadszedł czas, gdy musiałem wsadzić Iris Duarte do samolotu. Odlatywała rano, co stanowiło pewien problem.

Miałem w zwyczaju wstawać w południe; to dobre lekarstwo na kaca i może przedłuży mi życie o jakieś 5 lat. Nie czułem smutku, odwożąc ją na lotnisko. Nasze współżycie było fajne, bywało nam ze sobą wesoło. Nie pamiętałem bardziej cywilizowanego okresu w moim życiu, żadne z nas nie stawiało drugiemu wymagań, a przecież łączyły nas ciepłe stosunki. Nie było to pozbawione uczucia, nie przypominało padliny parzącej się z padliną. Gardziłem rozwiązłością tego rodzaju, seksem typowym dla Los Angeles, Hollywood, Bel Air, Malibu, Laguna Beach. Obcy podczas pierwszego spotkania, obcy przy rozstaniu — sala gimnastyczna pełna bezimiennych ciał onanizujących się nawzajem. Ludzie pozbawieni zasad moralnych często uważają się za bardziej wyzwolonych, ale przeważnie nie potrafią nic odczuwać lub są niezdolni do miłości. Dlatego uciekają w rozwiązłość. Trupy spółkujące z trupami. W ich grach nie ma ani elementu ryzyka, ani poczucia humoru. To wielka orgia zwłok. Moralność stwarza ograniczenia, ale ma oparcie w doświadczeniu ludzi na przestrzeni wieków. Niektóre jej zasady czynią z ludzi niewolników spędzających życie w fabrykach i kościołach, lojalnych poddanych państwa. Inne są całkiem rozsądne. To tak jak ogród, w którym rosną trujące i jadalne owoce. Trzeba wiedzieć, które można zerwać i zjeść, a które lepiej zostawić w spokoju.

Moje doświadczenia z Iris to czysta rozkosz i spełnienie, chociaż nie byłem w niej zakochany, podobnie jak ona we mnie. Łatwo było okazać odrobinę uczucia, więc czemu go nie okazać? Ja okazywałem. Siedzieliśmy w garbusie na górnym piętrze wielopoziomowego parkingu. Mieliśmy trochę czasu. Radio było włączone. Brahms.

— Zobaczymy się jeszcze? — spytałem.
— Nie sądzę.
— Masz ochotę na drinka w barze?
— Zrobiłeś ze mnie alkoholiczkę, Hank. Jestem tak osłabiona, że ledwo mogę chodzić.
— Czy to tylko z powodu alkoholu?
— Nie.
— A więc napijmy się.

— Picie, picie i picie! Czy to *wszystko*, o czym potrafisz myśleć?

— Nie, ale to dobry sposób wypełnienia pustych przestrzeni, jak choćby ta.

— Nie potrafisz przyjmować świata na trzeźwo?

— Potrafię, ale wolę nie.

— To eskapizm.

— Jak wszystko: golf, spanie, jedzenie, spacery, kłótnie, jogging, oddychanie, pieprzenie się...

— Pieprzenie się?

— Posłuchaj, rozmawiamy jak dzieciaki z ogólniaka. Chodźmy do samolotu.

Nie wyglądało to najlepiej. Chciałem ją pocałować, ale wyczułem w niej rezerwę. Jak ściana. Nie czuła się chyba najlepiej, ja też nie.

— W porządku — powiedziała. — Zgłoszę się do odprawy, a potem pójdziemy na drinka.

— Bomba!

I tak też się stało.

Droga powrotna: na wschód Century Boulevard, w dół do Crenshaw, w górę Ósmą Aleją, potem Arlington do Wilton. Postanowiłem odebrać pranie i skręcając w prawo na Beverly Boulevard, wjechałem na parking za pralnią Silverette. Ledwo zdążyłem stanąć, gdy minęła mnie młoda czarna dziewczyna w czerwonej sukience. Wspaniale kręciła dupcią, coś niesamowitego. Potem zasłonił mi ją budynek. Miała niewiarygodne ruchy. Odnosi się niekiedy wrażenie, że życie obdarowało gibkością i lekkością tylko nieliczne kobiety, odmawiając jej innym. Ona miała tę niedającą się opisać grację.

Wyszedłem na chodnik i obserwowałem ją z tyłu. Obejrzała się. Potem przystanęła i popatrzyła na mnie przez ramię. Wszedłem do pralni. Kiedy wyszedłem z ubraniami, stała przy moim garbusie. Włożyłem rzeczy do środka od strony pasażera. Przeszedłem na drugą stronę. Wciąż tam stała. Miała jakieś 27 lat i bardzo okrągłą twarz o dość apatycznym wyrazie. Staliśmy bardzo blisko siebie.

— Widziałam, jak mi się przyglądasz. Dlaczego tak się gapiłeś?
— Przepraszam. Nie chciałem cię obrazić.
— Chcę wiedzieć, dlaczego tak na mnie patrzyłeś. Mało ci gały nie wylazły.
— Słuchaj, jesteś ładną kobietą. Masz piękne ciało. Zobaczyłem, jak idziesz, i spojrzałem. Nie mogłem się powstrzymać.
— Chcesz umówić się na wieczór?
— To byłoby wspaniałe, ale mam już randkę. Jestem już umówiony.
Obszedłem ją dokoła, stając koło drzwi od strony kierowcy. Otworzyłem je i wsiadłem do środka. Zaczęła się oddalać. Usłyszałem, jak mówi pod nosem:
— Zarozumiały biały dupek.

Otworzyłem skrzynkę na listy — nic. Musiałem przegrupować siły. Brakowało jakiegoś niezbędnego elementu. Zajrzałem do lodówki. Nic. Wyszedłem na dwór, wsiadłem do garbusa i pojechałem do sklepu monopolowego Błękitny Słoń. Kupiłem flaszkę smirnoffa i parę puszek 7-Up. W drodze powrotnej zorientowałem się, że zapomniałem o papierosach.
Pojechałem na południe Western Avenue, skręciłem w lewo w Hollywood Boulevard, potem w prawo w Serrano Avenue. Próbowałem dojechać do Sav-On po papierosy. Na rogu Serrano i Sunset stała inna czarna dziewczyna, Mulatka w czarnych szpilkach i minispódniczce. Dojrzałem rąbek jej niebieskich majtek. Ruszyła naprzód, a ja jechałem obok. Udawała, że mnie nie zauważa.
— Hej, mała!
Przystanęła. Zatrzymałem się przy krawężniku. Podeszła do wozu.
— Jak leci? — spytałem.
— W porządku.
— Stoisz tu na wabia?
— Co masz na myśli?
— Skąd mogę wiedzieć, że nie jesteś policjantką?
— A skąd ja mogę wiedzieć, że *ty* nie jesteś gliniarzem?
— Przypatrz się mojej twarzy. Czy wyglądam na gliniarza?

— Dobrze. Skręć za róg i poczekaj na mnie.
Skręciłem i zatrzymałem się przed Mr. Famous N.J. Sandwiches. Otworzyła drzwi i wsiadła.
— Na co masz ochotę? — spytała.
Miała ponad trzydziestkę, a jeden duży ząb z czystego złota tkwił w samym środku jej uśmiechu. Taka nigdy nie zazna biedy.
— Na obciąganie.
— Dwadzieścia.
— Zgoda, jedźmy.
— Dojedź Western do Franklin, skręć w lewo, potem dojedź do Harvard i skręć w prawo.
Kiedy dotarliśmy do Harvard, nie było gdzie zaparkować. W końcu stanąłem w strefie zakazanej i wysiedliśmy.
— Chodź za mną — powiedziała.
Był to rozsypujący się wysokościowiec. Zanim doszliśmy do holu, skręciła w prawo, a ja wszedłem za nią po betonowych schodach, wpatrzony w jej tyłek. To dziwne, ale każdy ma dupę. Zrobiło mi się smutno. Nie miałem jednak ochoty na jej tyłek. Szedłem za nią korytarzem i znów po betonowych schodach. Korzystaliśmy z jakiegoś awaryjnego wyjścia zamiast z windy. Nie miałem pojęcia dlaczego. Ale potrzebny był mi trening, jeśli zamierzałem na starość pisać tomiska opasłe jak powieści Knuta Hamsuna.
W końcu dotarliśmy do jej mieszkania. Wyjęła klucz. Chwyciłem ją za rękę.
— Chwileczkę — powiedziałem.
— O co chodzi?
— Czeka tam na mnie kilku wielkich czarnych skurwieli, którzy mnie sflekują i obrobią?
— Nie, nie ma tam nikogo. Mieszkam z przyjaciółką. Nie ma jej. Pracuje w domu towarowym na Broadway.
— Daj mi klucz.
Wolno otworzyłem drzwi, po czym kopnąłem je z rozmachem. Zajrzałem do środka. Miałem przy sobie kosę, ale nie sięgnąłem po nią. Zamknęła za nami drzwi.
— Chodź do sypialni — zaproponowała.
— Poczekaj chwilę.

Otworzyłem gwałtownie drzwi do szafy i pomacałem ręką przestrzeń za ubraniami. Nic.
— Jakiego gówna się nałykałeś, stary?
— Nic nie brałem.
— Och, Boże.
Poleciałem do łazienki i szybkim ruchem odsunąłem zasłonę od prysznica. Nic. Wszedłem do kuchni, odsunąłem plastikową zasłonkę pod zlewem. Stał tam tylko obrzydliwy, przepełniony kosz na śmieci. Sprawdziłem drugą sypialnię i szafę w ścianie. Zajrzałem pod podwójne łóżko: tylko pusta butelka po ripple. Wyszedłem stamtąd.
— Wracaj tu! — zawołała.
Jej sypialnia była mała, bardziej przypominała alkowę. Stało w niej łóżko z brudną pościelą. Koc leżał na podłodze. Rozpiąłem rozporek i wyjąłem fiuta.
— Dwadzieścia — przypomniała mi.
— No, bierz tego chuja do gęby! Wyssij go do ostatniej kropli!
— Dwadzieścia.
— Znam cenę. Zarób tę forsę. Opróżnij mi jaja!
— Najpierw dwudziestka.
— Tak? Mam ci ją dać z góry? A skąd mogę wiedzieć, że nie zawołasz glin? Skąd mogę wiedzieć, że twój wielki jak koszykarz braciszek nie przyjdzie tu z brzytwą w ręce?
— Najpierw dwudziestka. I nie martw się. Obciągnę ci druta. Zrobię to dobrze.
— Nie ufam ci, dziwko.
Zapiąłem rozporek i szybko stamtąd zwiałem, zbiegłem po tych wszystkich betonowych stopniach. Dotarłem na parter, wsiadłem do garbusa i wróciłem do siebie.
Zacząłem pić. Gwiazdy sprzysięgły się przeciwko mnie. Zadzwonił telefon. To Bobby.
— Wsadziłeś Iris do samolotu?
— Tak, Bobby, i chcę ci podziękować, że dla odmiany trzymałeś ręce przy sobie.
— Posłuchaj, Hank, to tylko twoja wyobraźnia. Jesteś stary i przyprowadzasz wciąż te młode dupy, a potem się denerwujesz, jak się pojawi młody kogut. Oblatuje cię strach.

— Zwątpienie we własne siły? Brak pewności siebie, tak?
— No cóż...
— W porządku.
— Tak czy inaczej, Valerie pyta, czy nie zechciałbyś wpaść na drinka.
— Czemu nie?

Bobby miał cholernie mocną trawkę, zaprawioną jakimś gównem. Skręt krążył z rąk do rąk. Miał również wiele nowych taśm. Wśród nich mojego ulubionego piosenkarza, Randy'ego Newmana, i puścił go na moją prośbę, ale niezbyt głośno.
Tak więc słuchaliśmy Randy'ego i popalaliśmy, a potem Valerie rozpoczęła pokaz mody. Miała kilkanaście seksownych ciuszków od Fredericka. W łazience stało ze 30 par butów.
Wparadowała na dwudziestocentymetrowych obcasach. Z trudem mogła chodzić. Przechadzała się po pokoju, chwiejąc się na tych swoich szczudłach. Wypinała tyłek, jej niewielkie sutki nabrzmiały, stercząc pod przezroczystą bluzką. Na jednej nodze miała cienką złotą bransoletkę. Wirowała jak w tańcu, po czym zwróciła się ku nam twarzą i wykonała kilka sugestywnych ruchów.
— Jezu — powiedział Bobby. — Och... Jezu!
— Dobry Jezu Chryste! Matko Boska! — dodałem.
Kiedy Valerie mnie mijała, wyciągnąłem rękę i chwyciłem ją za dupcię. Znowu żyłem. Czułem się wspaniale. Valerie uciekła do łazienki, żeby się przebrać.
Za każdym razem, kiedy stamtąd wychodziła, prezentowała się lepiej, jej kreacje były coraz bardziej zwariowane. Wszystko zmierzało ku jakiejś kulminacji.
Piliśmy, popalaliśmy, a Valerie wciąż wracała w nowych strojach. Przedstawienie jak jasna cholera. Usiadła mi na kolanach i Bobby pstryknął nam kilka zdjęć.
Czas mijał. Nagle stwierdziłem, że Valerie i Bobby zniknęli. Poszedłem do sypialni. Valerie leżała na łóżku naga, nie licząc pantofelków na wysokich obcasach. Miała jędrne, szczupłe ciało. Bobby był w ubraniu i ssał jej piersi, wędrując ustami od jednej do drugiej. Jej sutki sterczały w górę. Bobby spojrzał na mnie.

— Hej, staruszku, słyszałem twoje przechwałki, że świetnie liżesz cipkę. Co powiesz na to?

Przesunął się niżej i rozłożył nogi Valerie. Jej włosy łonowe były długie, kręcone i splątane. Bobby wsunął się tam i zaczął lizać łechtaczkę. Był niezły, ale brakowało mu zaangażowania.

— Poczekaj chwileczkę, Bobby, nie zabierasz się do tego, jak należy. Pozwól, że ci pokażę.

Zająłem jego miejsce. Zacząłem dość daleko od jej grzebyka rozkoszy i powoli się do niego zbliżałem. W końcu tam dotarłem. Valerie zaczęła reagować. Objęła łydkami moją głowę. Nie byłem w stanie oddychać. Uszy miałem boleśnie przyciśnięte do głowy. Uwolniłem swój nieszczęsny czerep.

— No i co, Bobby, teraz kapujesz?

Nie odpowiedział, tylko odwrócił się i poszedł do łazienki. Byłem bez butów i bez spodni. Zawsze lubiłem pokazywać nogi podczas popijaw. Valerie wyciągnęła ręce i pociągnęła mnie na łóżko. Pochyliła się nad moim kutasem i wzięła go do ust. Nie była rewelacyjna w porównaniu z innymi kobietami. Ograniczyła się do ogranej techniki góra—dół i niewiele miała poza tym do zaoferowania. Obrabiała go przez długi czas, a ja poczułem, że nic z tego nie będzie. Odsunąłem jej głowę i pocałowałem ją mocno. Wszedłem w nią. Zdążyłem wykonać jakieś 8, 10 pchnięć, kiedy usłyszałem za sobą Bobby'ego:

— Spadaj stąd, stary.

— O co ci, do diabła, chodzi?

— Wracaj do siebie.

Wyciągnąłem kutasa, wstałem i poszedłem do frontowego pokoju, gdzie włożyłem spodnie i buty.

— Hej, zimny draniu — powiedziałem do Bobby'ego. — Co ci jest?

— Chcę tylko, żebyś się zmył.

— Już dobra, dobra...

Poszedłem do siebie. Miałem wrażenie, że wsadziłem Iris do samolotu bardzo dawno temu. Pewnie jest już teraz w Vancouverze. A niech to szlag. Dobrej nocy, Iris Duarte.

97

Dostałem list wysłany z Hollywood.

Drogi Chinaski!
Przeczytałam prawie wszystkie Twoje książki. Pracuję jako maszynistka na Cherokee Avenue. Powiesiłam Twoje zdjęcie w biurze. To plakat reklamujący Twój wieczór autorski. Kiedy ludzie pytają: „Kto to jest?", odpowiadam: „Mój narzeczony", na co niezmiennie reagują okrzykiem: „Mój Boże!".
Dałam swojemu szefowi tom Twoich opowiadań Bestia o trzech nogach, *ale mu się nie podobały. Stwierdził, że nie potrafisz pisać. Dodał, że to tandeta. Zdenerwował się przy tym.*
Tak czy owak, ja lubię Twoje utwory i chciałabym się z Tobą spotkać. Ludzie mówią, że jestem seksowna. Masz ochotę sprawdzić?
Uściski
Walencja

Dołączyła dwa numery telefonu, jeden do pracy, drugi do domu. Była 14.30, więc zadzwoniłem do pracy.
— Słucham? — odebrała młoda kobieta.
— Czy jest Walencja?
— Przy telefonie.
— Mówi Chinaski. Dostałem twój list.
— Spodziewałam się, że zadzwonisz.
— Masz seksowny głos — powiedziałem.
— Ty też.
— Kiedy możemy się spotkać?

— Nie mam żadnych planów na wieczór.
— A więc dzisiaj?
— Dobrze. Zobaczę się z tobą po pracy. Możesz przyjść do takiego baru na Cahuenga Boulevard. Nazywa się Lisia Nora. Wiesz, gdzie to jest?
— Tak.
— Będę tam około szóstej.

Zatrzymałem się przed Lisią Norą. Zapaliłem papierosa i siedziałem przez chwilę w wozie, po czym wysiadłem i wszedłem do baru. Która z nich jest Walencją? Stałem, nikt się nie odzywał. Podszedłem do baru i zamówiłem podwójną wódkę z 7-Up. Wtedy ktoś zapytał:
— Henry?
Obejrzałem się. W głębi sali siedziała samotnie jakaś blondynka. Wziąłem drinka i usiadłem obok niej. Miała jakieś 38 lat i ani trochę nie była seksowna. Upływ czasu dał się jej już we znaki. Za dużo kilogramów. Obwisły biust. Bladoniebieskie oczy. Krótko obcięte jasne włosy. Gruba warstwa makijażu. Wyglądała na zmęczoną. Ubrana była w spodnie, bluzkę i botki. Na każdej ręce miała po kilka bransolet. Jej twarz niczego nie wyrażała, chociaż kiedyś mogła być ładna.
— Miałam paskudny dzień — powiedziała. — Od tego siedzenia przy maszynie boli mnie tyłek.
— Może przełożymy to na inny wieczór, kiedy będziesz czuła się lepiej — zaproponowałem.
— E tam, to nic takiego. Następny kieliszek przywróci mnie do życia.
Wezwała kelnerkę.
— Jeszcze jedno wino.
Piła białe wino.
— Jak ci idzie pisanie? — spytała. — Wyszło coś nowego?
— Nie, ale pracuję nad powieścią.
— Jaki ma tytuł?
— Jeszcze nie ma żadnego.
— Będzie dobra?
— Nie wiem.

Przez jakiś czas siedzieliśmy w milczeniu. Dokończyłem swoją wódkę i zamówiłem następną. Walencja pod żadnym względem nie była w moim typie. Budziła we mnie antypatię. Są tacy ludzie — już od pierwszej chwili człowiek czuje do nich niechęć.

— Pracuje u nas taka Japonka. Robi wszystko, co może, żeby mnie zwolnili. Mam dobre układy z szefem, ale ta dziwka psuje mi każdy dzień. Kopnę ją kiedyś w tyłek.

— Skąd pochodzisz?

— Z Chicago.

— Nie podobało mi się Chicago.

— Ja je lubię.

Dopiłem drinka, ona skończyła swojego. Podsunęła mi rachunek.

— Możesz zapłacić? Zjadłam jeszcze sałatkę z krewetek.

Wyjąłem kluczyk, żeby otworzyć drzwi garbusa.

— To twój wóz?

— Tak.

— Mam jechać takim starym gruchotem?

— Posłuchaj, jeśli nie chcesz wsiadać, nie musisz.

Wsiadła. Wyjęła lusterko i podczas jazdy poprawiała makijaż. Do mojego mieszkania było niedaleko. Zaparkowałem przed domem. W środku zauważyła:

— Ależ tu brudno. Potrzebny ci ktoś, kto zrobi tu porządek.

Wyjąłem wódkę i 7-Up i nalałem dwa drinki. Walencja ściągnęła botki.

— Gdzie twoja maszyna do pisania?

— Na stole kuchennym.

— Nie masz biurka? Myślałam, że pisarze mają biurka.

— Niektórzy nie mają nawet stołu kuchennego.

— Byłeś żonaty? — spytała.

— Raz.

— Co się stało?

— Zaczęliśmy się nienawidzić.

— Byłam zamężna cztery razy. Nadal widuję się z moimi byłymi mężami. Jesteśmy przyjaciółmi.

— Wypij.
— Sprawiasz wrażenie zdenerwowanego.
— Nic mi nie jest.

Walencja dokończyła drinka i wyciągnęła się na kanapie. Położyła mi głowę na kolanach. Zacząłem gładzić ją po włosach. Nalałem jej następnego drinka i dalej pieściłem jej włosy. Mogłem zajrzeć w głąb dekoltu i zobaczyć jej piersi. Pochyliłem się i długo się z nią całowałem. Jej język myszkował w moich ustach. Nienawidziłem jej. Kutas zaczął podnosić główkę. Pocałowaliśmy się jeszcze raz i wsunąłem jej rękę pod bluzkę.

— Wiedziałam, że się kiedyś spotkamy — powiedziała.

Pocałowałem ją znowu, tym razem dość gwałtownie. Poczuła, jak mój kutas ociera się o jej głowę.

— Ej! — krzyknęła.
— To nic takiego.
— Akurat! Co ty chcesz zrobić?
— Sam nie wiem.
— Ale ja wiem.

Poszła do łazienki. Wyszła stamtąd naga. Wsunęła się pod prześcieradło. Wypiłem następnego drinka, rozebrałem się i położyłem na łóżku. Odsunąłem prześcieradło. Jakie ogromne cyce. Cała przypominała jeden wielki cyc! Uformowałem ręką jeden z tych balonów, jak mogłem najlepiej, i zacząłem ssać sutek. Nic stwardniał. Zabrałem się do drugiego. Żadnej reakcji. Miętosiłem jej cyce, w rowek między nimi wsadziłem kutasa. Sutki pozostały miękkie. Podsunąłem fiuta do jej ust, ale odwróciła głowę. Przyszło mi do głowy, żeby przypalić jej dupsko papierosem. Ileż ona ma tego cielska. Podniszczona kurwa. Dziwki zwykle mnie rozgrzewały. Mój kutas był nabrzmiały, ale brakowało mi zaangażowania.

— Jesteś Żydówką? — spytałem.
— Nie.
— Wyglądasz na Żydówkę.
— Ale nie jestem.
— Mieszkasz w dzielnicy Fairfax, prawda?
— Tak.

— Twoi rodzice są Żydami?
— Posłuchaj, co ty tak, kurwa, o tych Żydach?
— Nie przejmuj się. Wielu moich najlepszych przyjaciół to Żydzi.
Ponownie zacząłem miętosić jej cyce.
— Wyglądasz na przestraszonego. Jesteś jakiś spięty.
Pomachałem jej kutasem przed oczami.
— Czy *on* wygląda na przestraszonego?
— Wygląda okropnie. Skąd ci się wzięły te wielkie żyły?
— Mnie się podobają.
Chwyciłem ją za włosy, przycisnąłem głowę do ściany i zacząłem ją całować, patrząc jej prosto w oczy. Zacząłem bawić się jej cipą. Długo to trwało, zanim zaczęła reagować. Potem się otworzyła i wsadziłem do środka palec. Dobrałem się do łechtaczki i zacząłem ją pieścić. Potem wlazłem na nią. Mój kutas był w jej wnętrzu. Naprawdę rypałem ją bez litości. Nie zależało mi na tym, żeby ją zaspokoić. Dość mocno ściskała mnie tam w dole. Tkwiłem w niej głęboko, ale nie wywoływało to żadnej reakcji. Gówno mnie to obchodziło. Pompowałem ją ostro. Jeszcze jedna zerżnięta dupa. W ramach badań naukowych. Co tu gadać o gwałcie czy przemocy. Bieda i ignorancja rodzą własne prawdy. Ta kobieta należała do mnie. Jesteśmy dwoma zwierzakami w lesie, a ja ją rozszarpuję. Ożywiła się nieco. Pocałowałem ją, jej wargi w końcu się rozwarły. Wszedłem głębiej. Niebieskie ściany obserwowały nas. Walencja zaczęła pojękiwać cicho. To dodało mi sił.

Kiedy wyszła z łazienki, byłem już ubrany. Na stole stały dwa drinki. Sączyliśmy je wolno.
— Jak to się stało, że mieszkasz w Fairfax?
— Podoba mi się tam.
— Mam cię odwieźć do domu?
— Jeśli możesz.
Mieszkała o dwie przecznice od Fairfax.
— To mój dom. Ten z siatkowymi drzwiami.
— Wygląda sympatycznie.
— Jest taki. Wejdziesz na chwilę?
— Masz coś do picia?

— Pijesz sherry?
— Jasne.
Weszliśmy do środka. Na podłodze walały się ręczniki. Wkopała je pod łóżko, przechodząc obok niego. Przyniosła butelkę sherry, z tych najtańszych.
— Gdzie jest łazienka? — spytałem po chwili.
Spuściłem wodę, żeby zagłuszyć odgłos, i wyrzygałem tę sherry. Spuściłem wodę ponownie i wyszedłem.
— Jeszcze kieliszek?
— Jasne.
— Przychodzą tu dzieciaki. Dlatego jest taki bałagan.
— Masz dzieci?
— Tak, ale opiekuje się nimi Sam.
Dopiłem zawartość kieliszka.
— Cóż, dzięki za sherry. Muszę lecieć.
— Dobrze. Masz mój numer telefonu.
— Pewnie.
Odprowadziła mnie do drzwi. Pocałowaliśmy się. Poszedłem do garbusa. Wsiadłem i odjechałem. Skręciłem za róg, przystanąłem obok zaparkowanego samochodu, otworzyłem drzwi i wyrzygałem ten drugi kieliszek sherry.

98

Widywałem się z Sarą co trzy, cztery dni, u niej lub u siebie. Sypialiśmy razem, ale o seksie nie było mowy. Czasami niewiele brakowało, ale nigdy nie poszliśmy na całość. Przykazania Drayera Baby wciąż obowiązywały.

Postanowiliśmy spędzić u mnie razem święta — Boże Narodzenie i Nowy Rok. W wigilijne przedpołudnie Sara podjechała swoim mikrobusem. Wyszedłem ją powitać. Na dachu wozu przywiązane były szerokie deski. Miał to być jej gwiazdkowy prezent dla mnie: chciała zbudować mi łóżko. Moje wyrko to była istna karykatura tego mebla: toporna skrzynia ze sprężynami wystającymi z materaca. Sara przywiozła też wiejskiego indyka wraz z dodatkami. Miałem pokryć koszty tego indyka i białego wina. Przygotowaliśmy także dla siebie drobne upominki.

Wnieśliśmy do mieszkania deski, indyka i pozostałe drobiazgi. Wystawiłem na dwór skrzynię, materac i wezgłowie, przyczepiając do nich kartkę: „Oddaję za darmo". Pierwsze zniknęło wezgłowie, potem skrzynia, w końcu ktoś zabrał materac. Mieszkam w biednej dzielnicy.

Dobrze znałem łóżko Sary, sypiałem w nim i odpowiadało mi. Nigdy nie przepadałem za zwykłymi materacami, a przynajmniej nie za tymi, na które było mnie stać. Połowę życia spędziłem w łóżkach, które bardziej pasowały do kogoś przypominającego z wyglądu dżdżownicę.

Sara własnoręcznie skonstruowała swoje łóżko i teraz miała zrobić podobne dla mnie — solidną drewnianą platformę wspartą na 7 nogach (siódma dokładnie w środku), pokrytą dziesięciocentymetrową warstwą pianki. Sara miała dobre pomysły. Trzymałem deski, a Sara zbijała je gwoździami. Doskonale radziła sobie z młotkiem. Ważyła zaledwie około 50 kilogramów, ale potrafiła wbić gwóźdź jednym uderzeniem. To będzie wspaniałe łóżko.

Nie zajęło to zbyt wiele czasu. Potem wypróbowaliśmy łóżko — niestety, nie seksualnie — a Drayer Baba uśmiechał się, spoglądając na nas.

Pojechaliśmy rozejrzeć się za choinką. Nie zależało mi na niej aż tak bardzo — świąt Bożego Narodzenia w dzieciństwie nie wspominam ze szczególnym wzruszeniem — toteż kiedy wszystkie place okazały się puste, brak drzewka nie przeszkadzał mi specjalnie. W drodze powrotnej Sara była jednak przygnębiona. Ale kiedy znaleźliśmy się w domu i wypiliśmy kilka kieliszków białego wina, odzyskała dobry humor i zaczęła rozwieszać wszędzie świąteczne ozdoby, bombki, lampki i włos anielski. Tym ostatnim przystroiła nawet moją głowę.

Czytałem kiedyś, że więcej ludzi popełnia samobójstwo w Wigilię i Boże Narodzenie niż w inne dni. Wygląda na to, że te święta mają coraz mniej wspólnego z narodzinami Chrystusa.

Muzyka w radiu była beznadziejna, a telewizja jeszcze gorsza, więc wyłączyliśmy wszystko i Sara zadzwoniła do swojej matki w Maine. Ja również złożyłem jej życzenia. Jej matka sprawiała całkiem sympatyczne wrażenie.

— Z początku — powiedziała Sara — myślałam o tym, żeby cię z nią wyswatać, ale jest od ciebie starsza.

— Daj sobie spokój.

— Miała kiedyś niezłe nogi.

— Przestań.

— Masz coś przeciwko starym ludziom?

— Tak, wszystkim prócz mnie.

— Kaprysisz jak gwiazdor filmowy. Czy zawsze miewałeś kobiety młodsze od siebie o 20, 30 lat?

— Musiałem się bez nich obywać, kiedy sam miałem 20.

— No dobrze. A czy miałeś kiedyś kobietę starszą od siebie? Mam na myśli jakiś trwalszy związek.
— Tak, jako dwudziestopięciolatek byłem z kobietą o 10 lat starszą.
— Jak było?
— Fatalnie. Zakochałem się.
— Co w tym strasznego?
— Zmusiła mnie do nauki.
— I to było takie straszne?
— Nie był to taki college, o jakim myślisz. Ona była ciałem, hmm... pedagogicznym, a ja studentem.
— Co się z nią stało?
— Pochowałem ją.
— Z honorami? Czy to ty ją zabiłeś?
— Nie, gorzała.
— Wesołych świąt.
— Wzajemnie. Teraz ty opowiedz mi o swoich mężczyznach.
— Pasuję.
— Było ich zbyt wielu?
— Zbyt wielu, choć tak niewielu.

Po jakiejś półgodzinie rozległo się pukanie do drzwi. Sara wstała i otworzyła. Do środka weszła laleczka mogąca uchodzić za symbol seksu. Nawet w wigilię Bożego Narodzenia. Nie znałem jej. Miała na sobie czarną obcisłą sukienkę, a jej ogromne piersi wyglądały, jakby miały wyskoczyć z dekoltu. Coś niesamowitego. Nigdy nie widziałem takich cycków, eksponowanych w ten sposób — nie licząc filmów.
— Cześć, Hank!
A więc ona mnie zna.
— Jestem Edie. Poznaliśmy się kiedyś u Bobby'ego.
— Naprawdę?
— Byłeś aż tak wstawiony, że nie pamiętasz?
— Cześć, Edie. To jest Sara.
— Szukam Bobby'ego. Pomyślałam, że może tu być.
— Usiądź i napij się czegoś.
Usiadła na krześle po mojej prawej stronie, dosłownie na wyciągnięcie ręki. Miała jakieś 25 lat. Zapaliła papierosa i za-

częła sączyć drinka. Za każdym razem, kiedy pochylała się nad stolikiem, byłem przekonany, że to się stanie, że zaraz wyskoczą jej cyce. Bałem się też, co mogę zrobić, jeśli to nastąpi. Po prostu nie miałem pojęcia, jak się zachowam. Nigdy nie szalałem na punkcie piersi, pozostając zagorzałym wielbicielem nóg, ale Edie wiedziała, jak wykorzystać swój biust. Bałem się więc i spoglądałem na jej cycki z boku, sam już nie wiedząc, czy chcę, żeby wypadły, czy nie.

— Poznałeś wtedy Manny'ego? — zapytała mnie.
— Tak.
— Musiałam go wykopać. Był kurewsko zazdrosny. Posunął się nawet do tego, że wynajął prywatnego kapusia, żeby mnie śledził! Wyobrażasz to sobie? Co za matoł!
— Rzeczywiście.
— Nie znoszę facetów, którzy wciąż się dopraszają. Nienawidzę gówniarzy!
— „Skąd dziś wziąć faceta z ikrą?" — powiedziałem. — To przebój z lat czterdziestych. Śpiewało się wtedy jeszcze: „Nie siadaj pod jabłonią z kimś innym, tylko ze mną...".
— Hank, gadasz od rzeczy — przystopowała mnie Sara.
— Wypij jeszcze jednego, Edie — zaproponowałem, nalewając jej następnego drinka.
— Mężczyźni są *gówno warci!* — ciągnęła. — Poszłam kiedyś do baru. Byłam w towarzystwie czterech dobrych kumpli. Siedzieliśmy, wychylając całe kufle piwa, i zaśmiewaliśmy się do rozpuku, wiesz, po prostu *świetnie się bawiliśmy*, nikomu to nie przeszkadzało. Nagle poczułam, że mam ochotę na bilard. Lubię grać w bilard. Uważam, że kiedy kobieta grywa w bilard, jest to oznaką klasy.
— Nie potrafię w to grać — wtrąciłem. — Zawsze drę sukno, choć nie jestem kobietą.
— Tak czy owak, podeszłam do stołu, przy którym samotnie grał jakiś typek. Powiedziałam do niego: „Słuchaj, tkwisz tu już dość długo. Chciałabym zagrać z przyjaciółmi. Mógłbyś wpuścić nas na jakiś czas?". Odwrócił się i spojrzał na mnie. Odczekał chwilę, posłał mi krzywy uśmieszek i zgodził się.

Edie się ożywiła i zaczęła się wiercić, a ja filowałem na te jej balony.

— Wróciłam do swoich znajomych z wiadomością, że możemy zagrać. Facetowi przy stole została ostatnia bila, kiedy podszedł do niego jeden z jego kumpli i powiedział: „Hej, Ernie, słyszałem, że odstępujesz komuś stół". I wiecie, co tamten na to? „Tak, oddaję stół tej dziwce!". Jak to usłyszałam, *szlag mnie trafił*! Ten typ pochylał się akurat nad stołem, celując w swoją ostatnią bilę. Chwyciłam kij i z całej siły grzmotnęłam go w czerep. Zwalił się na stół jak trup. Znali go w tym barze, toteż nadbiegło kilku jego kolesiów, ale moi też nie siedzieli na miejscu. Rany, *ale się zrobiła draka*! Fruwające butelki, potłuczone lustra... Sama nie wiem, jak się stamtąd wydostaliśmy, ale jakoś nam się to udało. Macie jakąś trawkę?

— Tak, ale nie umiem robić skrętów.

— Dobra, zajmę się tym.

Edie z wprawą profesjonalistki skręciła cienkiego papierosa. Wciągnęła ze świstem dymek i podała go mnie.

— Następnego wieczoru poszłam tam sama. Właściciel, a zarazem barman, rozpoznał mnie. Miał na imię Claude. „Przepraszam cię, Claude, za wczoraj — powiedziałam — ale ten facet przy stole to był naprawdę kawał sukinsyna. Nazwał mnie dziwką".

Nalałem wszystkim wina. Jeszcze minutka, a jej cycki znajdą się na wierzchu.

— Właściciel powiedział: „Nie ma sprawy, nie przejmuj się". Wyglądał na sympatycznego faceta. „Co pijesz?" — spytał mnie. Posiedziałam tam jeszcze trochę i wypiłam kilka drinków, które mi postawił, a on mówi: „Wiesz, przydałaby mi się tutaj jeszcze jedna kelnerka".

Edie zaciągnęła się skrętem i kontynuowała.

— Opowiedział mi o jednej ze swoich kelnerek. „Przyciągała facetów, ale sprawiała wiele kłopotów. Lubiła napuszczać na siebie gości. Zachowywała się, jakby była na scenie. Okazało się, że kombinuje na boku. Wykorzystywała MÓJ bar do naciągania klientów na swoją dupę".

— Naprawdę? — spytała Sara.

— Tak przynajmniej twierdził. Tak czy owak, zaproponował mi posadę kelnerki. Dodał: „Tylko żadnych boków!" Powiedziałam mu, żeby dał sobie spokój, bo nie jestem jakąś płatną dziwką. Pomyślałam, że mogłabym wziąć to zajęcie, zaoszczędzić trochę grosza i iść na uniwerek, zostać chemiczką albo nauczyć się francuskiego, o czym zawsze marzyłam. Zaproponował mi: „Chodź na zaplecze, to ci pokażę, gdzie trzymamy zapasy, a poza tym mam tam strój, który mogłabyś przymierzyć. Nikt go nie nosił, a wydaje mi się, że to twój rozmiar". Weszłam więc z nim do małego, ciemnego pokoiku, a on zaczął się do mnie dobierać. Odepchnęłam go. „Tylko jednego całusa" — prosił. „Odpierdol się!" — powiedziałam. Był łysy, gruby i niski, miał sztuczną szczękę, a na policzkach czarne brodawki, z których wyrastały włosy. Rzucił się na mnie — jedną ręką chwycił mnie za dupę, drugą złapał za biust i próbował mnie pocałować. Wyrwałam mu się. „Jestem żonaty — powiedział. — Kocham swoją żonę, więc nic się nie bój!". Znów rzucił się na mnie, ale walnęłam go kolanem, *wiecie gdzie*. Chyba nic tam nie miał, bo nawet nie mrugnął. *„Zapłacę ci* — obiecał. — Będę dla ciebie naprawdę miły!". Kazałam mu się wypchać. Tak oto straciłam kolejną możliwość pracy.

— Smutna historia — skomentowałem.
— Posłuchajcie, muszę lecieć — powiedziała Edie. — Wesołych świąt. Dzięki za drinki.

Wstała i odprowadziłem ją do drzwi. Ruszyła przez podwórko. Wróciłem do pokoju i usiadłem.

— Ty sukinsynu! — wybuchnęła Sara.
— O co chodzi?
— Gdyby mnie tu nie było, zerżnąłbyś ją.
— Przecież prawie jej nie znam.
— Te jej cyce! Byłeś przerażony! Bałeś się nawet na nią *spojrzeć*!
— Co ona robi, włócząc się w Wigilię?
— Czemu jej o to nie zapytałeś?
— Twierdziła, że szuka Bobby'ego.
— *Gdyby mnie tu nie było, zerżnąłbyś ją!*
— Nie wiem. Trudno powiedzieć.

Sara wstała i zaczęła krzyczeć. Potem się rozpłakała i wybiegła do drugiego pokoju. Nalałem sobie. Kolorowe lampki na ścianach zapalały się i gasły.

99

Sara przygotowywała nadzienie do indyka, a ja siedziałem w kuchni, bawiąc ją rozmową. Oboje sączyliśmy białe wino. Zadzwonił telefon. Poszedłem odebrać. Usłyszałem w słuchawce głos Debry.
— Chciałam tylko życzyć ci wesołych świąt, mokra klucho.
— Dziękuję, Debro. Szczodrego Świętego Mikołaja.
Rozmawialiśmy jeszcze przez chwilę, po czym wróciłem do kuchni i usiadłem.
— Kto to był?
— Debra.
— Jak się miewa?
— Chyba w porządku.
— Czego chciała?
— Złożyć życzenia świąteczne.
— Będzie ci smakować ten zdrowy wiejski indyk. Nadzienie też jest dobre. Ludzie jadają truciznę, czystą truciznę. Ameryka jest jednym z niewielu krajów, gdzie aż tak często występuje nowotwór jelita grubego.
— Mnie też często boli tyłek, ale to tylko hemoroidy. Kiedyś mi je wycięli. Przed operacją wpuszczają ci w jelito taki cewnik z przyczepionym światełkiem i szukają raka. Ten wąż jest cholernie długi. Wsadzają ci go do środka!
Telefon zabrzęczał ponownie. Odebrałem. Tym razem dzwoniła Cassie.
— Jak się masz?
— Przygotowujemy z Sarą indyka.

— Tęsknię za tobą.
— Ja też. Wesołych świąt. Jak tam w pracy?
— Dobrze. Mam wolne do drugiego stycznia.
— Szczęśliwego Nowego Roku, Cassie!
— Hej, co się z tobą dzieje?
— Jestem w stanie nieważkości. Nie jestem przyzwyczajony do picia tak wcześnie białego wina.
— Zadzwoń do mnie kiedyś.
— Jasne.

Wróciłem do kuchni.
— Dzwoniła Cassie. Ludzie mają zwyczaj telefonować do siebie w Boże Narodzenie. Może zadzwoni Drayer Baba.
— Nie zadzwoni.
— Dlaczego?
— Nigdy nie przemówił na głos. Nigdy nie przemówił i nigdy nie wziął do ręki pieniędzy.
— To mi się podoba. Daj mi trochę tego surowego nadzienia.
— Masz.
— Hej, całkiem niezłe.

Zadzwonił telefon. Tak to już bywa. Kiedy zacznie dzwonić, dzwoni bez przerwy. Poszedłem do sypialni i podniosłem słuchawkę.
— Halo. Kto mówi? — spytałem.
— Ty sukinsynu. Nie poznajesz?
— Nie bardzo.

Głos należał do jakiejś pijanej kobiety.
— Zgadnij.
— Poczekaj. Poznaję! *Iris!*
— Tak, *Iris*. Jestem w ciąży!
— Wiesz, kto jest ojcem?
— A co to za różnica?
— Pewnie masz rację. Co słychać w Vancouverze?
— Wszystko w porządku. Do zobaczenia.
— Bywaj.

Wróciłem do kuchni.
— To ta tancerka z Kanady — wyjaśniłem Sarze.
— Co u niej słychać?
— Świętuje.

Sara wstawiła blachę z indykiem do piekarnika i przeszliśmy do pokoju. Przez jakiś czas rozmawialiśmy o różnych duperelach, a potem znowu zaterkotał telefon.
— Halo — powiedziałem.
— Jesteś Henry Chinaski? — spytał młody męski głos.
— Tak.
— Ten pisarz?
— Tak.
— Naprawdę?
— Tak.
— Mamy zgraną pakę tu, w Bel Air, i cholernie lubimy twoje kawałki! Chcemy ci wręczyć specjalnie ufundowaną *nagrodę*!
— Tak?
— Przyjedziemy zaraz z cysterną piwa.
— Wsadźcie je sobie w dupę.
— Co takiego?
— Powiedziałem: „Wsadźcie je sobie w dupę!".
Odłożyłem słuchawkę.
— Kto to był? — spytała Sara.
— Straciłem właśnie kilku czytelników z Bel Air. Ale co tam.
Indyk był gotowy i wyciągnąłem go z piekarnika. Zdjąłem ze stołu maszynę do pisania i swoje papierzyska, po czym postawiłem na nim półmisek z indykiem. Zacząłem go kroić, a Sara przyniosła jarzyny. Usiedliśmy. Nałożyłem sobie na talerz sporą porcję, Sara poszła w moje ślady. Indyk wyglądał apetycznie.
— Mam nadzieję, że ta cycata nie przylezie tu znowu — zauważyła Sara; sprawiała wrażenie przygnębionej tą myślą.
— Jeśli wpadnie, dam jej trochę.
— *Co?!*
Wskazałem na indyka.
— Powiedziałem: „Dam jej trochę". Będziesz mogła popatrzeć.
Sara krzyknęła. Zerwała się od stołu. Cała się trzęsła. Pobiegła do sypialni. Wpatrywałem się w moją porcję indyka. Nie mogłem go zjeść. Znów nacisnąłem nie ten przycisk co

trzeba. Przeszedłem z kieliszkiem do frontowego pokoju i usiadłem. Odczekałem kwadrans i wstawiłem indyka do lodówki.

Nazajutrz Sara wróciła do siebie, a ja około 3 po południu zjadłem kanapkę z indykiem na zimno. O 5 rozległo się potworne walenie do drzwi. Otworzyłem. Przyszły Tammie i Arlene. Miały odlot na amfetaminie. Weszły do środka, miotały się po pokoju, gadały jedna przez drugą.
— Masz coś do *picia*?
— Kurwa, Hank, masz coś do picia, *cokolwiek*?
— Jak tam twoje pieprzone święta?
— Właśnie. Jak twoje pieprzone święta, stary?
— W lodówce jest piwo i wino — powiedziałem.
Wparowały do kuchni i otworzyły lodówkę.
— Hej, tu jest *indyk*!
— Jesteśmy głodne, Hank! Możemy zjeść trochę indyka?
— Jasne.
Tammie wyszła z kuchni z udkiem i wgryzła się w nie.
— Hej, ten indyk jest fatalny! Trzeba go doprawić!
Za nią pojawiła się Arlene z kilkoma płatami mięsa w ręku.
— Tak, brakuje mu przypraw. Jest za mdły! Masz przyprawy?
— W szafce.
Wskoczyły z powrotem do kuchni i zaczęły posypywać indyka przyprawami.
— O! Od razu lepiej!
— Tak, teraz da się przełknąć.
— Zdrowy wiejski indyk, a niech to!
— Co za *gówno*!
— Ja tam zjem jeszcze trochę.
— Ja też. Ale trzeba dodać przypraw.
Tammie przyszła i usiadła w pokoju. Prawie skończyła ogryzać udko. Potem przełamała kość na pół i zaczęła ją żuć. Wprost oniemiałem. Pożerała kość udową, wypluwając odłamki na dywan.
— Hej, jesz kość!

— Pewnie, jest *pyszna*!
Tammie pobiegła do kuchni po następną porcję. Po chwili wyszły stamtąd obie, każda z butelką piwa w ręce.
— Dzięki, Hank.
— Tak, dzięki, stary.
Siedziały, pociągając piwo.
— Musimy się zbierać — powiedziała Tammie.
— Tak, lecimy zgwałcić jakichś małolatów.
— No!
Obie zerwały się na równe nogi i wybiegły. Poszedłem do kuchni i zajrzałem do lodówki. Indyk sprawiał wrażenie, jakby dopadł go tygrys — zewłok rozerwano po prostu na pół. Wyglądał obscenicznie.

Wieczorem następnego dnia przyjechała Sara.
— Jak się miewa indyk? — spytała.
— Nieźle.
Poszła do kuchni i zajrzała do lodówki. Krzyknęła i wybiegła stamtąd.
— Mój Boże, *co się stało*?!
— Wpadły tu Tammie i Arlene. Chyba nie miały nic w ustach od wielu tygodni.
— Och, to obrzydliwe. Nie można na to patrzeć!
— Przykro mi. Powinienem był im przeszkodzić. Były naćpane.
— Pozostaje mi tylko jedno.
— Co takiego?
— Przyrządzę ci dobry rosół. Pojadę po jarzyny.
— Jak chcesz.
Dałem jej 20 dolarów. Miała rację, rosół okazał się rzeczywiście pyszny. Zanim odjechała, poinstruowała mnie, jak go odgrzewać.

Około 4 po południu Tammie zapukała do drzwi. Wpuściłem ją, a ona skierowała się prosto do kuchni. Lodówka była otwarta.
— Rosołek, co?
— Tak.

— Dobry?
— Tak.
— Mogę spróbować?
— Możesz.

Słyszałem, jak stawia garnek na kuchence. Potem usłyszałem, jak zanurza łyżkę.

— Boże, jaki *mdły*! Trzeba go przyprawić!

Słyszałem, jak wsypuje przyprawy, po czym kosztuje ponownie.

— Już *lepiej*! Ale jeszcze za mało! Jestem Włoszką, wiesz? Jeszcze trochę... O, tak... Znacznie lepiej! Wystarczy go tylko podgrzać. Mogę wziąć piwo?

— Dobrze.

Przyszła do pokoju z butelką w ręce i usiadła.

— Brakuje ci mnie? — spytała.
— Nigdy się nie dowiesz.
— Chyba odzyskam swoją pracę w Play Pen.
— Świetnie.
— Dają tam niezłe napiwki. Jeden facet co wieczór dawał mi 5 dolców. Kochał się we mnie. Nigdy się ze mną nie umówił, gapił się tylko jak sroka w gnat. Jakiś taki dziwak. Był chirurgiem, specjalizował się w operacjach odbytu i czasami onanizował się, patrząc, jak chodzę po sali. Czułam zapach jego spermy, wiesz.

— Podniecałaś go.
— Rosół zdążył się już chyba odgrzać. Chcesz trochę?
— Nie, dziękuję.

Tammie zniknęła w kuchni i usłyszałem, jak nabiera rosołu z garnka. Długo jej nie było, ale w końcu się pojawiła.

— Możesz pożyczyć mi 5 dolców do piątku?
— Nie.
— To chociaż ze dwa.
— Nie.
— No to może przynajmniej dolara.

Wygrzebałem z kieszeni trochę drobnych. Uzbierał się z nich dolar i 37 centów.

— Dzięki — powiedziała.
— Nie ma za co.

— Trzymaj się.
I już jej nie było.

Wieczorem znowu przyjechała Sara. Takie częste odwiedziny należały u niej do rzadkości; wiązało się to pewnie z okresem świąt, kiedy wszyscy czuli się zagubieni, podekscytowani i trochę przerażeni. Miałem pod ręką białe wino i nalałem nam.
— Co słychać w twojej gospodzie? — spytałem.
— Kiepsko idzie. Prawie nie opłaca się jej otwierać.
— A gdzie się podziali twoi stali klienci?
— Wyjechali.
— Wszystkie nasze rachuby okazują się zwykle zawodne.
— Nie wszystkie. Niektórzy bez przerwy idą do przodu.
— Fakt.
— Jak rosół?
— Niewiele zostało.
— Smakował ci?
— Zjadłem tylko trochę.
Sara poszła do kuchni i otworzyła drzwi lodówki.
— Co się z nim stało? Dziwnie wygląda.
Słyszałem, jak go próbuje. Potem podbiegła do zlewu i wypluła wszystko.
— Jezu, ktoś go zatruł! Co się stało? Czy Tammie z Arlene wróciły i zjadły także *rosół*!
— Uporała się z nim sama Tammie.
Sara tym razem nie krzyknęła. Po prostu wylała resztkę rosołu do zlewu i włączyła maszynę do mielenia odpadków. Słyszałem, jak z trudem tłumi szloch. Ten nieszczęsny wiejski indyk miał ciężkie święta.

100

Sylwester okazał się kolejnym niewypałem. Moi rodzice zawsze uwielbiali ostatni dzień roku, włączali radio i słuchali, jak zbliża się północ, najpierw w innych miastach, by w końcu dotrzeć do Los Angeles. Strzelały fajerwerki, rozlegały się gwizdki i piszczałki, niewprawni pijacy rzygali, mężowie podrywali cudze żony, a ich ślubne flirtowały z kim popadnie. Wszyscy się całowali i obłapiali po kątach, niekiedy wręcz bezwstydnie, zwłaszcza o północy. Toteż następnego dnia dochodziło do strasznych kłótni rodzinnych, które zaciekłością przewyższały mecze Turnieju Róż i tradycyjny finał w Rose Bowl.

Sara przyjechała już wczesnym popołudniem. Entuzjazmowała się takimi rzeczami jak *Czarodziejska góra*, bzdurne seriale kosmiczne w stylu *Star Trek*, muzyka rockowa, krem ze szpinaku i właściwa dieta, ale zdrowym rozsądkiem przewyższała inne znane mi kobiety. Może tylko Joanna Dover mogła się z nią równać. Nie tylko pod względem zdrowego rozsądku, ale i dobrego serca. Sara była ładniejsza i bardziej oddana od innych kobiet, z którymi się wówczas zadawałem, więc ten nadchodzący rok nie powinien być aż taki zły.

Przed chwilą złożono mi życzenia szczęśliwego Nowego Roku w lokalnej telewizji, zrobił to jakiś zidiociały prezenter. Nie lubię, jak mi obcy składa życzenia. Skąd ten kretyn może wiedzieć, do kogo się zwraca? A może mówi do faceta, który właśnie zakneblował i powiesił za nogi pod sufitem swoją pięcioletnią córeczkę, a teraz kroi ją w kawałki? Wszystkiego najlepszego.

Zaczęliśmy z Sarą świętować i popijać, ale trudno jest się upić, kiedy pół świata z wielkim trudem próbuje dokonać tego samego.

— To nie był taki zły rok — powiedziałem do niej. — Nikt mnie nie zamordował.

— I nadal jesteś w stanie pić co wieczór i codziennie wstawać w południe.

— Chciałbym przetrwać jeszcze jeden rok.

— Nie rozczulaj się tak nad sobą, stary ochlapusie.

Rozległo się pukanie do drzwi. Nie wierzyłem własnym oczom. W drzwiach stał Dinky Summers, folkrockowy piosenkarz, w towarzystwie Janis, swojej dziewczyny.

— Dinky! — ryknąłem. — Kurwa, skąd się tu wziąłeś?

— Sam nie wiem, Hank. Jakoś tak nabrałem ochoty, żeby do ciebie wpaść.

— Janis, to Sara. Poznajcie się. Saro, pozwól, to Janis.

Sara przyniosła dwa dodatkowe kieliszki. Nalałem. Rozmowa się nie kleiła.

— Napisałem dziesięć nowych kawałków. Chyba jestem coraz lepszy — zaczął nieśmiało Dinky.

— Ja też tak uważam — dodała Janis. — Naprawdę.

— Posłuchaj, stary, tego wieczoru, kiedy miałem występ tuż przed tobą... Powiedz, Hank, tylko szczerze, byłem *aż tak fatalny*?

— Słuchaj, Dinky, nie chcę sprawić ci przykrości, ale wtedy bardziej zajmowałem się piciem niż słuchaniem. Myślałem tylko o tym, że będę musiał do nich wyjść, i przełamywałem się, żeby się na to zdobyć, a w takich chwilach zawsze chce mi się rzygać.

— Co do mnie, to *uwielbiam* stawać przed publicznością, a kiedy podobają jej się moje piosenki, jestem w siódmym niebie.

— Wiesz, z pisaniem wygląda to trochę inaczej. Pracuje się w samotności, nie myśląc o reakcjach publiki.

— Może masz rację.

— Ja też tam byłam — powiedziała Sara. — Dwóch facetów musiało pomagać Hankowi wejść na scenę. Był kompletnie zalany, wręcz chory.

— Posłuchaj, Saro — spytał Dinky. — Czy mój występ był *aż tak* fatalny?

— Nie, wcale nie. Oni po prostu niecierpliwili się, czekając na Chinaskiego. Wszystko inne ich wkurzało.

— Dzięki, Saro.

— Folkowy rock to nie moja specjalność — powiedziałem.

— A co lubisz?

— Niemal wszystkich klasycznych kompozytorów niemieckich i kilku rosyjskich.

— Napisałem jakieś dziesięć nowych kawałków.

— Może zaśpiewasz nam kilka? — zaproponowała Sara.

— Zdaje się, że nie masz gitary, prawda? — spytałem z nadzieją.

— Ależ ma — powiedziała Janis. — Nigdy się z nią nie rozstaje.

Dinky wstał i poszedł po instrument do samochodu. Usiadł po turecku na dywanie i zaczął stroić swoje pudło. Czekał nas prawdziwy recital na żywo. Wkrótce zaczął. Miał pełny, potężny głos, który odbijał się echem od ścian. Piosenka mówiła o rozstaniu z kobietą. Nie była taka zła. Może nawet na scenie, wykonana przed płacącą za bilety publicznością, byłaby zupełnie w porządku. Trudniej było to ocenić, kiedy publiczność siedziała na tym samym dywanie co wykonawca. Piosenka stawała się wtedy nazbyt osobista, wręcz żenująca. Uznałem jednak, że nie jest aż taka zła. A jednak Dinky ma problemy. Widać, że się starzeje. Jego loki nie są już takie złote, a niewinność wyzierająca z szeroko otwartych oczu nie ma już dawnego blasku. Wkrótce zaczną się kłopoty. Zgotowaliśmy mu małą owację.

— Dla mnie *bomba*, stary — powiedziałem.

— Naprawdę ci się *podoba*, Hank?

Z aprobatą uniosłem kciuk do góry.

— Wiesz, że zawsze lubiłem twoje utwory — zrewanżował mi się.

— Dzięki, stary.

Przeszedł do następnej piosenki. Treść brzmiała podobnie. Śpiewał o kobiecie, swojej kobiecie, swojej byłej kobiecie, która nie wróciła na noc do domu. Piosenka zawierała nieco humoru, ale nie byłem pewien, czy zamierzonego. Tak czy inaczej, Dinky skończył i dostał od nas brawa. Natychmiast zaintonował następną piosenkę.

Natchnienie zdawało się go nie opuszczać. Czynił przy tym sporo hałasu. Mogliśmy słuchać nie tylko dźwięków gitary, ale także poskrzypywania jego tenisówek, gdy podkurczały mu się palce stóp.

W gruncie rzeczy prezentował nam *całego siebie*. Nie wyglądał jak należy, a jego głos miał może nieszczególne brzmienie, mimo to jego utwory były o wiele lepsze od tego, co atakowało nas zewsząd. Miałem wyrzuty sumienia, że nie mogę go pochwalić bez zastrzeżeń. Jeśli człowiek musi karmić drugiego kłamstwami na temat jego talentu tylko dlatego, że siedzi on naprzeciwko, staje się to najbardziej niewybaczalnym kłamstwem, ponieważ zachęca go do dalszej twórczości, a w ostatecznym rozrachunku jest to najgorszy sposób zmarnowania sobie życia przez człowieka pozbawionego talentu. Jednak wielu ludzi tak właśnie postępuje, zwłaszcza rodzina i przyjaciele.

Dinky zagrał następny kawałek. Postanowił przedstawić nam wszystko, co ostatnio skomponował. Słuchaliśmy i klaskaliśmy. Moje oklaski były przynajmniej najbardziej powściągliwe.

— Trzecia zwrotka, Dinky, nie podobała mi się — zauważyłem.

— Ale jest niezbędna, bo...

— Wiem.

Śpiewał dalej. Zaśpiewał nam wszystkie swoje nowe piosenki. Trochę to trwało. Między utworami robił niekiedy przerwy. Kiedy nadszedł w końcu Nowy Rok, wciąż byliśmy razem. Jednak, dzięki Bogu, gitara spoczywała w futerale. Wyrok z zawieszeniem.

Dinky i Janis wyszli około pierwszej, a my z Sarą poszliśmy do łóżka. Zaczęliśmy tulić się do siebie i całować. Jak już wspomniałem, mam fioła na punkcie pocałunków. Podniecają mnie jak wszyscy diabli. Niewiele osób ma o tej umiejętności choćby blade pojęcie. Dlatego tak fatalnie wygląda to w kinie czy w telewizji. Leżeliśmy z Sarą w łóżku, nasze ciała przywierały do siebie, a usta spotykały się w namiętnych pocałunkach. Tym razem naprawdę się zapamiętała. W przeszłości zawsze odbywało się to tak samo. Drayer Baba obserwował nas z góry, Sara chwytała mego kutasa, ja zabawiałem się jej cipką, w końcu pocierała moim kutasem swoją szparkę i rano skóra na nim była zaczerwieniona, pełna otarć i pęknięć.

Osiągnęliśmy fazę pocierania. A potem nagle chwyciła mego pikującego ptaka i całego wsunęła sobie do gniazdka. Zdumiałem się. Nie wiedziałem, co robić. A przecież to takie proste. W górę i w dół, nieprawdaż? A ściślej mówiąc, do wewnątrz i na zewnątrz. To tak jak z jazdą na rowerze. Takich rzeczy nigdy się nie zapomina.

Sara była przepiękną kobietą. Nie mogłem się powstrzymać. Chwyciłem ją za te złote włosy, wpiłem się w jej usta i przeżyłem wyjątkowo intensywny orgazm, oddając jej wszystko aż do ostatniej kropelki.

Wstała i poszła do łazienki, a ja spojrzałem na niebieski sufit w sypialni i powiedziałem: „Wybacz jej, Drayer Babo". Ponieważ jednak nie miał zwyczaju nic mówić i nie brał do ręki pieniędzy, nie mogłem oczekiwać odpowiedzi ani mu zapłacić.

Sara wyszła z łazienki. Miała drobne ciało, szczupłe i opalone, niezwykle podniecające. Położyła się do łóżka i pocałowaliśmy się. Był to długi, rozkosznie mokry pocałunek.

— Szczęśliwego Nowego Roku — powiedziałem.

Zasnęliśmy złączeni uściskiem.

101

Już od dawna prowadziłem korespondencję z Tanią, gdy w końcu zadzwoniła do mnie wieczorem 5 stycznia. Miała wysoki tembr głosu, podniecający i pełen seksapilu, jak niegdyś Betty Boop.
— Przylatuję jutro wieczorem. Wyjedziesz po mnie na lotnisko?
— Jak cię poznam?
— Będę trzymała białą różę.
— Wspaniale.
— Posłuchaj, jesteś pewien, że tego chcesz?
— Tak.
— Dobrze, przyjadę.

Odłożyłem słuchawkę. Pomyślałem o Sarze. Ech, przecież nawet nie jesteśmy małżeństwem. Mężczyzna ma swoje prawa. Jestem pisarzem. Jestem starym świntuchem. Stosunki między ludźmi i tak nie układają się, jak należy. Tylko pierwsze dwa tygodnie cechuje jakiś dynamizm, potem ludzie przestają być dla siebie interesujący. Maski opadają im z twarzy i ujawniają się ich prawdziwe oblicza: szajbusów i debili, istot obłąkanych i mściwych, sadystów i morderców. Nowoczesne społeczeństwo stworzyło swój własny gatunek istot, które pożerają się nawzajem. To pojedynek na śmierć i życie — w kloace. Uznałem, że człowiek może wytrwać w jakimś związku najwyżej dwa i pół roku. Król Mongut z Syjamu miał 9000 żon i nałożnic. Jak mówi Stary Testament, król Salomon miał 700 żon. August Mocny z Saksonii miał 365 kurtyzan, jedną na każdy dzień roku. W liczbach kryje się bezpieczeństwo.

Wykręciłem numer Sary. Zastałem ją w domu.

— Cześć — powiedziałem.

— Cieszę się, że zadzwoniłeś. Właśnie o tobie myślałam.

— Jak interesy?

— To był niezły dzień.

— Powinnaś podnieść ceny. Praktycznie serwujesz wszystko za darmo.

— Osiągając niewielki zysk, nie muszę płacić podatków.

— Posłuchaj, ktoś dziś do mnie zadzwonił.

— Kto?

— Tania.

— Tania?

— Tak, pisywaliśmy do siebie. Podobają się jej moje wiersze.

— Widziałam ten list. Zostawiłeś go na wierzchu. Zdaje się, że to ta, co przysłała ci swoje zdjęcie z odsłoniętą cipą?

— Tak.

— A teraz składa ci wizytę?

— Tak.

— Hank, jest mi niedobrze. To okropne. Nie wiem, co mam jeszcze powiedzieć.

— Już się zapowiedziała. Obiecałem, że wyjadę po nią na lotnisko.

— Co ty chcesz *zrobić*? Co to wszystko ma znaczyć?!

— Może nie jestem dobrym człowiekiem. Wiesz, dobro i zło to skomplikowana materia.

— To nie jest odpowiedź. A co z tobą, co ze mną? Co z nami? Nie lubię melodramatycznych wyznań, ale zaangażowałam się uczuciowo...

— Widzisz, sam ją zaprosiłem. Czy to musi oznaczać dla nas koniec?

— Nie wiem, Hank. Tak sądzę. Nie umiem sobie z tym poradzić.

— Byłaś dla mnie bardzo dobra. Nie jestem pewien, że zawsze wiem, do czego zmierzam.

— Jak długo ona tu zostanie?

— Pewnie jakieś 2, 3 dni.

— Masz pojęcie, jak ja się teraz czuję?
— Wyobrażam sobie...
— Dobrze, zadzwoń, kiedy wyjedzie. Wtedy zdecydujemy.
— W porządku.

Powlokłem się do łazienki i przyjrzałem własnej twarzy. Wyglądała strasznie. Wyciąłem kilka siwych włosów z brody i kilka wokół uszu. Witaj, Śmierci. Przeżyłem już ponad pół wieku. Dałem ci tyle okazji, że powinienem być twój już dawno temu. Chcę zostać pochowany blisko toru wyścigowego. Stamtąd będę mógł słyszeć tętent kopyt na ostatniej prostej.

Następnego wieczoru czekałem na lotnisku. Przyjechałem tak wcześnie, że zajrzałem do baru. Zamówiłem drinka. Usłyszałem czyjś płacz. Obejrzałem się. Przy stoliku w głębi sali płakała jakaś kobieta. Młoda Murzynka o bardzo jasnej skórze, w obcisłej niebieskiej sukience, mocno już wstawiona. Położyła stopy na krześle i podciągnęła wysoko sukienkę, odsłaniając długie, gładkie, podniecające nogi. Chyba wszyscy faceci w barze dostali na ten widok wzwodu. Nie mogłem oderwać wzroku od jej dolnych partii. Byłem rozpalony do czerwoności. Wyobrażałem ją sobie na mojej kanapie, jak eksponuje te obłędne nogi. Zamówiłem następnego drinka i podszedłem do niej. Stałem obok, próbując ukryć wybrzuszenie w spodniach.
— Nic pani nie jest? — spytałem. — Czy mogę jakoś pomóc?
— Pewnie, kup mi stingera.

Wróciłem z koktajlem. Zdjęła nogi z krzesła. Usiadłem obok. Zapaliła papierosa i przysunęła swoje udo do mojego. Ja także zapaliłem.
— Jestem Hank — przedstawiłem się.
— A ja Elsie — odwzajemniła mi się.

Przystawiłem udo do jej nogi i wolno przesuwałem je w górę i w dół.
— Mam stałą robotę w hurtowni armatury — uzupełniłem wstępną prezentację.

Elsie nie zareagowała.
— Ten sukinsyn mnie porzucił — odezwała się w końcu. — Na Boga, nienawidzę go. Nie masz pojęcia, jak go nienawidzę!
— To się zdarza każdemu kilka razy w życiu.
— To żadna pociecha. Mam ochotę go zamordować.
— Daj spokój.
Ścisnąłem ją za kolano. Kutas nabrzmiał mi tak bardzo, że aż bolało. Balansowałem na krawędzi wytrysku.
— Pięćdziesiąt — powiedziała.
— A w zamian?
— Wszystko, co zechcesz.
— Obsługujesz lotniska?
— Tak, sprzedaję ciasteczka z innymi harcerkami.
— Przepraszam. Myślałem, że masz kłopoty. Za 5 minut muszę odebrać moją mamę.
Wstałem i oddaliłem się. *Profesjonalistka!* Ukradkiem zerknąłem za siebie. Znów trzymała nogi na krześle, pokazując więcej niż przedtem. Niewiele brakowało, a zawróciłbym. Niech cię wszyscy diabli, Taniu.

Samolot Tani podszedł do lądowania i usiadł łagodnie, nie roztrzaskując się o beton. Stałem nieco z tyłu za tłumem witających. Jaka ona będzie? Nie chciałem myśleć o tym, jaki ja jestem. Pojawili się pierwsi pasażerowie. Czekałem cierpliwie.
Och, spójrz na *tę*! Gdyby to była Tania! Albo ta. Mój Boże! Takie okazałe dupsko. Cała na żółto. I ten prowokacyjny uśmiech. Albo tamta... Najchętniej wziąłbym ją w kuchni, przy zmywaniu naczyń. A może ta, szarżująca wprost na mnie z jedną oswobodzoną piersią. W tym samolocie było sporo fantastycznych dmuchawic.
Poczułem, że ktoś klepie mnie w ramię. Odwróciłem się. Za mną stała mała dziewczynka. Wyglądała najwyżej na 18 lat. Szczupła, długa szyja, nieco pochylone ramiona, trochę za długi nos, ale piersi, o tak!, a w dodatku te smukłe nogi i krągła dupcia. Co za lalunia!
— To ja — powiedziała.
Pocałowałem ją w policzek.
— Masz jakiś bagaż?

— Tak.
— Chodźmy do baru. Nie znoszę czekać na wydawanie bagażu.
— Dobrze.
— Jesteś taka mała.
— Ważę 40 kilo.
— Jezu!
Rozerwę ją na pół. To będzie jak gwałt na nieletniej. Weszliśmy do baru i usiedliśmy. Kelnerka poprosiła Tanię o jakiś dowód tożsamości. Tania podsunęła go jej natychmiast, jakby tylko na to czekała.
— Wyglądasz na 18 lat — próbowała tłumaczyć się kelnerka.
— Wiem — odparła Tania swoim wysokim głosem Betty Boop. — Podwójną whisky.
— Dla mnie koniak — uzupełniłem zamówienie.
Dwa stoliki dalej wciąż siedziała ta Murzynka z sukienką podciągniętą powyżej swojej wyzywającej dupy. Miała różowe majtki. Nie spuszczała ze mnie wzroku. Kelnerka przyniosła nam drinki. Zaczęliśmy je sączyć. Zauważyłem, że Murzynka wstaje z krzesła. Zataczając się, szła w kierunku naszego stolika. Oparła się dłońmi o blat i pochyliła się. Zalatywało od niej jak z gorzelni. Wpiła się we mnie wzrokiem.
— A więc to jest twoja *mamuśka*! Tak, ty matkojebco?!
— Mamusia nie mogła przylecieć.
Elsie spojrzała na Tanię.
— Ile bierzesz, mała?
— Odpierdol się.
— Dobrze obciągasz druta?
— Nawijaj tak dalej, a tak ci przyłożę, że zmienisz kolor i zrobisz się sina.
— Ciekawe jak, tymi patykami?
Elsie oddaliła się, kręcąc tyłkiem. Dotarła do swojego stolika i natychmiast wyciągnęła te swoje niesamowite nogi. Dlaczego nie mogę mieć ich obu? Król Mongut miał 9000 żon. Pomyślcie tylko: 365 dni podzielone przez 9000. Żadnych kłótni, miesiączkowania, psychicznego balastu. Nic, tylko używać i używać. Pewnie ciężko było mu rozstać się z tym

światem. A może wręcz przeciwnie. W każdym razie nie ma mowy o odczuciach pośrednich.
— Kto to był? — spytała Tania.
— Elsie.
— Znasz ją?
— Próbowała mnie poderwać. Bierze 50 za zrobienie loda.
— Wkurza mnie. Znałam wiele nietoperzyc, ale...
— Co to jest nietoperzyca?
— Czarna zdzira.
— Aha.
— Nigdy tego nie słyszałeś?
— Nie.
— No więc znałam sporo nietoperzyc.
— Rozumiem.
— Swoją drogą, ma *świetne* nogi. Sama mogłabym się na nią napalić.
— Taniu, nogi to tylko część...
— Jaka znowu część?
— Fakt, najważniejsza.
— Chodźmy po moje bagaże...
Kiedy wychodziliśmy, Elsie zawołała za nami:
— Pa, *mamuśko*!
Sam nie wiem, czy było to skierowane do mnie, czy do Tani.

Siedzieliśmy na kanapie w moim mieszkaniu i popijaliśmy.
— Cieszysz się, że przyjechałam? — spytała Tania.
— Trudno się *tobą* nie cieszyć.
— Miałeś przyjaciółkę. Pisałeś mi o niej. Jesteście wciąż razem?
— Nie wiem.
— Chcesz, żebym wyjechała?
— Nie wydaje mi się.
— Posłuchaj, uważam cię za *wielkiego* pisarza. Należysz do tych nielicznych, których jestem w stanie czytać.
— Tak? A kim są ci pozostali? Co to za skurwysyny?
— Nie pamiętam w tej chwili nazwisk.

Nachyliłem się i pocałowałem ją. Jej usta były rozchylone i wilgotne. Nie próbowała nawet pozorować oporu. Niezły z niej numer. 40 kilogramów. Przypominaliśmy słonia i mysz kościelną.

Tania wstała ze szklanką w dłoni, podciągnęła sukienkę i usiadła na mnie okrakiem. Nie miała majtek. Zaczęła pocierać cipką o mojego nabrzmiałego kutasa. Przywarliśmy do siebie, pocałowaliśmy się, a ona wciąż ocierała się o mnie. Skutek był murowany. Wij się, wij, mała żmijko!

Rozpięła suwak moich spodni. Wyciągnęła mego zaganiacza z rozporka i wsunęła go sobie w szparkę. Zaczęła mnie ujeżdżać. Potrafiła to robić, mimo swoich niepokaźnych rozmiarów. Nie byłem w stanie myśleć. Machinalnie wykonywałem oszczędne ruchy, momentami trafiając w jej rytm. Co kilka chwil całowaliśmy się. Coś makabrycznego: staruch gwałcony przez dziecko. Brała mnie z wielką wprawą. Schwytała i osaczyła. Istne szaleństwo. Spotkanie dwóch ciał, bez odrobiny miłości. Wypełnialiśmy powietrze odorem czystego seksu. Och, dziecinko. Jak twoje drobne ciało może sprostać takim wyczynom? *Kto* wynalazł kobietę? I po co?

— Wsadź go całego!

Tak? Przecież jesteśmy sobie całkiem *obcy*! Zupełnie jakbym rżnął całe nagromadzone we mnie plugastwo. Obrabiała mojego fiuta jak tresowana małpka. Oto wierna czytelniczka wszystkich moich utworów. Ta mała wie o mnie to i owo. Czuje bluesa. Ujeżdża mnie z furią, trzymając jeden palec na swojej łechtaczce, z głową odrzuconą do tyłu. Oddajemy się jednej z najstarszych i najbardziej wyuzdanych uciech, jakie tylko istnieją.

Jednocześnie osiągnęliśmy szczyt, a mój orgazm zdawał się trwać bez końca. Wydawało mi się, że za chwilę serce przestanie mi bić. Osunęła się na mnie, filigranowa i krucha. Dotknąłem jej włosów. Spociła się. Zeszła ze mnie i ruszyła do łazienki.

Pomyśleć, że to ja chciałem zgwałcić tę dziewczynkę. Dzieciaki są teraz nieźle wyszkolone. Gwałciciel zgwałcony. Oto akt sprawiedliwości. Czy ona jest kobietą wyzwoloną? Skąd, jest tylko napalona jak diabli.

Wyszła z łazienki. Napiliśmy się jeszcze. I niech to szlag, zaczęła śmiać się i paplać beztrosko, jakby nic się nie zdarzyło. Tak, w tym rzecz. To był dla niej tylko rodzaj sportu, jak jogging lub pływanie.

— Chyba będę musiała się wynieść z mego mieszkania. Rex daje mi się we znaki.

— Tak?

— Wiesz, nie sypiamy ze sobą, nigdy nie spaliśmy, a mimo to on jest taki zazdrosny. Pamiętasz ten wieczór, kiedy do mnie zadzwoniłeś?

— Nie.

— Kiedy odłożyłam słuchawkę, wyrwał przewód z gniazdka.

— Może jest w tobie zakochany. Spróbuj być dla niego dobra.

— A ty jesteś dobry dla ludzi, którzy cię kochają?

— Nie.

— Jestem infantylna, nie potrafię sobie z tym poradzić.

Piliśmy przez resztę nocy, po czym, tuż przed świtem, poszliśmy do łóżka. Nie, nie rozerwałem tej kruszyny na pół. Była w stanie poradzić sobie ze mną i przyjąć o wiele, wiele więcej.

102

Gdy się obudziłem po kilku godzinach, Tani nie było w łóżku. Dochodziła dopiero 9. Zobaczyłem, że siedzi na kanapie i pociąga whisky wprost z butelki.
— Jezu, wcześnie zaczynasz.
— Zawsze wstaję o 6.00.
— Ja zrywam się w południe. Grozi nam poważny konflikt.
Tania pociągnęła łyk, a ja położyłem się z powrotem do łóżka. Wstawanie o 6 to czyste szaleństwo. Musi mieć nieźle rozstrojone nerwy. Nic dziwnego, że waży tyle, co nic.
— Idę na spacer — oznajmiła.
— Idź.
Zasnąłem.
Gdy się obudziłem, Tania siedziała na mnie. Mój kutas stał na baczność i tkwił w jej cipce. Znów galopowała na mnie. Odchyliła głowę, wyprężyła się do tyłu. Odwalała za mnie całą robotę. Wydawała ciche jęki rozkoszy, w coraz krótszym odstępie. Ja także zacząłem pojękiwać. Coraz głośniej. Czułem, że jestem już blisko. Jeszcze chwila. I już po wszystkim. Był to dobry, długi, mocny orgazm. Tania zeszła ze mnie. Kutas nadal sterczał mi dumnie. Pochyliła się nad nim i patrząc mi w oczy, zaczęła zlizywać spermę z jego główki. Nie ma co, ta dziewczyna naprawdę lubi porządek.
Podniosła się i poszła do łazienki. Słyszałem odgłos wody napuszczanej do wanny. Była dopiero 10.15. Postanowiłem jeszcze trochę pospać.

103

Zabrałem Tanię na wyścigi. Najnowszą sensacją był szesnastoletni dżokej, któremu nadal przysługiwały fory jako debiutantowi. Przybył ze Wschodniego Wybrzeża i po raz pierwszy startował w Santa Anita. Organizatorzy ustanowili nagrodę w wysokości 10 tysięcy dolarów dla osoby, która wytypuje zwycięzcę głównej gonitwy, ale pod warunkiem, że jej typy zostaną wylosowane spośród wszystkich zakładów. Dla każdego konia losowano na początek jedną osobę.

Przyjechaliśmy podczas 4. gonitwy — trybuny pękały w szwach. Ci cwaniacy sprzedali wszystkie bilety i nie było nawet miejsca na parkingu. Obsługa skierowała nas do pobliskiego centrum handlowego. Zorganizowali nawet specjalne autobusy dowożące stamtąd ludzi na tor. Po ostatniej gonitwie czekałby nas długi spacer.

— Zupełny obłęd. Mam ochotę wrócić do domu — powiedziała Tania.

Pociągnęła z flaszki.

— Chuj z tym — rzuciła po chwili. — Skoro już tu jesteśmy...

Kiedy dostaliśmy się do środka, przypomniałem sobie o pewnym wygodnym, odosobnionym zakątku, gdzie można było usiąść. Zaprowadziłem ją tam. Jedyną wadą tego miejsca było to, że odkryły je także dzieciaki. Biegały wokół, wzbijając tumany kurzu i wrzeszcząc, ale i tak lepsze to od stania.

— Wyjdziemy po 8. gonitwie — powiedziałem Tani. — Tym, którzy zostaną dłużej, nie uda się stąd wydostać przed północą.
— Założę się, że tor wyścigowy jest doskonałym miejscem do podrywania facetów.
— W tutejszym barze nie brakuje dziwek.
— Dałeś się tu kiedyś wyhaczyć?
— Raz, ale to się nie liczy.
— Dlaczego?
— Znałem ją już przedtem.
— Nie boisz się, że coś złapiesz?
— Jeszcze jak. To dlatego większość facetów woli dawać ciziom do buzi.
— Lubisz to?
— No wiesz... Jasne, że tak.
— Kiedy będziemy obstawiać?
— Teraz.
Tania poszła za mną do okienek. Podszedłem do tego, w którym przyjmowano zakłady pięciodolarowe. Stanęła za mną.
— Skąd wiesz, na którego konia stawiać?
— Nikt tego nie wie, ale tak naprawdę to proste.
— Jak to?
— Ogólnie rzecz biorąc, szanse najlepszego konia przedstawione są w postaci proporcji liczbowych, tym wyższych, im gorszy koń. Ale nawet najlepszy koń wygrywa tylko co trzeci raz, mimo że jego szanse wynoszą mniej niż 3 do 1.
— Można stawiać na wszystkie startujące konie?
— Tak, jeśli chcesz szybko zostać bez grosza.
— Czy wielu ludzi wygrywa?
— Moim zdaniem jedna osoba na 20, 25.
— Dlaczego w takim razie tu przychodzą?
— Nie jestem psychiatrą. Ale jak się dobrze rozejrzysz, może znajdziesz tu kilku.
Postawiłem 5 dolców na konia numer 6 i poszliśmy zobaczyć gonitwę. Zawsze wolałem konie wyrywające ostro do przodu, zwłaszcza kiedy zostawały w tyle podczas swego poprzedniego biegu. Gracze traktowali je pogardliwie, ale

płacono za nie więcej niż za faworyta. Szanse mojego fuksa oceniono na 4 do 1. Wygrał o dwie i pół długości. Za postawione na niego 2 dolary płacono 10 dolców i 20 centów. Byłem 25, 50 na plus.

— Chodźmy się napić — zaproponowałem Tani. — Barman przyrządza najlepszą krwawą Mary w całej południowej Kalifornii.

Weszliśmy do baru. Tanię poproszono o dowód tożsamości. Zamówiliśmy drinki.

— Jaki jest twój typ w następnej gonitwie? — spytała Tania.
— Zag-Zig.
— Myślisz, że wygra?
— To pewne jak to, że masz dwa cycki.
— No proszę, jaki spostrzegawczy.
— Pewnie.
— Gdzie jest damska toaleta?
— Skręć dwa razy w prawo.

Kiedy Tania poszła, zamówiłem następną krwawą Mary. Podszedł do mnie czarny facet. Miał około pięćdziesiątki.

— Co słychać, Hank?
— Jakoś leci.
— Brakuje nam ciebie na poczcie. Byłeś jednym z najzabawniejszych facetów, jakich mieliśmy. Słowo, brakuje nam ciebie.
— Dzięki. Pozdrów ode mnie chłopaków.
— Co teraz porabiasz, Hank?
— Och, walę w maszynę do pisania.
— Co masz na myśli?
— Po prostu walę w klawisze.

Wyciągnąłem ręce przed siebie i zacząłem poruszać palcami.

— Pracujesz w biurze?
— Nie, piszę.
— Znaczy, co piszesz?
— Wiersze, opowiadania, powieści. Płacą mi za to.

Spojrzał na mnie, bez słowa odwrócił się i odszedł. Wróciła Tania.

— Jakiś sukinsyn próbował mnie poderwać.

— Tak? Przykro mi. Powinienem był pójść z tobą.
— Był cholernie *natarczywy*! Nienawidzę takich typków! To *śmieci*!
— Gdyby stać ich było na oryginalność, nie byłoby jeszcze tak źle. Tyle że oni nie mają za grosz wyobraźni. Może dlatego są samotni.
— Postawię na Zag-Ziga.
— Czekaj, przyniosę ci kupon.

Zag-Zig nie był w formie. Podszedł do bramki startowej słabym krokiem, a dżokej powłóczył batem po ziemi. Zag-Zig wystartował kiepsko, po czym ruszył galopem. Wyprzedził tylko jednego konia. Wróciliśmy do baru. Tak przybiega pewniak o szansach ocenianych na 6 do 5! Niech to wszyscy diabli!

Zamówiliśmy dwie krwawe Mary.
— Lubisz, jak ci obciągają fiuta? — spytała Tania.
— To zależy. Niektóre robią to dobrze, większość nie za bardzo.
— Spotykasz tu jakichś znajomych?
— Spotkałem przed chwilą, podczas poprzedniej gonitwy.
— Kobietę?
— Nie, znajomego z poczty. Tak naprawdę nie mam żadnych przyjaciół.
— Masz mnie.
— 40 kilo oszalałego seksu.
— To wszystko, co we mnie widzisz?
— Jasne, że nie. Masz jeszcze te duże, ogromne oczy.
— Jesteś bezczelny cham.
— Chodźmy zobaczyć następną gonitwę.

Zdążyliśmy na czas. Ona obstawiła swojego konia, ja swojego. Oboje przegraliśmy.
— Zmywajmy się stąd — zaproponowałem.
— Chętnie — zgodziła się Tania.

Siedzieliśmy u mnie w domu na kanapie i popijaliśmy. Nie była złą dziewczyną. Miała w sobie tyle smutku. Nosiła sukienki, buty na szpilkach i miała niezłe kostki. Nie byłem pewien, czego po mnie oczekuje. Nie chciałem sprawić jej przykrości. Pocałowałem ją. Miała długi, cienki język wślizgujący się do moich ust jak złota rybka. Wszędzie wokół jest tyle smutku, nawet wówczas, kiedy wszystko się udaje. Tania rozpięła mi rozporek i wzięła kutasa do ust. Po chwili wyjęła go z buzi i spojrzała na mnie. Klęczała między moimi nogami. Patrząc mi w oczy, pieściła językiem główkę fiuta. Za jej plecami ostatnie promienie słońca przedzierały się przez moje brudne żaluzje. Zabrała się do roboty. Nie miała żadnej techniki, nie wiedziała nic o tym, jak powinno się to robić. Potrafiła tylko poruszać rytmicznie głową. Jako czysta groteska było to niezłe, ale trudno jest się podniecić czystą groteską. Sporo wypiłem, a nie chciałem sprawić jej przykrości. Przeniosłem się więc w krainę fantazji.

Byliśmy oboje na plaży, obok nas leżało kilkadziesiąt osób, większość w strojach kąpielowych. Otaczali nas kołem. Słońce stało wysoko na niebie, morze z łoskotem uderzało o brzeg. Od czasu do czasu przelatywało nad naszymi głowami kilka mew. Ludzie obserwowali, jak Tania obciąga mi druta. Słyszałem ich komentarze:

— Jezu, spójrz tylko, jak ona łapczywie się do niego zabiera.

— Tania, głupia zdzira.

— Żeby robić coś takiego facetowi starszemu od niej o 40 lat!

— Oderwijcie ją od niego! Ona zwariowała!

— Nie, poczekajcie! Bierze się ostro do roboty!

— Spójrzcie tylko na jego palanta!

— OBRZYDLIWY!

— Chciałbym jej wsadzić, kiedy mu to robi!

— CHYBA OSZALAŁA! OBCIĄGAĆ DRUTA TAKIEMU STAREMU PIERNIKOWI!

— Przypalmy jej dupę!

— PATRZCIE, JAK CIĄGNIE!

— KOMPLETNA WARIATKA!

Chwyciłem rękami głowę Tani i wepchnąłem kutasa w głąb jej czaszki.

Kiedy wyszła z łazienki, trzymałem w rękach drinki. Tania pociągnęła łyk i spojrzała na mnie.

— Dobrze ci było, prawda? Wyczułam to.

— No pewnie — powiedziałem. — Lubisz muzykę symfoniczną?

— Wolę folk-rocka — odparła.

Podszedłem do radia, włączyłem je, przesunąłem wskaźnik skali na 160 i odkręciłem potencjometr do oporu. Znalazłem jej to, co chciała.

104

Następnego dnia po południu odwiozłem Tanię na lotnisko. Napiliśmy się w tym samym barze. Murzynki nie było. Między jej wspaniałymi nogami przebywał ktoś inny.

— Będę pisać — obiecała Tania.
— Świetnie.
— Uważasz mnie za kurwę?
— Nie. Uwielbiasz seks, a to nic złego.
— Ty też go lubisz.
— Mam surowe zasady. Purytanie potrafią cieszyć się seksem bardziej od innych.
— Naprawdę zachowujesz się najbardziej przyzwoicie ze wszystkich znanych mi facetów.
— W pewnym sensie zachowałem dziewictwo.
— Chciałabym móc to powiedzieć o sobie.
— Jeszcze jeden kieliszek?
— Jasne.

Piliśmy w milczeniu. Nadszedł czas odlotu. Pocałowałem Tanię na pożegnanie. Droga powrotna minęła mi niepostrzeżenie. Znów jestem sam, pomyślałem. Powinienem, kurwa, wziąć się do pisania albo wrócić do pracy dozorcy. Poczta nie przyjmie mnie już z powrotem. Człowiek musi uprawiać swoje rzemiosło, jak to się mówi.

Dojechałem do domu. Skrzynka na listy była pusta. Usiadłem i zadzwoniłem do Sary. Była w swojej gospodzie.

— Co u ciebie? — spytałem.
— Czy ta dziwka już poleciała?

— Tak.
— Dawno?
— Przed chwilą wsadziłem ją do samolotu.
— Przypadła ci do gustu?
— Miała pewne plusy.
— Kochasz ją?
— Nie. Posłuchaj, chciałbym się z tobą zobaczyć.
— Nie wiem. Bardzo ciężko to przeżyłam. Skąd wiesz, że nie zrobisz tego ponownie?
— Nikt nie może być siebie pewien. Ty także.
— Wiem, co czuję.
— Przecież ja cię nie pytam, co ty porabiałaś.
— Och, wielkie dzięki, to miło z twojej strony.
— Chciałbym się z tobą spotkać. Dzisiaj. Przyjedź do mnie.
— Hank, po prostu nie wiem...
— Przyjedź. Chcę tylko porozmawiać.
— Jestem cholernie przygnębiona. Naprawdę przeżyłam piekło.
— Posłuchaj, powiem to w ten sposób: dla mnie jesteś numerem jeden, a numer dwa nawet nie istnieje.
— Dobrze. Przyjadę siódmej. Przepraszam cię, mam dwóch klientów...
— Świetnie. Do zobaczenia o siódmej.

Odłożyłem słuchawkę. Sara była poczciwą duszyczką. Utracić ją dla jakiejś innej to absurd. A przecież Tania także coś mi dała. Sara zasługuje na lepsze traktowanie. Ludzie są sobie winni odrobinę lojalności, nawet jeśli nie łączy ich węzeł małżeński. Ba, powinni mieć do siebie jeszcze większe zaufanie, gdy prawo nie stoi na straży ich związku.

No cóż, potrzebne będzie wino, dobre białe wino.

Wyszedłem, wsiadłem do garbusa i podjechałem do monopolowego w pobliżu supermarketu. Lubię często zmieniać sklepy monopolowe, ponieważ sprzedawcy poznają zbyt dobrze twoje zwyczaje, jeśli przychodzisz codziennie i kupujesz duże ilości. Miałem wrażenie, że zastanawiają się, jakim cudem jeszcze żyję, a to psuło mi dobre samopoczucie. Zapewne wcale nie myśleli o czymś takim, ale człowiek wpada w paranoję, kiedy miewa kaca 300 razy w roku.

Znalazłem 4 butelki dobrego białego wina w tym nowym sklepie i zapłaciłem. Przed sklepem stało kilku młodych Meksykanów.

— Hej, panie! Daj pan parę groszy! Hej, człowieku, kopsnij coś!

— Na co?

— Potrzebna nam forsa, hombre, nie widzisz?

— Chcecie kupić kokę?

— Tylko pepsi, człowieku.

Dałem im pół dolara.

NIEŚMIERTELNY PISARZ WSPOMAGA PROLETARIAT

Chłopcy odbiegli. Otworzyłem drzwi garbusa i włożyłem wino do środka. Nagle podjechał mikrobus i drzwi otworzyły się gwałtownie. Wypchnięto z niego kobietę, młodą, może dwudziestoparoletnią Meksykankę o małych piersiach. Jej czarne włosy były brudne i zaniedbane. Facet w mikrobusie krzyknął do niej:

— TY CHOLERNA KURWO! PIEPRZONA ZDZIRO! POWINIENEM KOPNĄĆ CIĘ W DUPĘ!

— TY GŁUPI CHUJU! — odwzajemniła mu się. — ŚMIERDZISZ GÓWNEM!

Wyskoczył z wozu i pobiegł w jej stronę. Uciekła w kierunku sklepu monopolowego. Facet spostrzegł mnie, zatrzymał się, wsiadł z powrotem do samochodu, z rykiem silnika przejechał przez parking i skręcił w Hollywood Boulevard.

Podszedłem do dziewczyny.

— Nic ci nie jest?

— Nie.

— Czy mogę coś dla ciebie zrobić?

— Tak, odwieźć mnie na skrzyżowanie Van Ness i Franklina.

— W porządku.

Wsiadła do garbusa i pojechaliśmy Hollywood Boulevard. Skręciłem w prawo, potem w lewo i znaleźliśmy się na Franklin Street.
— Masz sporo wina, nie? — spytała.
— Pewnie.
— Chyba mam ochotę się napić.
— Prawie wszyscy mają taką ochotę, tylko o tym nie wiedzą.
— Nie musisz mi mówić.
— Możemy pojechać do mnie.
— Dobra.
Zawróciłem i pojechałem z powrotem.
— Mam trochę forsy — powiedziałem.
— 20.
— Obciągasz druta?
— Najlepiej na świecie.
Kiedy znaleźliśmy się u mnie, nalałem jej kieliszek wina. Było ciepłe. Jej to nie przeszkadzało. Ja też wypiłem ciepłe wino. Potem ściągnąłem spodnie i położyłem się na łóżku. Poszła za mną do sypialni. Wyciągnąłem sflaczałego fiuta z gatek. Od razu zabrała się do roboty. Była beznadziejna, bez odrobiny wyobraźni.

Kurwa, przecież to czysty obłęd, pomyślałem. Uniosłem głowę z poduszki.

— Dalej, mała, kończ już z tym! Co ty tam, do kurwy nędzy, robisz?

Miałem kłopoty ze wzwodem. Ssała kutasa, patrząc mi w oczy. Tak fatalnie nikt mi jeszcze tego nie robił. Miętosiła go przez dwie minuty, po czym odsunęła się. Wyjęła z torebki chusteczkę i wypluła coś, jakby zwracała spermę.

— Hej. Co ty próbujesz mi wcisnąć? Nie spuściłem się.
— Ależ tak, na pewno!
— Przecież *ja* chyba wiem lepiej!
— Wlałeś mi do buzi.
— Nie pierdol, tylko bierz się do roboty!

Zaczęła od nowa, ale tak samo beznadziejnie. Pozwoliłem jej go obciągać, mając nadzieję, że coś z tego będzie. Też mi kurwa! W górę i w dół, w górę i w dół. Zupełnie jakby tylko udawała, jakbyśmy oboje udawali. Mój kutas oklapł. Nie przestawała.

— Dobrze, już wystarczy. Daj spokój.
Wciągnąłem spodnie i wyjąłem portfel.
— Masz swoją dwudziestkę. Możesz już sobie iść.
— Mówiłeś, że mnie odwieziesz.
— Dość się już chyba najeździłaś.
— Chcę się dostać na róg Van Ness i Franklina.
— Dobrze.
Poszliśmy do samochodu i zawiozłem ją tam, gdzie chciała. Kiedy odjeżdżałem, dostrzegłem, że wyciąga kciuk. Autostopowiczka.

Po powrocie do domu zadzwoniłem do Sary.
— Jak leci? — spytałem.
— Niewielu mam klientów.
— Nadal masz zamiar do mnie wpaść?
— Przecież ci obiecałam.
— Mam dobre białe wino. Będzie jak za dawnych czasów.
— Spotkasz się jeszcze z Tanią?
— Nie.
— Nie pij, dopóki nie przyjadę.
— Dobrze.
— Muszę kończyć... Właśnie ktoś wszedł.
— Dobrze. Do zobaczenia wieczorem.
Sara jest dobrą kobietą. Muszę sporządnieć. Facet potrzebuje wielu kobiet tylko wtedy, kiedy żadna z nich nie jest nic warta. Można utracić tożsamość, pieprząc się na prawo i lewo. Sara zasługuje na dużo więcej. Wszystko jest teraz w moich rękach. Wyciągnąłem się na łóżku i zasnąłem. Zbudził mnie telefon.
— Tak? — zapytałem.
— Henry Chinaski?
— Tak.
— Zawsze *uwielbiałam* twoje utwory. Uważam, że nikt nie potrafi lepiej pisać!
Miała młody, seksowny głos.
— Napisałem kilka niezłych kawałków.
— Wiem. Czy *naprawdę* miałeś tyle romansów?
— Tak.

— Posłuchaj, ja też piszę. Mieszkam w Los Angeles i chciałabym cię odwiedzić. Chciałabym pokazać ci swoje wiersze.
— Nie jestem wydawcą.
— Wiem. Posłuchaj, mam 19 lat. Chcę wpaść tylko na chwilę, żeby cię poznać.
— Jestem zajęty dziś wieczorem.
— Och, każdy wieczór będzie dobry!
— Nie, nie mogę się z tobą spotkać.
— Naprawdę jesteś Henry Chinaski, ten pisarz?
— Z pewnością.
— Fajna ze mnie dupeńka.
— Nie wątpię.
— Na imię mam Rochelle.
— Do widzenia, Rochelle.

Odłożyłem słuchawkę. Tym razem się udało. Poszedłem do kuchni, otworzyłem flakon z witaminą E, 400 jednostek w każdej tabletce, i połknąłem kilka, popijając wodą mineralną. To będzie dobry wieczór dla Chinaskiego. Za żaluzjami słońce chyliło się ku zachodowi, tworząc na dywanie dobrze znany wzór, a białe wino chłodziło się w lodówce.

Otworzyłem drzwi i wyszedłem na ganek. Siedział tam jakiś obcy, wielki kocur o lśniącym czarnym futrze i fosforyzujących ślepiach. Nie bał się mnie. Podszedł, mrucząc, i otarł się o moją nogę. Jestem dobrym facetem i on o tym wie. Zwierzęta wyczuwają takie rzeczy. Mają instynkt. Wszedłem do domu, a kot za mną.

Otworzyłem dla niego puszkę białego tuńczyka firmy Star-Kist. W wodzie źródlanej. Masa netto: 7 uncji.

Opracowanie redakcyjne
Anna Brzezińska

Korekta
Janina Zgrzembska

Projekt okładki
Tomasz Lec

Zamówienia prosimy kierować:
– telefonicznie: 800 42 10 40 (linia bezpłatna)
– faksem: 12 430 00 96 (czynnym całą dobę)
– e-mailem: ksiegarnia@noir.pl
– księgarnia internetowa: www.noirsurblanc.pl

Printed in Poland
Oficyna Literacka Noir sur Blanc Sp. z o.o., 2016
ul. Frascati 18, 00-483 Warszawa

Skład i łamanie
PLUS 2 Witold Kuśmierczyk
Druk i oprawa
Zakład Graficzny Colonel, spółka akcyjna